创业者的公司法

云闯 / 著

法律出版社 LAW PRESS · CHINA
北京

图书在版编目(CIP)数据

创业者的公司法 / 云闯著. -- 北京 : 法律出版社, 2022

ISBN 978-7-5197-6539-2

Ⅰ. ①创… Ⅱ. ①云… Ⅲ. ①公司法-研究-中国 Ⅳ. ①D922.291.914

中国版本图书馆 CIP 数据核字(2022)第 045742 号

创业者的公司法
CHUANGYEZHE DE GONGSIFA

云 闯 著

策划编辑 杨大康
责任编辑 何照新
装帧设计 汪奇峰

出版发行 法律出版社
编辑统筹 法律与生活
责任校对 晁明慧
责任印制 张建伟
经　　销 新华书店

开本 A5
印张 15　**字数** 307 千
版本 2022 年 4 月第 1 版
印次 2022 年 4 月第 1 次印刷
印刷 天津嘉恒印务有限公司

地址:北京市丰台区莲花池西里 7 号(100073)
网址:www. lawpress. com. cn
投稿邮箱:info@ lawpress. com. cn
举报盗版邮箱:jbwq@ lawpress. com. cn
销售电话:010-83938349
客服电话:010-83938350
咨询电话:010-63939796

书号:ISBN 978-7-5197-6539-2　**定价**:79.00 元
凡购买本社图书,如有印装错误,我社负责退换。电话:010-83938349

致每个心怀梦想的创业者

一本写给创业者的公司法

有关公司法实务的书籍种类繁多，市面上法律实务的书籍往往立足于法条注解、法院裁判规则的解读，笔者也曾先后出版了《公司法司法实务与办案指引》（目前已更新至第三版）、《公司案件办案策略与技巧》《公司法及司法解释（四）要点剖析与实务操作》等法律实务类书籍。事实上这些书籍的读者往往需要具备一定的法律基础，这些书籍更多地适合企业法务、律师新人等法律从业者，晦涩深奥的法言法语常常让非法律科班出身的创业者们不知所云。写一本让创业者看得懂的公司法实务书籍，试图填补这一“空白”，既是笔者的出发点，也是本书写作的初衷。

法律书籍必然要谈法律，要谈法律就必然涉及具体的法律条文。本书坚持尽量不援引法律条文，同时又把法律的精神、法条背后的道理说清楚、讲明白，笔者认为，这应该是这本书的最大亮点！因此，在写作本书时，笔者尽量使用浅显、相对口语化的表述，这样的好处就是让读者不费劲就能读得懂、看得明白。如此行文还有一个附带的好处，那就是不需要考虑法律修正所带来的法律条文的具体调整。比如，2013年12月修改《公司法》时，由于删去了第29条关于验资的规定，因此后面法律条文的序号都相应地向前递进了一条。直至今日，我们还常常看到有些法律文件中关于股东代表诉讼的条款仍援引《公司法》第152条，关于公司解散的条款仍援引《公司法》第183条；事实上这些法律规定已相应地进行了调整。在我国法律修改实践中，除了《宪法》《刑法》的修改采取专门的“修正案”形式，一般不改变法律条文的序号外，其余法律经过修改后，会对条文序号进行重新编排，这就会导致援引的法律条文序号发生变动，如果不能及时掌握法律最新修订情况，在实践中就会出现援引错误。当然，这些问题企业家朋友无须过分担心，完全可以交给专业的法律工作者处理。

“春江水暖鸭先知”。究竟创业者需要什么样的公司法，这一问题应该问那些创业者。笔者执业10多年来，每年都会给顾问单位、商会、行业协会的企业家讲授公司法相关的课程。在讲课的过程中，笔者深有体会：用通俗的语言，以具体的案例、生动的故事将法律的规则诠释出来，大家不仅听得津津有味，而且还有持续的眼神交流。因此，在这本书中，我们根本不必探讨深奥的公司法理论，也无须构建复杂的法经济学模型，而是以专题的形式阐述公司运作过程中的实际问题。全书分为40讲，每一讲聚焦一个问题。这些问题涵盖公司设立、运营直至清算注销的全生命周期，涉及《公司法》及司法解释蕴含的各项制度与规则。相信这本书能够将公司法律的规则全景式地呈现给各位读者。

企业风险无处不在。只有了解风险，才能识别风险。财务风险、战略风险、用工风险、管理风险……所有的风险最终都披上法律风险的外衣，以法律风险的形式出现。在企业法律风险中，公司治理结构的风险是企业法律风险的核心一环。本书的内容既是现行《公司法》及司法解释规则的诠释，同时也是笔者10多年来律师实务的总结。如果本书能帮助创业者识别、防范创业过程中的风险，让创业者避免踩入雷区，本书的目的也就实现了，这将足以让笔者引以为荣。

囿于学识、经验所限，本书难免存在疏漏及不当之处，希望读者朋友批评指正。

云　闯

目录

第 1 讲

原则与理念：开启创业之旅的钥匙

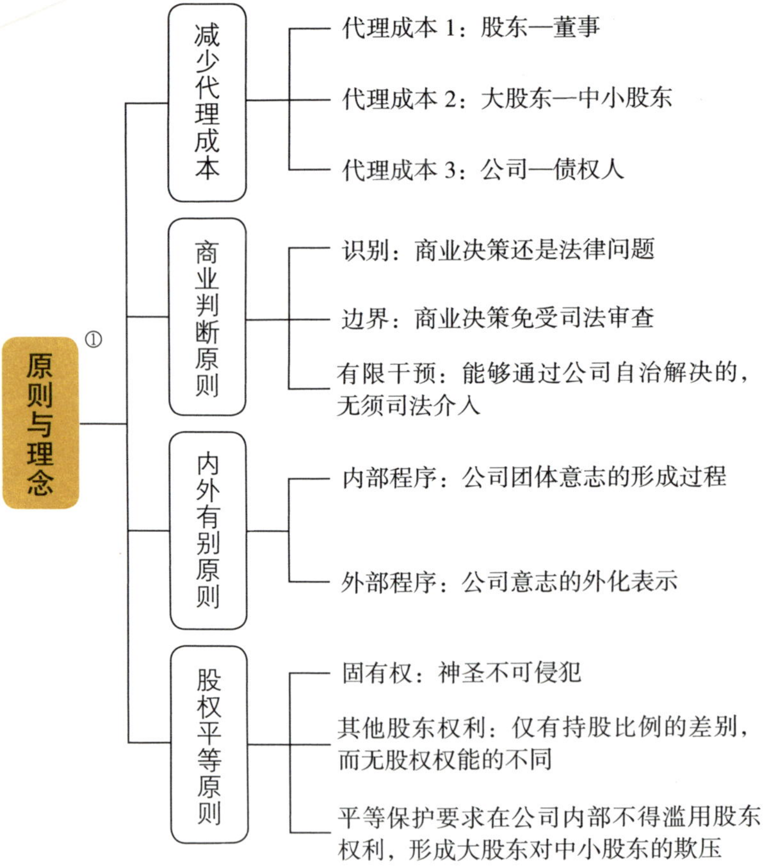

① 本书框架图是为了读者了解完整知识结构所作，不拘泥于文章内容，供读者参考。

当下，我们每个人的衣食住行都离不开公司。人们在超市购物，超市的组织形态是公司；人们在银行取款，商业银行的组织形态是公司；人们出行要与公交公司、客运公司、铁路公司、航空公司打交道；人们工作，所在的工作单位也往往是一家或大或小的公司。我们中的很大一部分人还或多或少地设立或参与设立、管理过公司。

因此，了解公司的法律制度，不仅对于创业者，对于一般大众也显得尤为必要。

任何一部法律都有它独特的理念。如《刑法》应当遵循罪刑法定原则，应当被惩罚的犯罪行为必须由法律事先规定，没有法律规定的不得定罪也不得处罚。政府行政遵循比例原则，《行政处罚法》要求行政机关的处罚与违法行为的严重程度相适应。在存在多种可供选择的处罚措施时，应选择对相对人较为有利又能起到纠正违法行为效果的执法方式。杭州小贩贩卖糖炒栗子，打出广告语——“全西湖最好吃的糖炒栗子”，市场监管部门按照《广告法》对其处以 20 万元的罚款，此举明显违背了比例原则，为一般公众难以接受。民法讲求公平，《民法典》规定，民事主体从事民事活动，应当遵循公平原则，合理确定各方的权利和义务。

《公司法》也不例外，同样有贯穿其中的原则与理念。《公司法》的理念和原则究竟是什么？笔者认为，减少代理成本、商业判断原则、内外有别（维护公司法律关系稳定性）原则、股权平等原则是贯穿于公司法立法、司法解释及实践的基本原则和理念。

理念 1：减少代理成本：如何放心“让专业的人做专业的事”

公司是由股东投资设立的，股东也许有钱但并不是人人都擅长管理公司，这样就需要通过股东会选举董事和职业经理人管理公司。选出来的董事、职业经理人就一定会按照股东预期的那样管理公司吗？难道他们就不会监守自盗、损公肥私，最终损害股东的利益？

事实上，这样的行为不是偶尔发生，而是经常发生。为了解决这个问题，股东会选举出监事会来监督这些管理层。这就是我们通常所说的“三会一层”——股东会、董事会、监事会、管理层。《公司法》存在的三种代理成本问题也基本从中产生。

第一种代理成本问题存在于董事和股东之间。以董事为例，董事由股东会选举出来管理公司。董事与股东之间是一种委任关系、代理关系。经济学上将代理人行为偏离委托人委托目的称为代理成本。所以，董事监守自盗、损公肥私、收取回扣、挪用资金等，不以公司和股东利益最大化作为自己的行事准则就会产生代理成本问题。

举例而言，电影《门口的野蛮人》展示了以下场景：在公司面临被并购时，董事、高级管理人员却租用豪华飞机在太平洋风光旖旎的小岛上度假，当然所有的费用由公司报销。虽然董事、高级管理人员没有将公司的钱装入自己的腰包，很显然，这也是对公司财产的严重浪费。因为这些钱本可以被用于将公司经营得更好。装修豪华办公室、大搞公司形象工程、在风景秀丽的度假胜地召开董事会等行为，均将产生代理成本问题。

第二种代理成本问题存在于公司不同股东之间，或者可以简单地说存在于大股东和小股东之间。因为有了股东的出资才有了公司这个组织，所以法律明确规定股东会是公司最高权力机关。公司股东会根据股东出资比例决策公司事项。因此不同股东之间的利益并不总是一致的。

以某居民小区为例，大家都是小区的业主，电梯坏了需要维修。对于是不是动用维修基金或者是不是需要立即维修电梯，住在一楼的住户和住在顶楼的住户，肯定有着不同的考量。

股东会决策也同样如此，公司是不是需要扩大再生产，要不要分红，要不要设立子公司等，公司内部股东之间并不总能达成一致意见。最终要以投票结果确定。这时，持股比例多的大股东话语权就重，他们的意见最后成了股东会的多数意见，成了公司股东会决议。小股东尽管提出反对，但由于自己持股比例较少，表决权不足，最终无法干预公司的决策，成为被裹挟、被代表的少数群体。

在大小股东的这个层面，股东会作出决议时如果大股东未能充分考虑到小股东的利益诉求，甚至损害小股东的利益，就在大小股东之间产生了代理成本问题。

第三种代理成本问题存在于公司与外部债权人之间。由于股东原则上承担有限责任，仅以自己对公司认缴的出资为限承担责任。因此，以小博大、冒险经营是符合股东利益的，也是符合人性的。做得好，可以大赚一把；做得不好，大不了公司破产，从头再来。公司真破产了，与公司发生交易的债权人就会蒙受损失。公司注销后，债权人只能默默承受债务无法清偿的后果。此时，债权人成了被公司裹挟、代理的一方。

如何解决这三种代理成本问题呢？这就涉及公司中不同利益主体的平衡问题。公司是由各种不同的主体交织组成的，股东、董事、监事、员工、外部债权人等都有不同的利益诉求，公司治理的目标就是设计一整套制度，有效平衡各个方面的利益诉求。可以这样说，所有的公司治理问题，都致力于解决代理成本问题。《公司法》的绝大部分制度设计，都体现为减少代理成本的努力。

在减少代理成本问题上，可以分为道德和法律两个层面。在道德层面，我们所提倡的商业道德、职业经理人社会评价、行业声誉以及社会信用体系的建立与完善，都是为了“不欺负老实人”，让好人、诚信的人设立公司、经营公司。在法律层面，法律通过强化代理人、受托人的法律责任解决代理成本的问题。在股东与董事之间，法律强化董事义务，用法律的刚性对董事行为进行外部约束。不断压实董事责任，董事不履行注册资本催收义务，将承担连带责任；董事协助股东抽逃出资的，将承担连带责任；董事不依法经营，不留存置备公司文件、账册的，将承担赔偿责任；上市公司披露虚假信息的，董事承担赔偿责任等。甚至要让董事承担行政责任、刑事责任以强化董事的义务，如《刑法》中有内幕交易罪、挪用资金罪、非法经营罪、背信损害上市公司利益罪等，这些都构成强化董事责任的规范体系。对于一个实施损害公司利益的董事，这些罪名“总有一款适合他”。

对于存在于公司不同股东之间的代理成本问题而言，在大股东与小股东之间，减少代理成本的方法同样在于强化代理人的职责。法律要求大股东不得滥用股东权利，不得实施非公允的关联交易。在存在利益冲突的担保和关联交易决策时，法律要求大股东不得参加投票表决，必须回避表决。这么做，是为了在法律上保障小股东的权利不受侵害。在公司出现重大情况时，法律会强制要求公司以合理价格回购自己的股权，小股东可以据此退出公司。少数股东的权利可能在表决时被牺牲，这源自他们的持股比例小、因而表决权重较小，但是这么做的前提必须是少数股东权利得到充分的尊重，而不是任意牺牲他们的利益。

同样如此，在公司与债权人关系中，法律强化公司的责任。如果公司清算、破产中无法提供可供审计的财务资料，法律会责令股东或者董事对公司的债务承担连带责任。在公司法人的独立人格被法律否定时，股东便不再享受有限责任的保护。

权利和义务是对应的。强化代理人的义务就是保护委托人的权利，反之弱化受托人的责任则会相应加重委托人的风险。减少代理成本，提升公司每一个参与方的积极性、能动性，充分保障每一个参与方的利益，是公司法的宗旨。

正因如此，《公司法》才开宗明义地规定其立法目的为：规范公司的组织和行为，保护公司、股东和债权人的合法权益，维护社会经济秩序，促进社会主义市场经济的发展。减少代理成本，就是对这一立法目的的贯彻落实。

理念 2：商业判断原则：法律的交给法律，商业的交给商业

公司作为一个组织体，有权进行自治，即通过章程或者内部约定进行自主管理。《公司法》在很多条文后面增加了“公司章程另有规定的除外”或者“全体股东另有约定的除外”的内容，就是尊重公司自治的体现。这其中涉及商业判断原则的问题。所谓商业判断原则，简言之就是凡属于商业决策均应由公司通过自治解决，司法不应予以干涉。也就是说，“法律的交给法律，商业的交给商业”。董事基于自身独立判断作出的商业决策，免受司法审查。司法审查解决的是合法性的问题，而不是合理性的问题，法官作为法律问题的专家，无权裁判商业决策是否合理问题。

因为任何商业决策都是有风险的，只要在决策当时，高级管理人员以其商业判断认为其是合理的，就够了。如同买彩票

不能包你中奖一样，任何商业决策都不能保证稳赚不赔。所以，公司必须承受谨慎商业决策所带来的商业风险。甚至可以这样说，商业判断原则是董事责任的避风港。

从立法技术上讲，任何一项法律制度都以人具有趋利避害的本能或人性为前提，即在“理性人”的假说基础之上构建法律规则。无论法律制度多么完善，无论公司风控体系多么健全，我们都永远无法防范有人故意作恶。

回顾我国古代司法发展史，在汉武帝独尊儒术的背景之下，曾有过“春秋决狱”的司法审判实践。这种司法操作方式是以《春秋》等儒家经典作为裁判案件的基础，其核心是“论心定罪”。所谓“志善而违于法者免，志恶而合于法者诛”，意思是衡量一个人的行为是否应当给予处罚，关键要看他在作出这一行为当时的主观心态。一个人的行为违反了法律，但是如果他的出发点是善良的（志善），那就应该“免”，而不应予以处罚。反之，如果一个人的行为虽然合乎法律，但在作出这一行为当时，他的出发点是恶意的（志恶），是蓄意钻法律空子，那就应该“诛”。换言之，即便行为合法，当目的不正、动机不纯，也应该予以处罚。某种意义上说，商业判断原则多少带有一点“春秋决狱、论心定罪”的意思。

理念 3：内外有别原则：维护公司内外法律关系的稳定性

公司的内外部法律关系稳定是司法考量的一个重要标准，

也是法律致力追求的结果。因此，它也是公司法应当贯彻的理念之一。比如，通常情况下，伪造某股东的签名将他的股权转让，这个股东可以起诉主张股权转让合同无效并恢复其股东身份。但如果股份被伪造签名而转让，受让人又进行多次转让，此时除非被冒名签字的股东能够证明受让人全部属于恶意，否则其不能再主张恢复股东身份。为了维护公司外部法律关系的稳定性，法律规定了商事外观主义和善意取得制度。股权经过多次转让，不仅改变了公司的内部股权结构，也相应地在此前提下构建了复杂的外部关系。司法不能将现存的公司内外部法律关系全部打破，宣告所有法律行为均无效，从而恢复到被冒名转让之前的状态。权利因此受损的原股东，只能根据《民法典》侵权责任编的规定，寻求侵权法上的救济与保护。

再如，公司内部履行担保程序或者公司决议存在瑕疵，但因此与外部关系人形成的法律关系也不能随便打破，对于内部侵权行为可以进行内部追责。

又如，公司决议虽然存在可撤销瑕疵，但经过法定期间（60日）没有起诉的，该决议将成为有效决议，对公司及股东具有约束力等，都是为了使公司内外部法律关系趋于稳定，不轻易打破这种稳定性。即便是公司决议无效，但公司内外部法律关系已经发生了根本性变化的，法院也只能宣告其无效，而不能强行恢复到无效之前的状态。

法律必须给人们的行为以合适的指引，使人们能够合理预见到自己行为的法律效果。如果公司内外部法律关系的稳定性能够随便被破坏，人们就丧失了商事交易行为最起码的信任，不得不付出高昂的成本进行交易前的尽职调查，不得不设计异常复杂的合同条款，还要时刻担心已经发生的交易被法院宣告无效，甚至干脆放弃实施任何交易行为……最终将引发交易停滞、经济崩溃的结果。显然，这将是司法不可承受之重，也绝不是法律所追求的目标。

理念 4：股权平等原则：股权文化中的核心环节

股权平等与其说是一种原则，毋宁说是一种文化。股权平等原则要求公司的行为必须充分考虑不同股东的利益，对每一位投资人予以平等对待。在股东权利体系中，法律划定并明确股东的固有权利。这种固有权利只与股东身份相关，股东持股时间、持股比例、出资金额、对公司的贡献等其他因素均在所不论。只要具有股东身份，哪怕是仅仅持有一股股份，也可以行使这些固有权利。

这些权利包括股东知情权、参加股东会的权利、分红权、股权不被稀释的权利、异议股东请求回购股份的权利、按照相同比例减资的权利、取得公司剩余财产的权利等。以公司股东会决议为例，公司必须保障每一位股东获知开会的权利、知悉会议议题的权利、参与会议的权利、投票表决的权利。

对于上市公司，股东会的所有议题必须提前公告，为了解决散户股东不方便到公司指定现场参加股东会的问题，公司必须开通网络投票专区，让散户股东能够通过网络，以线上的方式进行投票表决。少数服从多数作为一项议事规则没有问题，但前提一定是充分尊重和保障少数群体的利益，否则也可能走向反面。如绝对控股股东，不经过会议通知、召集程序，剥夺小股东参与权，直接作出公司决议，在法律上这样的决议是“不成立”的。因此，股权平等应当是股权文化中的核心环节。

准确理解《公司法》的理念，为我们更好地理解公司法的具体制度提供了一把钥匙。接下来，我们就一起带着这把钥匙，打开公司法的大门，登堂入室，一起去了解各项具体法律制度吧！

第 2 讲

法律人格：读懂公司的本质

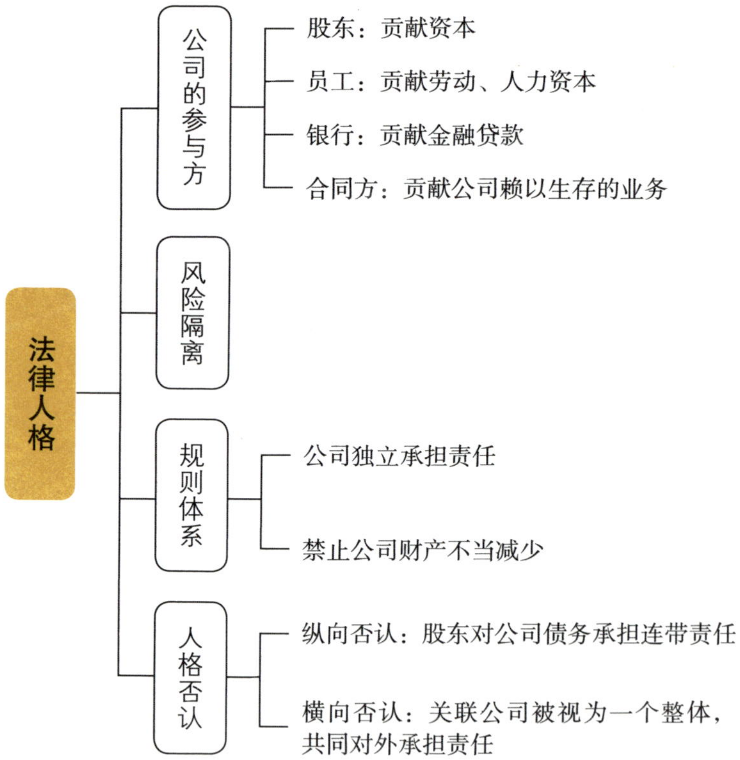
法律人格
公司的参与方
股东：贡献资本
员工：贡献劳动、人力资本
银行：贡献金融贷款
合同方：贡献公司赖以生存的业务
风险隔离
规则体系
公司独立承担责任
禁止公司财产不当减少
人格否认
纵向否认：股东对公司债务承担连带责任
横向否认：关联公司被视为一个整体，共同对外承担责任

现今，我们的生活离不开公司，公司的本质是什么，《公司法》给出的答案是——法人。公司是营利法人，有独立的法人财产，享有法人财产权。单纯这样理解的话，其实并没有弄清楚公司的本质。

公司究竟是什么？

以红极一时的苹果公司为例，苹果公司到底是什么，或者换言之，苹果公司到底是谁的？曾经有人说，苹果公司是乔布斯的，乔布斯已经去世了，苹果公司还在。王石离开了万科，万科还在。

公司的员工进进出出，机器设备买进卖出，办公场所搬这搬那，甚至公司名称也会发生变更。如同人从婴儿长成大人一样，人还是那个人，公司还是那个公司。从这个意义上说，肯定无法简单地将公司等同于股东、创始人或者员工、管理团队。

我们经常能看到公司收购或者收购公司这样的新闻报道。一家大公司收购目标公司，收购的是什么？其实，并不是收购目标公司的固定资产，也不是收购目标公司的股份（股份是属于股东的），而是通过收购行为，获得目标公司一定数量的股份，然后通过持股，大公司获得对目标公司的控制权。因此，所谓收购公司，实际上收购的是对目标公司的控制权。

任何一家公司都有很多参与者：股东投入了资金或者实物，员工投入了劳动力（管理团队也属于员工，对公司的生产经营进行管理），银行提供了金融贷款。公司究竟是什么？《人类简史》一书的作者曾给出过一个答案：公司就是一群人的共同想象。只要大家共同想象苹果公司是存在的，那么它就是存在的。当然我们不能一直停留在想象中，用法律的形式宣布公司具有法律人格可以解决很多问题。在法律上，公司是一个法律拟制的主体，它拥有法人财产权，在它名下的一切财产都是它对外承担责任的基础，即“公司以其全部财产对公司的债务承担责任”。

公司的对外责任是一种无限责任。一旦公司对外负债，公司必须“砸锅卖铁”来清偿债务。如果公司把锅也砸了，铁也卖了仍不能承担对外的债务，就应该进入破产程序，清理资产，然后公平（按比例）清偿债权人的债权，办理注销手续。

公司在运作的过程中，要签订各种各样的合同、协议，产生各种各样的债权关系。法律人格的好处是在法律上明确，与自己发生关系的对象是公司。公司的行为通过其代表人或代理人具体行使。公司可以签署合同，雇佣员工，与其他公司联营、设立子公司、参与诉讼……几乎我们每个自然人能够行使的权利、实施的行为，公司都可以行使和实施。

什么是公司的法律人格？

公司具有法律人格是人类文明高度发达的产物。公司具有法人人格，使其与股东不再混为一谈，这就使股东承担有限责任成为可能。公司的债务用公司的财产偿还，与股东无关。股东只要出资到位，经营失败了，无非是投入公司的资金亏光了，股东的责任是有限度的，这样的安排能够充分激发投资者的创业热情。

在诉讼程序上，股东不必担心因公司债务而被追索，可以躲在公司的庇佑之下，享受有限责任带来的好处。即便公司因资不抵债而破产，也不会由股东以个人的财产承担责任。

公司独立法律人格引申的规则

从公司独立法律人格出发，可以引申发展出很多内在的规则。独立法律人格要求公司必须财产独立，这是它自行承担法律责任的基础。因此，一旦股东向公司履行了出资义务，相关财产就必须过户到公司名下，成为公司的责任财产。

同样，基于独立人格所要求的财产独立，使任何减少公司财产的行为都应该被严格限制。例如，公司进行盈余分配、减少注册资本等都必须在极其严格的条件下才能进行，否则减少公司的责任财产必然影响公司的独立人格，影响公司对债权人的偿债能力。同样地，抽逃出资、利益输送、非公允的关联交易也同样被严格禁止，《公司法》的这些制度都可以溯源至公司的独立人格。

哪些情况下，可以否定公司的法律人格？

法律人格是对投资人的保障，它将经营失败的风险转嫁给债权人（社会）承受。因此，立法上对法律人格会进行严格的限制。在特定情况下，法律不再承认公司具有法律人格，揭开或“刺破”公司的面纱，让公司背后的股东、实际控制人、董事等承担责任，也称为“公司法人人格否定”。比如，公司股东滥用公司法人独立地位和股东有限责任，严重损害债权人利益的，应当对公司的债务承担连带责任。又如，公司经营亏损，进入破产程序后，发现公司欠缺完整的财务账册、财务凭证，无法进行清算，这种情况下，有可能会由股东或者董事对公司债务承担连带责任。这些都是法律在不同公司参与者之间进行的利益平衡。有的国家规定了刑事破产制度，一旦公司设立后，主要从事违法犯罪活动，法院将直接判决公司破产，从而否定公司的法律人格。

否认公司法律人格的类型

法律人格的否认，包括法律人格的纵向否认与横向否认。

所谓法律人格的纵向否认，是指否定公司法律人格时，责令股东对公司债务承担连带责任。“股东—公司”是一种纵向的法律关系，股东在上，公司在下，如同父子关系一样，所以是纵向关系。还有一种法律人格的否认，可以称之为横向否认，即由同一实际控制人控制的数家公司，也可以形象地称为“姊妹公司”“关联公司”，如果这些公司之间财产混同、人事混同、管理混同、办公地址混同等无法区分其独立性，那么就否认这些关联公司的法律人格，在法律上将这一系列公司看成一家公司，要求它们共同承担对债权人的责任，这可称为公司法律人格的横向否认。

公司法律人格“横向否认”背后的逻辑是“同一经营实体的虚假拆分”。曾经有这样一个极端的案例：某人打算经营出租车运营行业，于是采购了 10 辆出租车。为了减少法律风险，他以 10 辆出租车注册设立 10 家公司，每家公司仅有 1 辆出租车。一天，某辆出租车在运营过程中发生了交通事故，导致一个行人严重受伤，该辆出租车的价值根本无法承担这样的赔付义务。法院最终认定这是一起典型的对同一经营实体的虚假拆分，判决这 10 个出租车公司属于“同一公司”，对于行人的赔偿应当以 10 辆出租车的总价值进行赔付。

最高人民法院的一则指导案例指出：关联公司的人员、业务、财务等方面交叉或混同，导致各自财产无法区分，丧失独立人格的，构成人格混同。关联公司人格混同，严重损害债权人利益的，关联公司对外部债务承担连带责任。

最高人民法院在一则否定关联公司法律人格的案件中认定“装饰公司、开发公司、娱乐公司股权关系交叉，系由同一公司投资设立，三家公司在同一地址办公、法定代表人相同、财务管理人员在一定时期内相同……（三家公司）构成人格混同，其行为违背了法人制度设立的宗旨和诚实信用原则”，最终判决三家公司共同对债权人承担连带责任。

法院在审理涉公司案件中明确了这样的裁判思路：公司控制股东对公司过度支配与控制，操纵公司的决策过程，使公司完全丧失独立性，沦为控制股东的工具或躯壳，严重损害公司债权人利益的，应当否定公司人格，由滥用控制权的股东对公司债务承担连带责任。此外，有的公司先从原公司抽走资金，然后再成立经营目的相同或者类似的公司，逃避原公司债务。抑或，有的公司先解散，再以原公司场所、设备、人员及相同或者相似的经营目的另设公司，逃避原公司的债务，这些情况都应当否定公司的独立人格。如果一家公司经营不善，然后相关人员又用这家公司的机器设备、存货等“资产”注册设立另一家公司的，这种情况无外乎是换一个“马甲”而已。对此，法院会认为后一家公司就是前一家公司的延续，并无独立人格，从而判令两家公司共同对外承担责任。

否定公司法律人格保护的是公司债权人的利益，因此对于实践中公司或者股东要求否定公司法律人格的，法院一般不予支持。江苏南通就曾经发生过公司自己主张自己不具有法律人格的案件，最终被法院驳回。

公司外部债权人也分等级，法律给予他们的优先保护程度也不尽相同。保护力度最大的应该是因侵权行为而引发的债权人，这类债权人是纯粹的无辜者。比如，2008 年，某奶粉案件中的“大头娃娃”“结石宝宝”，他们是因为喝了添加三聚氰胺的奶粉而患病，属于因侵权行为引发的债权人，与前述案件中机动车肇事引发的侵权赔偿主张相似，均属于不想成为公司债权人，但根据《民法典》中侵权责任相关法律的规定，对公司享有法定的债权请求权的债权人。这类债权人又可以称为“被动债权人”，他们如果提起否认公司法律人格的诉讼，法院更倾向于支持，以便给他们提供相对充分的司法保护。类似这样的债权人包括产品质量、环境污染、交通肇事、核辐射等引发的侵权行为，以及因证券市场虚假陈述、内幕交易、操纵市场、非法发行股份等而遭受损失的投资人，他们都是“被动债权人”。

与被动债权人相对应的是“主动债权人”，也就是那些积极与公司签订合同，开展交易的相对方。与公司开展交易并形成债权债务关系是他们积极追究的结果，这就不可避免地存在商业风险，正所谓“交易有风险，决策需谨慎”。因此相对而言，法律给予他们的保护会弱一些。

这些“主动债权人”（合同债权人）在提起否认公司法人人格诉讼时，法院对他们所举证的证据能否达到否定法人人格的程度会进行相对严格的审查。

《公司法》还存在一条否定公司法律人格的特殊规定，那就是对于一人公司，法律将证明公司独立性的责任分配给股东自己，要求公司的唯一股东证明自己的财产与公司的财产之间是独立、可分的。如果唯一股东无法证明这一点，他就应当对公司的债务承担连带责任，这就大大减轻了债权人的举证责任，因此一人公司人格被否认的案件大量存在。这也是我们不建议设立一人公司的原因所在。

司法实践中，一些上市公司投资设立全资子公司就因此而中招，债权人起诉这家子公司，发现上市公司是子公司的唯一股东，于是把上市公司列为共同被告，要求上市公司证明自己的财产与子公司的财产相独立；然后再利用财产保全等诉讼策略查封上市公司的资产，最后寻求达成和解，这已经成为一项公开的诉讼策略。笔者接触的一起案件就是如此，最终上市公司被查封了 2.5 亿元价值的股份和账户资金，引发股价下跌并因此遭受损失。

当然，管理规范的上市公司以及国有企业，反证其财产独立于所投资的子公司的财产也是可能的。相对有说服力的证据就是全资子公司每年都依法依规开展审计并有完整的审计报告备查。或者在诉讼中申请法院选定审计机构对母子公司之间的财务是否独立进行专项审计，如果审计结果认定子公司的财产是独立于母公司的，则不能判令母公司对子公司的债务承担连带责任。

当然，一人公司所引发的法人人格被否认的风险也是很容易化解的。只要将公司股权分出哪怕是 1%给另外一主体，使公司股东变为复数，这条法律规则就无法适用。但是，我们不建议将股权登记在夫妻二人的名下，最近的裁判规则有将夫妻设立的公司类推适用一人公司的倾向。

最后，需要说明的是，公司法律人格的否定是个案中的否定，而不是从根本上否定公司的法人资格。即便如此，在裁判文书均需上网公开的今天，如果其他债权人拿着一份公司被否定法人人格的判决，要求在他提起诉讼的案件中也同样否定公司的法律人格，法院大概率还是会采纳的。因此，创业者务必对此充分注意，一旦公司法律人格被否认，负有责任的股东也就丧失了有限责任的庇护，需要承担由此产生的一切经营风险。

第 3 讲

有限责任：
规避风险的一种选择

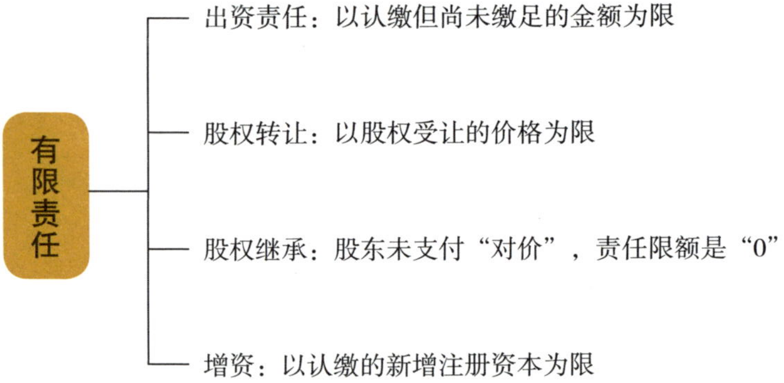
有限责任
出资责任：以认缴但尚未缴足的金额为限
股权转让：以股权受让的价格为限
股权继承：股东未支付“对价”，责任限额是“0”
增资：以认缴的新增注册资本为限

股东有限责任是大家耳熟能详的名词。有限责任公司的股东以其认缴的出资额为限对公司承担责任，股份有限公司的股东以其认购的股份为限对公司承担责任。这样的规定真的说透了股东的有限责任吗？笔者认为未必。

接下来，我们就开始聊聊股东有限责任。

“有限责任公司的股东以其认缴的出资额为限对公司承担责任。”这样的表述中并没有说股东以其认缴的出资额为限对公司债权人承担责任，请记住法条的表述是“对公司承担责任”。既然法律条文的表述并不是对债权人承担责任，那么债权人就不能根据这一规定追究股东的出资责任，因为这一条款并没有赋予债权人诉权。此外，还要注意这样的定语“以其认缴的出资为限”，这也容易引起争议。

比如，甲股东认缴 50 万元，实缴 30 万元，尚未缴纳 20 万元。那么甲股东的有限责任限额究竟是多少？根据上述表述甲股东须“对公司承担责任”，很显然是 20 万元，而不是认缴的 50 万元。如果股东已经进行了部分出资，那么股东的责任限额应当是在“认缴但尚未实缴”的范围内对公司承担责任，这样的表述才更为准确。

再看另一种情景：股东甲认缴 30 万元，且 30 万元已经实际缴纳，然后股东甲以 50 万元的价格将自己的股权全部卖给乙。其后公司发生亏损并破产。假定血本无归，那么股东乙的责任限额是多少？很显然，股东乙受让股权支付的 50 万元全部损失了，他承担责任的限额是50万元。这是因为，股东乙此时享受有限责任保护，不会再追加出资承担公司的损失。

公司风险承担的责任

这样说来，“以其认缴的出资为限”这一定语并不确切。事实上，股东有限责任是指股东以其取得股权的对价为限，对公司的经营风险承担责任，这才是股东有限责任的真正内涵。具体又分为以下三种情形。

第一种情形，在公司设立或者新增注册资本时（以资本公积金转增注册资本除外，资本公积金是指公司在经营过程中由于接受捐赠、股本溢价以及法定财产评估增值等原因所形成的公积金），股东取得股权的对价表现为“认缴出资”，此时股东有限责任是“以认缴的出资为限”。

第二种情形，股东继受取得股权时（如股东通过股权转让、股权拍卖取得股权），股东有限责任的限额是受让该股权的“对价”，表现为股权转让价款。

第三种情形，如果股东是通过继承、遗赠、赠与取得股权的，那么股东并未支付“对价”，所以他的责任限额就是“0”。

在瑕疵股权转让的情况下，受让股东是根据《民法典》合同编的相关规定承继原瑕疵出资股权的资本充实责任，这一责任可以在转让人与受让人之间进行协商处理，该协议在双方内部具有约束力。在注册资本认缴制下，法律的默认规则是转让人与受让人一起承担资本充实责任。这样，股东有限责任的限额就表现为取得股权的对价同时预见到瑕疵出资的部分可能带来的资本充实责任。

需要指出的是，瑕疵股权转让问题实际是合同法律问题。在 2005 年 10 月《公司法》修订之前，我们采取的是严格的法定注册资本制，也称注册资本实缴登记制。在设立公司时，股东必须一次性足额缴纳全部注册资本。同时，法律严格贯彻注册资本三原则：资本确定原则、资本不变原则、资本维持原则。在设立公司时必须依照严格的程序进行验资，不得虚报注册资本。对于虚报注册资本、抽逃出资的，一律追究行政责任甚至刑事责任。

2005 年 10 月，《公司法》修订后对注册资本制度进行了一定程度上的松绑，改为折中授权资本制。允许在公司设立时先实缴到位全部注册资本的 20%，剩余注册资本可以在两年内缴足，投资公司可以在 5 年内缴足。在法律规定的“两年、五年”宽限期内转让股权，不认为是瑕疵股权。

2013 年 12 月，为适应商事登记制度改革的需要，《公司法》对于普通公司的注册资本全面采取认缴登记制，仅对 27 类特殊公司（如商业银行、信托公司、保险公司等）采取实缴登记制。因此，在实行折中授权资本制和认缴制的前提下，才存在“认缴但尚未实缴”的瑕疵股权转让问题。

在论述公司特征的时候，往往说公司具有永久存续、集中管理、有限责任、独立人格四大特征。事实上，只有独立人格这一特征无法通过合同约定进行创设，其余的特征都可以通过各种合同、协议进行设定和约束。

所以在《公司法》理论中有公司合同理论，认为公司就是一系列合同的总和。只不过后来法律规则在发展过程中将这一系列合同条款中的普遍规则抽取出来，转化为系统的法律规则体系，这就大大减轻了当事人的缔约磋商成本。

进一步言之，有限责任其实并不是公司的独有特征，而是一切投资的共同特征。借贷也是有限责任的，出借人承担的风险限额就是出借的资金。《公司法》要求企业名称中标注“股份有限公司”或者“有限责任公司”的字样，其实这是对债权人的风险揭示，意思是提醒债权人要小心，这家公司只承担有限责任！

有限责任是一种特权，因此早期设立公司是需要特许的。如历史上臭名昭著的英国东印度公司（British East India Company）就是英国女王特别授权设立的股份制的公司。在今天公司设立采取准则主义，民众对有限责任以及公司已经有了充分的认知，这样的风险揭示已经不再如当初那样具有如此鲜明的意义了。

公司债权人：维权要趁早

最后，我们谈一下有限责任与债权人。债权人追究股东出资责任的依据不是《公司法》中关于“股东以认缴出资为限”对公司承担责任的规定。因为法律说得很清楚，股东以认缴的出资为限“对公司承担责任”。

那么，债权人追究瑕疵出资股东的责任，其依据只能是《民法典》合同编中代位权的规定。《民法典》中的代位权规定与传统代位权理论是不同的。传统的代位权理论讲究的是“入库规则”，股东只能将尚未缴纳的出资缴付给公司，然后由公司统一对债权人进行清偿。

《民法典》合同编的代位权规定突破了合同的相对性，使得在“债权人—公司（债务人）—股东（次债务人）”这一链条上，债权人可以直接向作为次债务人的公司股东主张责任。这样带来的后果是，如果公司经营不善处于破产境地的话，先动手起诉的债权人将根据生效判决获得个别清偿，后动手的债权人只能在破产程序中获得一般清偿！因此，如果你是公司的债权人，请记住：维权要趁早！

不要小看股东有限责任，它的出现是人类历史发展的巨大飞跃。有限责任解除了投资人经营商业的后顾之忧，使募集众人资金描绘绚丽的商业蓝图不再遥不可及。在欧洲重商主义的风潮影响下，各国相继开展大航海，并在远洋航海的基础上，凭借国家力量大肆进行掠夺式的殖民贸易，这就使海洋国家的实力得到迅速扩张。荷兰因此成为“海上马车夫”，英国也迅速崛起成为“日不落帝国”。哥伦比亚大学布特勒教授（Prof. N.

M. Butler）对公司制度推崇备至，称“有限责任公司是现代社会最伟大的发明，即使是蒸汽机和电力也很难与之相媲美”。有限责任的力量可见一斑。

当然，有限责任作为对股东的特别保护是建立在公司具有独立法律人格的基础之上的。如前一讲所论述的那样，如果股东滥用公司法人独立地位和股东有限责任，严重损害债权人利益的，公司法人独立人格将被否定；对此负有责任的股东将不再享受有限责任的庇护，而需要对公司的债务承担连带责任。

第 4 讲

商事外观：保护善意且无过错的相对方

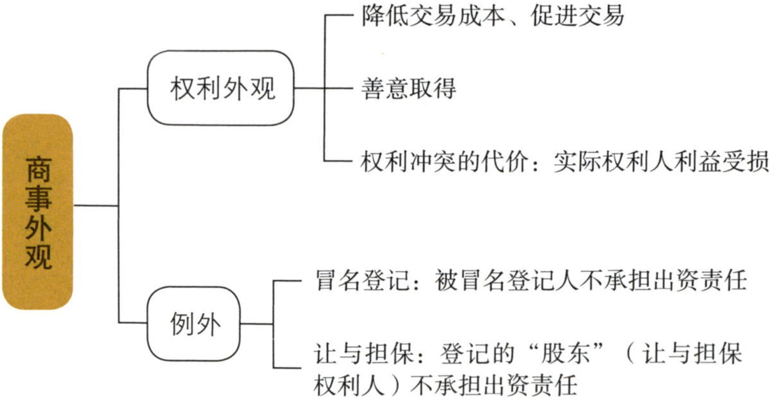
商事外观
权利外观
降低交易成本、促进交易
善意取得
权利冲突的代价：实际权利人利益受损
例外
冒名登记：被冒名登记人不承担出资责任
让与担保：登记的“股东”（让与担保权利人）不承担出资责任

《公司法》是商事法，是商事组织的基本法。

商事活动相关的法律大体可以分为两个方面：一是商事组织法，解决哪些主体是商事主体，可以从事商事活动的问题；二是商事行为法，规范具体的商业活动。

商事组织在法律上包括公司、其他法人以及不具有法人资格的合伙组织、个体工商户、个人独资企业等。商事行为方面的立法主要是交易立法。当然，也有特殊的商事法律规则，如票据法、保险法、海商法等。

《民法典》采纳了“民商合一”的立法模式，将商事规则融入法典之中。但商事交易又不同于民事活动，它首先讲求的是效率。没有效率的商事活动无法带来经济繁荣，所以在商业发展史上才会出现有限责任公司这种商业形态——卸掉了无限责任的包袱，可以更好地鼓励商业活动的开展。这里要讲的是另一个问题，即商事外观主义，这个规则在商事活动中可谓至关重要。

从国家层面上说，经济繁荣可以拉动内需、促进就业、维护社会稳定，政府也可以从交易活动中获得更多的税款。从大国崛起的路径也可以看出，荷兰、法国、西班牙、葡萄牙等国家正是因为采取重商主义政策才大大增强了综合国力。要想推进商业活动的开展，促进社会经济繁荣，法律必须建立一套规则以保障交易的安全；否则，交易行为动辄被宣告无效，经济繁荣也就无从谈起。商事外观主义，就是要让商事主体在进行商业活动时没有后顾之忧，根据商事登记状况推定权利人，无需审查登记的真实性，交易即受到保护的法律制度。

举例而言，张三与李四约定股权代持，由李四代持张三在A公司的股权并进行工商登记。这个时候你看好这家公司，想买李四的股权，直接和李四谈就可以了。李四没有向你披露张三才是真实的权利人，你们签了合同，这个合同是有效的。换句话说，你不用去考虑李四究竟是不是股权所有人，只要你不明知他们之间存在股权代持的事实，你就是善意的，交易行为就受法律保护。

至于张三受到的损失，造成这种损失的原因有两个：一是谁让你找人代持？自己是股东，为什么找别人代持，是不是有不为人知的理由？对于登记的权利人为李四而不是本人这种结果，张三是有责任的。二是谁让你遇人不淑，选择李四作为代持人？张三和李四之间的恩怨纠葛另行到法院起诉解决，股权转让是有效的。你作为没有过错的第三方，你的权利应当优先受到法律保护，优先保护你获得股权就是保障交易安全。在你和李四的股权转让关系中，李四被登记为A公司股东，他就享有权利外观。换言之，从登记上看李四就是A公司股东，你就可以放心地和他进行交易，而不用担心因李四可能不是真实的权利人而导致交易无效。

登记一元主义

与商事外观相关的一个话题是登记一元主义。也就是说，登记的事项即便有错误，也被推定为是对的。登记是政府部门的行政行为，股东身份、房屋权属、建设用地使用权、探矿权、采矿权等权利人都是凭登记内容确认权利的归属。

在股东资格确认问题上，我国还没有确立登记一元主义。最明显的表现是在实践中还存在大量的确认股东资格的案件。所谓确认股东资格，往往都是存在代持、继承等内部纠纷的情况下产生的。在外部商事交易的情况下，由于商事外观主义原则，基本上不存在确认股东身份的问题。

对此，法律明确规定，公司应当将股东的姓名或者名称向公司登记机关登记；登记事项发生变更的，应当办理变更登记。未经登记或者变更登记的，不得对抗第三人。

在确立登记一元主义原则的司法区域，不存在股东资格的确认问题，评判股东资格的标准是单一的，就是看有没有进行登记，“登记了你就是，没有登记就不是，根本不需要进行确认”。

我国在登记一元主义问题上贯彻最为彻底的是婚姻登记，配偶身份只能凭婚姻登记确认，事实婚姻制度已经被全面废止了。

善意取得制度

与商事登记另一个相关的话题叫善意取得制度。交易对象基于商事登记所产生的权利外观，相信权利光环笼罩下的“权利主体”从而与登记的“权利人”进行交易，法律应当优先保护交易安全。交易行为的效力是不能轻易否定的，除非具有法律规定或者当事人自己约定的无效事由。至于真实的权利人受到损害，那只能去寻求《民法典》合同篇及侵权责任篇中的有关规定进行救济了。比如，前面所说的实际股东张三的股权被登记股东李四卖掉的案件，张三只能基于与李四之间的股权代持协议起诉李四，要求李四对自己进行赔偿。

所以说，选择以别人的名义进行股权登记，你就要为自己的选择承受商事外观主义所带来的风险。

商事外观主义在近年的司法实践中有被扩张适用的趋势。有些时候明明没有基于商事外观主义而进行的交易，法院也会基于商事外观主义处理相关案件。最典型的是涉及股权的执行，旗舰集团（化名）案件可谓典型中的典型。

在这起案件中，旗舰集团向奇石财富（化名）支付9360万元，双方签署股份代持协议，明确其中7200万元作为对齐达集团（化名）的股权出资，相应取得的齐达集团7200万股股份由奇石财富代持，其余2160万元用于弥补亏损及置换不良资产。于是奇石财富向齐达集团支付7200万元出资款，并取得齐达集团7200万股的股份。后来，奇石财富因自身融资需要，从某银行济南分行处贷款4500万元，但到期未归还。某银行济南分行向济南市中级人民法院提起金融借款合同纠纷，并获得胜诉。法院判决奇石财富应当偿还所借的某银行济南分行4500万元借款本息。该案判决生效后，由于奇石财富未在生效判决指定的期间内自动履行，某银行济南分行申请法院强制执行。济南市中级人民法院在强制执行时查询到奇石财富名下持有齐达集团 7200 万股股份，遂将该股份查封。

旗舰集团作为查封股份的实际出资人，向执行法院即济南市中级人民法院提出执行异议被法院驳回后，遂依照《民事诉讼法》规定的执行异议之诉程序提出诉讼，请求法院确认旗舰集团是争议的齐达集团 7200 万股股份的权利人，停止对齐达集团 7200 万股股份的执行。

旗舰集团的这一诉讼请求被济南市中级人民法院驳回，于是旗舰集团上诉至山东省高级人民法院。

山东省高级人民法院二审时改变了一审法院的判决，认为某银行济南分行金融借款案件的生效裁判应当履行，但判决书确定的义务能否履行，其关键在于作为被执行人的奇石财富自身的责任财产是否充足。奇石财富代旗舰集团持有的齐达集团的股份，并非奇石财富的自有财产，不应成为奇石财富对外履行自身债务的责任财产。某银行济南分行并没有与奇石财富就登记在其名下的 7200 万股股份从事民事法律行为，从权利外观原则来看，某银行济南分行不是基于信赖权利外观而需要保护的善意第三人。本案亦没有需要维护的交易安全，遂认定某银行济南分行的债权请求权不能受到优先于实际权利人旗舰集团而受到特别保护。于是二审进行改判，撤销一审判决，支持上诉人旗舰集团的上诉请求。

最高人民法院应某银行济南分行的申请，对这起案件启动再审程序。再审判决认为，隐名股东不享有足以排除强制执行的民事权益。代持法律关系在本质上属于债权债务关系，受合同相对性原则的约束，隐名股东就该债权仅得向名义股东主张的权利，对合同当事人以外的第三人不产生效力。在实际出资人与名义股东不符的情况下，即便债权人与名义股东并非就登记在名义股东名下的股份进行交易，债权人的信赖利益也应优先于实际出资人的权利受到法律保护。最终，最高人民法院撤销山东省高级人民法院的二审判决，维持济南市中级人民法院的一审判决。

为了更清晰地了解旗舰集团案件，将该案的法律关系列出，如图 4-1 所示：

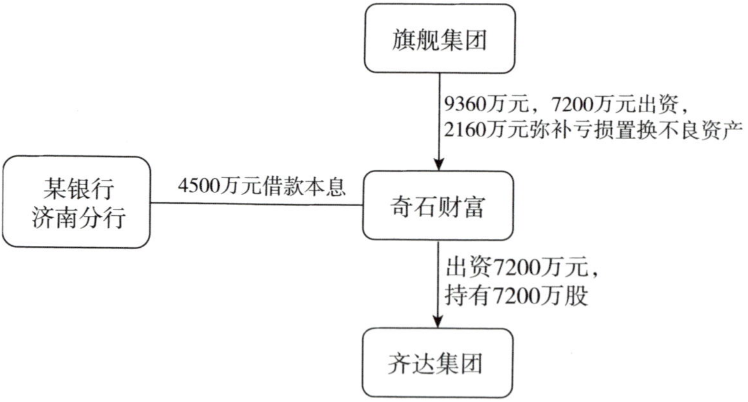

图 4-1 旗舰集团案件法律关系

然而，在善意取得这一问题上，最高人民法院的裁判观点也不是统一的。但扩张解释信赖利益保护、扩大商事外观主义的适用范围，有利于解决执行难的问题，但同时也会“误伤”真实的权利人。因此，即便在股权代持的情形下，能够最终确定真实权利人，也未必能够排除法院的强制执行行为。对于股权代持造成的真实权利人与名义权利人的不一致，一旦法院扩张适用商事外观主义，真实权利人必然要为“代持”行为付出高昂的代价。

法学属于社会科学，很难如自然科学那样有着精确而清晰的边界。在司法实践中，法院有时候很难一以贯之地适用商事外观主义。

我们设想一下这样的场景：张三持有 A 公司的股权，他需要向李四借款，同时用所持有的 A 公司股权作担保。正常情况下的担保是到 A 公司的登记机关或者 A 公司的股权托管机关办理质押登记。但二人商量的方式是由张三将 A 公司的股权转让并登记在李四的名下，待张三还清借款本息后，李四再将股权转移登记回到张三的名下。这种操作也是得到法律认可的，用法律术语讲这属于设定“让与担保”。在张三将股权登记在李四名下之时，A 公司的债权人发现原来这部分股权存在出资瑕疵，如未足额出资、抽逃出资等，于是向法院起诉要求“股东”李四在出资不实的范围内对自己享有的对 A 公司的债权承担补偿清偿责任。

常理上讲，这样的诉请是完全符合法律规定的。A公司的股权登记在李四名下，这就构成了商事外观，债权人就有权要求股东承担出资责任。最高人民法院民二庭专业法官会议否决了债权人的主张，在这一场景下就没有适用商事外观制度。专业法官会议给出的意见：李四是让与担保的担保权利人，自始没有成为A公司股东的意思。既然李四仅是担保权人而非股东，自然不能判令李四承担出资瑕疵责任，即不应判决李四对A公司的债权人承担在资本不实范围内的补充清偿责任。由此可见，司法实践中要坚持“吾道一以贯之”也并不是一件容易的事情。前面我们也谈及，在冒名登记的情况下，被冒名登记的主体虽然具有“商事外观”，亦同样不能追究他们股东资本充实的责任。

因此，让与担保和冒名登记，都可以阻断债权人的追诉。

在大多数情况下，我们需要保护交易安全。但是在特定情况下，我们也需要保护投资安全。比如，在公司法定代表人滥用代表权利为公司关联方（股东或实际控制人）提供担保的时候，法律就要求相对方负有一定的审查义务。这种情况下，我们就有可能要优先保护投资安全。如果相对方没有尽到审查义务，法院会判决担保无效或者对公司不生效等。另外，商事外观主义保护的是善意且无过错的相对方，如果相对方在交易时明确知道谁是真实的权利人，那就不能滥用商事外观主义进行自我辩解，这时也应当优先保护真实的权利人，也就是需要优先保护投资安全。

也正因如此，最高人民法院专门发文指出，从现行法律规则看，外观主义是为保护交易安全设置的例外规定，一般适用于因合理信赖权利外观或意思表示外观的交易行为。实际权利人与名义权利人的关系，应注重财产的实质归属，而不单纯地取决于公示外观。总之，审判实务中要准确把握外观主义的适用边界，避免泛化和滥用。

第 5 讲

公司类型：选择适合自己的创业模式

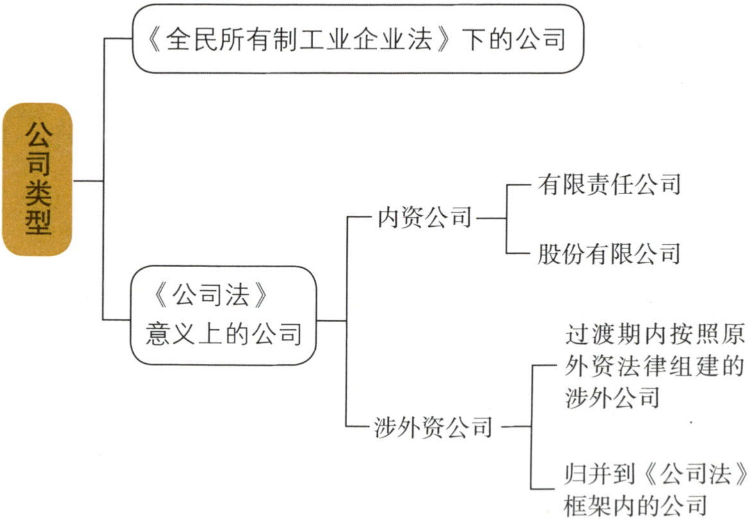
公司类型
《全民所有制工业企业法》下的公司
《公司法》意义上的公司
内资公司
有限责任公司
股份有限公司
涉外资公司
过渡期内按照原外资法律组建的涉外公司
归并到《公司法》框架内的公司

现在设立一家公司非常容易，找一家代办机构，花上一两千块钱，两周的时间就可以拿到营业执照了。并且，随着商事登记制度改革的深入，公司设立的时间还在进一步压缩。投资人在设立公司前需要思考的一个问题是：我要设立一个什么样的公司？我国的公司大致可以分为以下情形。

一种是国有独资公司，诸如中国铁路总公司这样的公司。2013 年 3 月 14 日，《国务院关于组建中国铁路总公司有关问题的批复》明确指出，中国铁路总公司是经国务院批准，依据《全民所有制工业企业法》设立，由中央管理的国有独资企业，由财政部代表国务院履行出资人职责，交通运输部、国家铁路局依法对公司进行行业监管。中国铁路总公司注册资金为 10,360 亿元人民币，不进行资产评估和审计验资，实有国有资本数额以财政部核定的国有资产产权登记数额为准。中国铁路总公司的领导班子由中央管理，公司实行总经理负责制，总经理为公司法定代表人。

2019 年 6 月 18 日，经国务院批准同意，中国铁路总公司改制成立中国国家铁路集团有限公司，在北京挂牌。现该公司官网“公司简介”一栏显示：“中国国家铁路集团有限公司（简称‘中国铁路’）是经国务院批准、依据《中华人民共和国公司法》设立、由中央管理的国有独资公司。经国务院批准，公司为国家授权投资机构和国家控股公司。公司注册资本为 17,395 亿元，由财政部代表国务院履行出资人职责。”经笔者查询企业登记信息，该公司唯一股东为国务院。

从中国铁路总公司到中国国家铁路集团有限公司的名称变更，标志着铁路系统完成了公司制改造，其设立基础相应地由《全民所有制工业企业法》变更为《公司法》。

二是涉外公司。这类公司中含有外资成分，如中外合资企业、中外合作企业、外商独资企业等，一度还曾有专门的立法对它们进行特别规定。

随着 2020 年 1 月 1 日《外商投资法》的施行，原《中外合资经营企业法》《外资企业法》《中外合作经营企业法》均被废止，新设立的涉外公司按照国民待遇原则，一律按照《公司法》的组织架构进行组建。但对原先既存的中外合资、合作公司以及外商投资公司给予 5 年的过渡期，在过渡期内还可以按照原先的模式继续运营。

外资公司特别立法时期的“原先模式”与《公司法》规定的最大不同是公司不设股东会，最高权力机关为董事会，董事由中外合作方按照协议委派。

《公司法》规定的公司类型只有两类：一类是有限责任公司，另一类是股份有限公司。如果公司进军资本市场的话，在主板、创业板、科创板、新三板上市的企业只能是股份有限公司，在区域性股权交易市场（如江苏股权交易中心、苏州产权交易所等）挂牌或进行股权托管的，可以是有限责任公司。

有限责任公司股东以其认缴的出资额为限对公司承担责任，

股份有限公司的股东以其认购的股份为限对公司承担责任。

按照上述规定，有限责任公司的股权是以“块状”的方式存在，比如，张三持有公司 10% 的股权，李四持有公司 15% 的股权等。尽管张三可以将 10% 股权中的 5% 转让给其他人，但在发生股权转让（或继承）前这 10%、15% 的股权内部则不再进行分割。

股份有限公司则不同，先把公司总股本分为若干份（总股份），然后张三持有多少股（如 10,000 股），李四持有多少股（如 13,200 股）。股份是股权的最小单位，不能再进一步细分。张三究竟持有公司多少股权比例，则是以他实际持有的股份数（如 10,000 股）除以公司总股份计算得出。所以股份有限公司内部股份是均一的，以份额而不是块状的方式存在。由于股份有限公司内部的股份是均一的，所以同股同权、同股同利、同股同价等就成了股份有限公司的基本规则。

有限责任公司中还有一个特殊的类型叫一人有限责任公司，即股东只有一个主体（一家单位或者一个自然人）的有限责任公司。如国有独资公司就属于这种类型。对于一般企业家来说，笔者非常不建议选择创设这种类型的公司。因为法律有一条特殊的规则：为了保障债权人的利益，如果你不能证明公司财产与你个人财产之间是相互独立的，你就需要对公司债务承担连带责任。

“打官司就是打证据，谁承担举证责任，谁就承担败诉风险。”法律强制把证明自己财产和公司财产相互独立的举证责任分配给了股东 / 企业主，这样带来的败诉风险就特别高。

所以，以自己一个人作为股东设立一人有限责任公司，虽在法律上可行，但需要承受高昂的风险。“自证清白”的风险很容易让企业主自身被追究连带责任。然而，该风险也是很容易规避的，把股权分一点（哪怕是 1%）给自己家人或者员工持有，这条法律就不适用了。如果债权人想否定公司的法律人格，就必须提供充分的证据证明公司人格被滥用或者公司财产与股东的财产相混同而无法区分。一旦债权人无法完成举证责任，投资人就可以享受有限责任的保护。

然而，最近案例裁判指引的方向似乎又发生了变化：夫妻二人设立的公司也参照一人公司进行处理。法院给出的解释是，评判是不是一人公司看的不是股东人数，而是看出资的财产权个数。夫妻二人出资设立的一人公司，从财产权的属性上看，是以夫妻共同财产这一“单独”的财产权出资的，因此以“单一”财产权出资，就视为一人公司，可以比照一人公司进行处理。各地法院陆续有这样的判决出来，企业家在投资设立公司的时候，不可不慎，也不得不防。

为避免股东承担更多的责任，笔者建议投资者不设立一人公司，也要尽量避开夫妻公司的“坑”。如果避无可避，可采取股权激励的形式，让员工持有部分股权，从而避开一人公司的股东承担公司的连带责任风险。

自由度的考量

法律上有限责任公司与股份有限公司的区分主要在于自由度上。基于法律上将有限公司假定为封闭公司、小公司，因此法律赋予有限责任公司的自由度就非常大，有限责任公司的章程可以在很多方面作出与法律不一样的规定，并且这样的规定是得到法律认可和保护的。可以看到的是，法律规范中相当一部分法律条款后面留有一个尾巴，那就是“公司章程另有规定的除外”，或者“全体股东另有约定的除外”。

法律假定股份有限公司是大公司或者叫公众公司，但是在事实上也并非完全如此。由于《公司法》废除了最低注册资本制度，以 1 元注册一家股份有限公司在理论上也是可行的。由于法律假定股份有限公司都是大公司，因此为了保护中小投资者，法律给股份有限公司的自由度很小，表现为有关股份有限公司的规定大多具有强制性，不允许公司通过章程、股东协议进行突破。在注册资本认缴制之下，两种不同的公司类型存在一定的交叉和重叠，边界似乎也不是那么清晰。应当说股份有限公司的内在特征决定了它是大型公司的组织形态。

首先，与有限责任公司只能由 50 名以下股东组成不同，股份有限公司的股东人数没有上限，这就决定了股份有限公司能够汇集更多的资本，以便涉足需要巨额资本方可开展的营业，进而做大、做强。

其次，股份有限公司是最能适应资本市场的公司组织形态。

在股份有限公司内部，公司全部注册资本被等分为均一的“股份”，并且这种“股份”是股权存在的最小单位，不能再进一步细分。这是股份有限公司的“内在市场”。任何股东持有的“股份”中，每一“股份”单元都是相同的，这种无差别的股权单位形成了股份有限公司的“内在市场”。

股份有限公司因“资本的聚合”（资合）而非“人的集合”（人合）而存在。这种内部无差别的“股份”单位，决定了股份有限公司可以很好地利用外部“资本市场”进行股份转让和股份交易。正是在“内部市场”和“外部市场”（资本市场）的共同作用下，股份有限公司的股东可以轻松地实现“用脚投票”退出公司和进行股权交易。因此，股份有限公司中股东个人的色彩并不强烈。

有很多股份有限公司因为股权很分散，以至于无论如何穿透最终都无法找到实际控制人，因此委托职业经理人管理公司成为股份有限公司的常态，至少在理论上应当是这样。

没有实际控制人的股份有限公司在英美国家中是司空见惯的事。但在中国、日本以及东南亚国家中，有实际控制人的股份有限公司还是普遍存在的，尽管偶尔也出现个别不存在实际控制人的股份有限公司。

最后，股份有限公司有着成熟的规范体系。对于上市公司、新三板挂牌公司，法律都强制要求遵循《证券法》的规定。在《公司法》的规则体系中，属于股份有限公司的法律规范也明显占据多数。这是为了避免“公地悲剧”（意为人们过度使用公共资源，从而造成资源的枯竭），法律必须为股份有限公司设定更多的强制性规则，防止股份有限公司的“内部人”（如实际控制人、董事、经理人等），滥用优势地位为所欲为，损害广大中小投资者的利益。

在股份有限公司中，股东可以分为以下几类人员。

第一类人员是想将公司做成“百年老店”的产业投资人。这类股东一般是公司的最初创始人，也是长线投资人；他们希望永葆基业长青，在一个行业内深耕细作，甚至传给子孙后代。

第二类人员是财务投资人。用通俗的话说，财务投资人希望“干一票就走”，他们注入资金和资源，推动公司上市或者寻求并购退出。

第三类人员则属于纯粹的投机股东。比如，资本市场中的散户，这类股东买卖股票与押宝没什么区别，押中了“当浮一大白”（用大酒杯喝酒），押不中的话就有一个形象的代称“韭菜”（“割韭菜”原意是指韭菜在生长旺盛期的时候需要进行收割，作为网络流行词汇，其指的是在股票市场中，一些机构、基金、大户抛售股票，导致股票市场大跌，然后创造新的建仓机会，再重新在低位建仓，如此反复获取利润，而一般的股民就像“韭菜”一样，任其宰割）。很多人经历过高位进入、股价下跌，如此就必须在“被迫割肉”和“长期持有”中间进行艰难抉择。

如果对股份有限公司再进行分类的话，大致又分为以下三类。当然，这里分类的标准在于股份有限公司利用外在资本市场的充分程度。

第一类，上市公司。股份有限公司与外部资本市场完全融合的，称为上市公司，无论在境内上市还是在境外上市，都可以归入此类。

第二类，非上市公司。虽然股份有限公司与资本市场尚未完全融合，但股份有限公司股东人数超过 200 人的，称为非上市公众公司。由于股权结构的分散性以及由此带来的公众利益问题，这类公司也被纳入证监会规制的范畴。

第三类股份有限公司，是指股东人数既没有超过 200 人，也没有在全国中小企业股份转让系统挂牌，仅在名称上叫股份有限公司，这类公司其实与有限公司已经没有太大的差别，但其仍需遵循《公司法》关于股份有限公司的规则。

由于股份有限公司是纯粹的“资合”公司，即只看重资本，而不考虑股东个人的人格属性，因此股份有限公司对于股份的转让特别注重效率，不再设定优先购买权。换言之，股份有限公司的股东是来去自由的，你想把股份转让给谁就转给谁，其他股东不得进行干涉。即便是夫妻离婚，也可以直接把所持有的股份有限公司的股份一分为二，夫妻各半，没有任何障碍，在这个过程中根本不需要考虑其他股东的意见。说到底，股份有限公司是只认“钱”，即股份的。

股份有限公司中有一个重要的原则就是股份平等原则，这是由于股份有限公司的内在基因决定的——将全部注册资本划分为等额股份。股份平等原则包含“同股同价、同股同权、同股同利”三个方面。同一次发行的股份在价格上必须相同，同一类型的股份上所附着的权利是相同的，同一类别的股权在分配利润上必须同股同利，不得予以差别对待。

这里的“同股同权、同股同价、同股同利”必须设定“同次同类”这一限定前提。一旦不满足“同次同类”这一限定前提，则可能存在差别。

如某股份有限公司在 2017 年公开募集股份是按照每股 3 元募集的，到了 2020 年公司业绩大增，需要并购另一家公司，又需要定向募集股份，这次该公司募集的价格完全可以设定为每股 5 元。

若 2018 年这家股份有限公司发行公司债券，公司债券设定的票面利息完全不必与 2017 年公司债券设定的票面利息相同。

等到 2022 年，这家股份有限公司同时发行优先股和普通股，这二者的发行价格完全可以不相同。优先股与普通股相比，可以优先分配公司股息，而普通股则只能在优先股股东分配股息之后才能分配股息。二者自然可以在发行条件、定价上存在差别。

股份有限公司内部“同股同权”也逐渐有放松管制的倾向。在知识经济及智力资本高度发展的今天，技术方与资本方相结合设立公司变得十分普遍。融资固然重要，融智也不可或缺。甚至在很多情况下，技术方由于有专业优势，变得比资本方更为重要。资本方找不到合适的投资项目比较普遍，好的项目往往不缺乏愿意投资的资本方。在这种情况下，同股不同权的 AB 股（如采取“A+H”即同时在内地和香港[①]上市的股份公司，其 A 股采用人民币交易，B 股在香港上市，采取港币交易，其发行条件就可以有所差别）逐渐被接受，如在科创板上市的公司，就允许设置差异化的表决权安排，不再强行坚持同股同权。深圳特区利用特区立法权，对其辖区内设立的股份有限公司也允许设定同股不同权。

股东会[②]的运作模式

前面已经谈过，在标准的股份有限公司中存在这样三类股东：产业股东、投资股东、投机股东。由于股东类型的不同，作为权力机关的股东会在运作上与有限公司也截然不同。股份有限公司的股东会究竟以多少比例通过决议，是以出席股东所持有和代表的股份数为基准计算的。

例如，某股份有限公司有 100 万股股份，只要有超过 50% 股份数的股东出席就可以召开股东会，在股东会上有半数以上的股份投票赞同就可以通过一般决议。依此计算，500001 股股份就可以出席股东会并审议有关议题，过半数（250001 股）股

① 香港特别行政区，全书简称香港。

② 根据第十三届全国人大常委会第三十二次会议审议的《公司法(修订草案)》，本书股东大会统一表述为股东会。

份投票通过某项决议就可以作出股东会决议。这在有限公司中是不可想象的，有限公司所有的计算基准都是以全部股权作为基数的。

换言之，在没有特别约定的情况下，注册资本为 100 万元的有限公司，必须有 500,001 元表决权通过才能作出有效的股东会决议。当然，这些是法律的默认规则，不考虑公司章程的特别约定。

同时，需要注意的是，由于股份有限公司是按照所有权与经营权相分离为预设并构建组织规则的，因此，股份有限公司的董事会在很多情况下对公司行使全面的控制权。股东会对董事会的监督和制约是比较弱化的，很多情况下，股东会只不过是投资人的集会，是股份有限公司进行信息披露的场所。特别是当一家股份有限公司不存在实际控制人时，股东会职权的弱化就表现得相当明显。从股东会与董事会的职权划分来看，法律都明确规定股东会只能审议和表决法律明确规定以及公司章程明确约定由其审议表决的事项。除此之外，股份有限公司的一切权力都由董事会行使。这种现象才是公司特征中“集中管制”（centralized management）这一特征的标准呈现。

如果看公司登记部门提供的公司章程范本，你一定会发现，有限公司章程大致只有三四页纸，而股份有限公司章程动辄二十多页纸，事无巨细都作出了全面的规定。

另外，上海证券交易所、深圳证券交易所、北京证券交易所、全国中小企业股份转让系统还发布了各种各样的指引文件，如风控指引、信息披露指引、关联交易管理指引等。可以这样说，股份有限公司制度是由一整套规则体系所组成的系统性规范集群。

创业者的选择

公司设立时究竟选择有限公司还是股份有限公司，要根据创业者的实际需求确定。

如果想在创业之初有更多的自主性，在“量身定制自己的公司章程，把法律赋予的自由度用足”的前提下，建议创业者选择有限责任公司。在这种公司模式下，法律给予创业者充分的自由度，创业者中的大股东若不会套用市场监督管理局提供的公司章程模板或者用代办公司注册的通用版本等，那么就等同于放弃了法律给予创业者的自由度。这时候就只能按照法律规定执行。对于小股东则需要考虑加入一些个性化的制约条款，以保障自己的权利。

当然，如果创业者想在创业之初就将公司绝对规范起来，严格按照法律规范的合规要求办事，那么笔者建议创业者选股份有限公司。相对而言，法律对股份有限公司的规制较多。正是因为规制较多，对很多问题都有系统性的规定。

在上市之前，有限责任公司与股份有限公司的设立门槛并无太大的差别，仅在于公司章程及股东协议的自由度上。以有限责任公司的形式组建公司，不会影响进军资本市场的进程，公司只要在进军资本市场前进行一次股改就可以了。在以净资产折股的情况下，有限责任公司的存续时间对于改制后的股份有限公司是连续计算的。

在法律上，无论是设立一家有限责任公司，还是设立一家股份有限公司，在准入门槛上已经几无区别。据此，《公司法》提供了两种标准的、规范的公司组织架构和治理模式供创业者选择使用。

第 6 讲

股东权利：创业者的权利清单

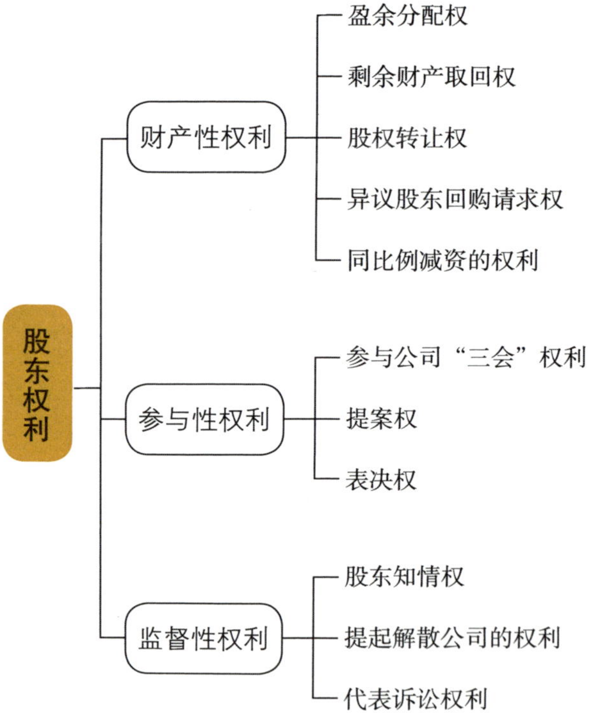
股东权利
财产性权利
盈余分配权
剩余财产取回权
股权转让权
异议股东回购请求权
同比例减资的权利
参与性权利
参与公司“三会”权利
提案权
表决权
监督性权利
股东知情权
提起解散公司的权利
代表诉讼权利

投资公司的股东，自然需要认真对待股东权利。

《公司法》在总则中明确，股东享有获得投资回报、参与公司经营管理以及选择经营管理者等权利。通过这样笼统的规范还不足以表明股东究竟享有何种权利。因此，有必要结合具体的公司法制度，将股东的权利列举清楚。只有知道股东享有什么样的权利，才能认真对待股东的权利，进而更好地行使股东权利。否则认真对待的基础都不存在，自然也就无法认真对待，无法有效地行使股东权利。

根据《公司法》总则条款的规定，大致可以把股东权利分为财产性权利（获得投资回报）、参与性权利（参与经营管理）和监督性权利（如股东知情权、诉讼权利）。

1. 财产性权利。股权是包含财产属性的，换言之股权是有价值的。上市公司的股票可以公开交易，非上市公司的股权也可以通过分红、转让等方式获得利益。因此，股东首先享有盈余分配权、股权转让权。特定情形下，股东可以退股撤资，要求公司回购自己的股权，这被称作异议股东回购请求权。为了保证自己的股权比例不被稀释，从而保证自己对公司的控制力不被削减，股东在公司增加注册资本时，有优先认缴出资的权利。

同理，在公司减少注册资本时，股东也有获得同比例减资的权利。公司清算时，股东有权获得与持股比例相对应的公司清算价值。此外，股权作为一种带有财产属性的权利，是可以继承的，除非公司章程明确排除继承股权。

2. 参与性权利。股东参与公司决策是通过股东会进行的。因此，围绕股东会的运作，股东享有很多权利。这些权利包括提议召开临时股东会的权利、提出股东会议案的权利、选举及罢免公司管理层的权利，亲自出席或委托代理人出席股东会的权利、在股东会上投票表决的权利等。当然，股东会上行使这些权利能否达到股东预期效果，取决于股东的持股比例以及股东的提案能否获得股东会议的通过。

3. 监督性权利。监督性权利主要包括股东知情权和相关诉讼权利。中小股东不参与公司经营管理，有权了解公司的经营信息，这就可能需要查阅、复制公司的文件资料、账册，摘抄、摘录会计凭证。股东通过行使股东知情权了解公司的运作状况，监督公司管理层及实际控制人是否存在损公肥私，损害公司利益的情形。针对股东会决议、董事会决议中存在的问题，股东可以向法院提起决议无效、不成立以及撤销的诉讼，以便纠正公司决议瑕疵。如果公司经营存在严重困难，陷入公司僵局，股东还有权提起公司解散诉讼，直接请求法院判决公司解散。如果公司解散后未能在 15 日内组成清算组开展清算活动，或者虽然成立了清算组，但故意拖延公司清算进程的，股东可以申请法院组织强制清算，并在清算后取回剩余财产。如果公司享有诉权但又不提起诉讼，股东还可以为了公司的利益以自己的名义提起诉讼，这也是股东很重要的监督性权利。比如，大股东担任公司的法定代表人，通过实施关联交易将公司利益输送至自己控制的另一家关联公司。这个时候公司利益受到了损害，公司当然可以追究大股东的责任。如果真要这么起诉的话，就会形成大股东代表公司追究自己实施关联交易损害公司利益的责任，很显然是走不通的。这个时候小股东可以主动站出来维护公司利益，最终诉讼的利益亦相应地由公司享有，这就是股东代表诉讼。

固有权利与特定权利

准确理解股东权利还应该区分这样一对概念：股东的固有权利与特定股东权利。

所谓固有权利，是指这种权利仅与股东身份有关，只要是公司股东，无论是否出资到位，无论持股比例多少，都可以行使的权利。最为典型的固有权利包括股东知情权、盈余分配权、异议股东请求公司收购股份的权利、新增资本优先认缴权、剩余财产取回权，获得股东会通知、参与股东会的权利等。

对于股东固有权利，除非股东本人同意作出一定让渡，否则公司以修改公司章程等方式进行限制的，相关章程条款无效，不能起到限制股东固有权利的目的。以盈余分配权及异议股东请求收购股份权利为例，当公司作出股东会决议或者符合法律规定的异议股东有权提出回购股权的情形的，只要你具有股东身份，无论你持股比例多少、持股时间多久，公司都必须保障你作为股东的固有权利，必须向你分红或以公允价格回购你所持股权。比如，公司章程设定了持股比例的限制，规定持股 5% 以上的股东才可以行使股东知情权，或者持股超过 1 年的股东才能行使要求回购的权利等，这样的条款都是无效的。

与此相对应的是特定股东权利。所谓特定股东权利，简单来说就是需要满足一定持股比例、持股时间才能行使的股东权利，尤其是以持股比例要求最为常见。详情见表 6-1。

表 6-1　特定股东权利的内容

持股比例	特定股东权利的内容
1%	股份有限公司：连续 180 日以上单独或者合计持有 1%以上股份的股东可以提起股东代表诉讼 股份有限公司：单独或者合计持有 1%以上股份的股东，可以在股东会召开 10 日前提出临时提案并书面提交董事会，董事会应当在收到提案后 2 日内通知其他股东，并将该临时提案提交股东会审议。[1]
5%	对上市公司而言，持股 5%以上的股东为大股东，持股 5%以上的股东需严格遵守《证券法》的限制，他们属于内幕信息知情人、需要负担信息披露义务，受到短线交易限制等
10%	1. 提议、主持召开临时股东会 有限责任公司：1/10 以上表决权的股东可以提议召开临时股东会；在董事会 / 执行董事、监事（会）均无法履行 / 不履行召集、主持股东会职责时，代表 1/10 以上表决权的股东可以自行召集和主持。 股份有限公司：单独或者合计持有公司 10%以上股份的股东有权请求召开临时股东会，且在董事会、监事会均无法履行 / 不履行召集、主持股东会职责时，连续 90 日以上单独或者合计持有公司 10%以上股份的股东可以自行召集和主持。 2. 提起解散公司诉讼 公司经营管理发生严重困难，继续存续会使股东利益受到重大损失，通过其他途径不能解决的，（单独或合计）持有公司全部股东表决权 10%以上的股东，可以请求法院解散公司。[2]

续表

持股比例	特定股东权利的内容
30%	强制要约收购：通过证券交易所的证券交易，投资者持有或者通过协议、其他安排与他人共同持有一个上市公司已发行的有表决权股份达到30%时，继续进行收购的，应当依法向该上市公司所有股东发出收购上市公司全部或者部分股份的要约
1/2	普通决议过半数通过（不含本数）
2/3	重大事项（修改公司章程、增资、减资、合并、分立、解散、变更公司形式）需 2/3 以上通过（含本数）

〔1〕根据第十三届全国人大常委会第三十二次会议审议的《公司法（修订草案）》。

〔2〕根据第十三届全国人大常委会第三十二次会议审议的《公司法（修订草案）》。

股东的权利包含很多个方面，如何具体行使要看具体的案件情况。只有充分了解股东的权利，才能认真对待股东权利；只有认真对待股东权利，才能更好地行使股东权利。

小结：股东权利受损应主动“出击”

凡事预则立，不预则废，笔者不建议股东“躺在权利上睡觉”，等到公司经营出现了严重的问题时，才出来说“我的权利受到了损害”。很多时候，对于权利被侵害这一结果，权利人自身是有责任的。当然，这种责任不是法律意义上的责任，而是一种复盘后的反思和检讨。

“你本可以这么做，你没有这么做，你的权利受到了损害，现在你需要维权，你就要付出更大的代价。”甚至付出更大代价后，仍无法挽回已经造成的损失。这种代价不仅仅表现为金钱，也可能表现为时间、精力、商业机会的丧失等。

第 7 讲

股东知情权：了解公司运营状况的权利

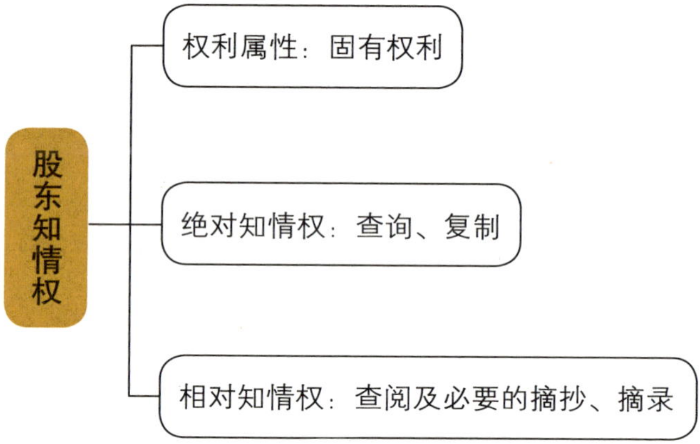
股东知情权
权利属性：固有权利
绝对知情权：查询、复制
相对知情权：查阅及必要的摘抄、摘录

知情权说到底就是了解公司运营状况的权利。

以有限责任公司为例，法律对股东知情权的规定分为两个层面。

一是可以随时行使且不受任何限制的知情权，即对公司章程、股东名册、股东会会议记录、董事会会议决议、监事会会议决议和财务会计报告行使知情权。行使的方式既可以查阅也可以复制，换句话说可以复印出来带回家慢慢看。

二是受到一定限制的知情权，即股东对于会计账簿、原始财务凭证的知情权。

对于第一类资料，既然行使知情权不受限制，那么股东可以多次行使，任意行使、任性行使，想查就查，公司不得以任何理由拒绝。对于第二类资料（会计账簿和原始财务凭证），股东如果要行使知情权，必须提出书面申请并说明查阅目的。公司能够证明股东对这些材料行使查阅的权利有不正当目的的，可以拒绝股东行使知情权。

换句话说，法律对股东和公司的要求是不同的，股东说明查阅目的即可，这种目的可以是概括的、笼统的。比如，“我就想知道公司的经营状况，就想了解一下我自己股权的价值”，甚至，“我怀疑大股东侵害公司利益，怀疑公司在做假账决定看看这些资料，评估一下要不要采取法律措施”。当然这样说的话，公司通常是不配合的，股东要向法院以诉讼方式寻求解决之道。

公司拒绝股东对会计账簿和原始凭证行使知情权的前提是：必须能够证明股东具有不正当的目的。并且，法律对公司举证股东具有不正当目的的要求是相当严格的，这是因为法律原则上是保护股东行使知情权的，不能“我投资了，还不了解公司运作的情况”。

股东行使知情权被拒的情况

在司法实践中，法律支持公司拒绝股东行使对会计账簿、原始凭证行使知情权的情况主要有以下几种。

一是股东自己或者其家人另外经营与公司目前经营相同的业务，让股东行使知情权容易损害公司利益的。比如，会泄露公司的客户名单、采购信息，股东行使知情权获知这些信息后有可能利用这些信息挖走公司的客户，给公司造成损失。

二是该股东过去3年内有从事商业间谍的行为，以行使股东知情权为幌子，向公司的商业竞争对手提供公司信息，可能造成公司利益受到损失的情形。

三是公司能够证明股东行使知情权有可能使公司利益受损的其他不正当目的，这是一个兜底条款。但适用这一兜底条款的前提必须是股东具备与上述两种情形相类似的“不正当”情形。比如笔者就曾办理过一个案件，股东向法院主张行使知情权，同时这名股东还欠公司的货款尚未履行，这种情形下法院认为拖欠公司货款且经判决后仍未履行的事实具有违法性，此时不宜由该股东行使对会计账簿、原始凭证的知情权，遂判决不准许该股东行使对会计账簿、原始凭证的知情权。但是需要强调的是，对于第一类资料即公司章程、股东名册、股东会会议记录、董事会会议决议、监事会会议决议和财务会计报告行使知情权，则不能予以限制。

股东如何行使知情权？

股东之间发生纠纷，往往会先要求行使知情权，尤其是不控制公司的股东。小股东怀疑大股东损害公司利益或者有其他纠纷时，因为自己不参与公司的经营管理，通过行使股东知情权发现大股东的违法线索，抓住其“把柄”不失为一种手段。在“控制权大战”及公司内部纠纷“内讧”等场景中，股东知情权都是基础性的权利，也是小股东发起“进攻”的第一步。

通过行使股东知情权，小股东掌握证据后，进一步采取其他“进攻”方式维护自身权益：税务举报、刑事控告、非公允关联交易利益输送、损害公司利益责任纠纷……一连串的诉讼或非诉讼由此开始，“股东大战”不可避免。

下面是一份股东要求行使知情权的请求书示例范本。

查阅公司会计账簿、会计凭证等文件资料

请求书

苏州某某游乐有限公司：

本人某某（公民身份号码为：……），系苏州某某游乐有限公司（以下简称“某某公司”或者“公司”）的发起人股东之一，持有公司 x% 的股权。

鉴于某某公司自 xxxx 年 xx 月 xx 日成立以来，经营状况良好，游客稳定，应当有丰厚的利润。公司执行董事兼总经理 xx 未向本人披露真实、准确、完整的财务数据信息，导致本人作为公司股东的知情权受到严重损害。

本人作为公司股东，为了知悉公司运营的实际状况、了解本人所持股权的实际价值、更好地行使《公司法》以及《苏州某某游乐有限公司章程》所确认的股东权利，拟通过提起诉讼的方式制止、制裁公司实际控制人挪用公司资产、非法转移公司利润损害公司及本人股东权利的行为，捍卫公司及本人作为股东的权利，特向公司提出查阅会计账簿、会计凭证及其他特定文件资料的请求，具体内容如下。

1. 公司自 xxxx 年 xx 月 xx 日成立以来至今历次公司章程

及其修正案、股东名册，历次股东会会议记录、股东会决议，历次董事会/执行董事决定，历次监事（会）决定，历年财务会计报告，以上资料供本人查阅并复制；

2. 公司自 xxxx 年 xx 月 xx 日成立以来至今完整的会计账簿（包括总账、明细账、日记账和其他辅助性账簿）；公司自 xxxx 年 xx 月 xx 日成立以来至今完整的会计凭证（包括记账凭证、相关原始凭证及应作为原始凭证附件入账备查的其他资料），上述资料供本人查阅（含必要的摘抄、摘录）。

请公司在接到本请求书后 5 个工作日内安排查阅，届时本人作为某某公司的股东，将依法委托具有执业资格的律师、会计师等辅助人员共同查阅、复制，摘抄、摘录以上文件资料。本人及依法委托的辅助行使知情权的专业人士将依照法律规定，严格保守公司的商业秘密。

请公司妥为安排。

申请人：xxx

xxxx 年 xx 月 xx 日

股东查阅公司资料的注意事项

股东在提出行使知情权的请求时，建议对于不设置任何前置条件的公司章程、股东会决议、财务会计报告等内容也一并提出，尽量列全。

在股东知情权行使的过程中，还涉及委托专业人士辅助行使以及对相关会计账簿等资料摘抄、摘录的问题。会计账簿资料、相关文件决议等内容往往具有较强的专业性，不具有一定的专门知识很难充分理解其含义，法律因此允许股东聘请专业的律师、会计师、审计师、税务师等专业人士辅助行使知情权。借助专业人士的力量，可以更好地实现行使知情权的目的。

另外一点是对于会计账簿、会计凭证的摘抄、摘录问题，《公司法》只规定了查阅，没有规定可以“复制”带走，这里面涉及对股东知情权与公司正常经营决策权利的平衡问题。

但是，海量的会计资料、会计凭证，如果只能用肉眼看，谁也没有过目不忘的本领，这样一来行使知情权是毫无意义的。所以在司法实践中，法院是允许摘抄、摘录的，股东在提出相应请求和诉讼时应当把摘抄、摘录的要求一并提出来。

对于股东知情权纠纷，法院有时会选择调解结案，尤其是双方都有律师参与的情况下，调解反而更容易。笔者就曾经代理过这样一起案件，法官先询问被告公司有没有不给查阅的正当理由，被告公司代理律师很显然无法给出令法院信服的理由，随即法院进行调解，让两方商定查阅的时间、地点、方式等。当然，这类案件判决起来也是不存在任何障碍的。

但是在执行过程中公司一方有可能设置各种阻挠。无论是判决还是调解，公司的工作人员可能说：“我们公司管理不规范，没有这些资料。”笔者也曾经遇到这样的案件，在具体执行过程中，被告公司在办公场所故意播放干扰音乐。在法院调解书明确查阅 10 日的情况下，被告公司要求我方必须连续查阅不得中断，周末也来查阅。此时正值夏日，在炎热的夏日周末，被告公司采取拒绝开空调等方式，干扰我方查阅资料。此外，笔者遇到过查阅之时公司仅提供部分资料，这样的查阅必然是没有结果的。甚至，被告公司要求股东、辅助查阅的律师、会计师签订明显难以接受的保密条款，约定高昂的违约金等。我们还遇到被告公司提出股东聘请的会计师不得携带或者使用电子设备（手机、笔记本电脑要由公司保存），防止将摘抄、摘录变成拍照、影印、扫描，甚至要求摘抄的具体内容要填写成表格，由公司事先审核同意。当然，遇到不开空调还可以克服，遇到设置高昂违约金、不允许使用电子设备等则只能由法院强制执行，将其中“度”的把握交给执行法官。

因此，在查阅过程中，股东及相关法律人士有必要先行核对公司提供查阅的资料，如果明显不全，则中止查阅并向法院申请强制执行，责令公司提供完整的财务资料。甚至可以申请法院开具调查令，由股东委托的律师调取公司账户银行流水信息等资料。

按照《会计法》的要求置备全部公司财务材料是公司及高级管理人员的法定义务。如果相关公司资料不全，影响股东权利、损害股东利益的，股东有权追究高级管理人员的责任，由法院判决高级管理人员向股东承担赔偿责任。如此一来，股东知情权的行使就带有一定的刚性了。

事实上，最高人民法院的司法解释明确规定，当公司董事、高级管理人员未履行置备公司账册、财务资料的义务，导致股东知情权受到侵害的，公司董事、高级管理人员应当对股东承担赔偿责任。这一规定具有宣示性，强调了董事、高级管理人员的义务，但具体赔偿的标准却无法确定。

在司法实践中，笔者曾经办理过这样的案件，法院认定公司财务资料由执行董事房某保管，房某在担任执行董事期间下落不明，其未依法履行保存公司财务资料的职责，存在渎职行为。虽然，董事房某存在侵权行为，但是原告股东因此导致的损害后果只有在公司清算之后才能确定。因公司尚未开展清算活动，法院难以支持原告股东要求房某赔偿损失的诉讼请求。

股东知情权是股东的固有权利，只要具有股东资格，就可以行使，除非有法律明确规定的例外情形。因此，公司以股东出资是否到位、持股比例过少、是否已经委派代表参与公司管理等这样的理由进行抗辩，法院都是不支持的。笔者曾经承办过这样一起案件，在小股东担任公司法定代表人却不实际掌控公司的情况下，要求行使知情权，最终法院判决支持。

最后补充一点，在股权代持的情况下，如果隐名股东（幕后股东）尚未确认其股东身份，其行使知情权应当通过名义股东（登记股东）行使，除非在公司内部各方都认可隐名股东是公司实际股东，否则隐名股东越过显名股东直接主张股东知情权的，法院一般不予支持。

第8讲

盈余分配：投资回报靠分红实现

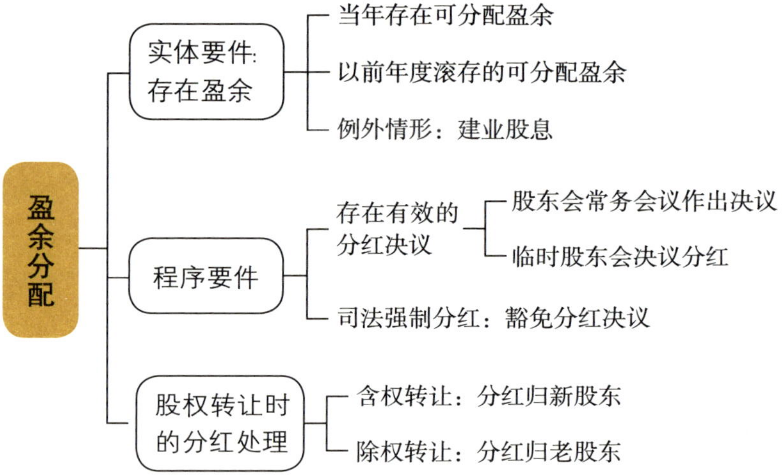
盈余分配
实体要件:
存在盈余
当年存在可分配盈余
以前年度滚存的可分配盈余
例外情形：建业股息
程序要件
存在有效的
分红决议
股东会常务会议作出决议
临时股东会决议分红
司法强制分红：豁免分红决议
股权转让时
的分红处理
含权转让：分红归新股东
除权转让：分红归老股东

盈余分配对股东具有十分重要的意义。特别是对于有限责任公司和未上市的股份有限公司，由于没有公开的股权变现途径，股东获得投资回报主要靠盈余分配即公司分红来实现。当然，如果股东能够溢价把自己持有的股权卖出去套现，也是实现投资回报的有效方式。

只不过很多情况下，这种操作仅仅是理论上可行，而实践中难以落地。对于没有上市的公司来说，谁愿意购买小股东的股权呢？外部人购买的话，那不就是取代现有股东，成了"接盘侠"，继续在公司中处于弱势地位？需要特别说明的是，小股东为了反击大股东，将股权卖给社会人员"暴力催讨"涉及违法，不在本书讨论之列。

公司分红的两个条件

一家公司如果想分配股利，必须具备两个条件。

一是公司存在利润。这是盈余分配的前提，如果没有利润而强分利润，则是典型的抽逃出资，属于违法行为。

二是公司股东会作出决定。分红这种大事，在公司中只能由股东会作出，董事会只能建议而不能决议。

前者是实质要件，后者是程序要件，二者缺一不可。欠缺实质要件，分红乃是无源之水，无本之木；欠缺程序要件，分红只停留在理论上，而不能实际执行。

有一种例外，在公司盈利十分充裕的情况下，大股东利用关联交易进行利益输送，或者大股东利用担任公司职务的便利给自己开具高额薪酬等变相获得盈利分红，而小股东被排除在外的；小股东可以起诉到法院，让法院判决公司强制分红。

此前发生过这样一起案件，有 4 个人，每人出资 25 万元成立一家注册资本为 100 万元的公司。后来公司经营效益很好，资产超过 1 亿元。在此过程中，公司从未进行盈余分配，有一个股东实在受不了，他起诉到法院要求强制公司分配利润。一审法院支持了股东要求强制分红的诉讼请求，但在二审中法院改判驳回该股东的诉讼请求。当时的裁判思路比较保守，认为分红是公司的自治事项，只有公司作出股东会决议才能分红。现在情况已经发生了变化，法律允许小股东在受到欺压和不公平的对待时，要求法院强行介入盈余分配事项。如果这个时候起诉，法院一定会判决公司强制分红。

最高人民法院曾经判决一起公司没有作出分红决议的情况下，股东起诉，请求法院强制公司分红的案件。某地一家供热公司被市政府收购，收购价款为 7000 万元左右。这笔款项汇到公司之后，公司实际控制人将其中 5000 多万元转移支付至其控制的另一家关联公司，从而支配这笔资金的使用权达两年之久。小股东要求分配政府补偿款遭到拒绝后，起诉至法院。最终，甘肃省高级人民法院以及最高人民法院都支持了小股东分红的诉请，即判令供热公司强制分红，同时还判令公司实际控制人对应当支付给小股东的分红款承担补充支付的责任，即如果公司不支付或无力支付，实际控制人应当向小股东支付这笔盈余分配款。

为了保障中小股东的盈余分配权利，在公司存在利润且不损害债权人利益的情况下，法院可以有限地介入公司盈余分配事项。公司章程、股东协议的内容都可以作为司法介入审查的依据。法院在审理强制分红案件时，如果公司控制股东能够提出合理的抗辩，阐明如果按照原告股东诉请的分配方式、分配金额进行分红将导致公司无法继续扩大经营规模，不符合公司最大利益，法院也应当在司法谨慎干预与公司自治之间进行合理平衡。

盈余分配事项属于常规事项，只要公司股东表决权过半数就通过就可以了，除非公司章程对此设定更高的表决权要求。不仅股东会可以作出分红决议，股东单独召开的临时股东会也可以作出分红决议。

厦门曾发生过这样一起案件，一家公司有两个股东，大股东持股 51%但不参与公司经营管理，小股东持股 49%实际控制公司并担任公司法定代表人。公司经营过程中产生利润，大股东提议分红遭到实际控制公司的小股东拒绝。

在一些公司中，有可能小股东是比较强势的一方。公司经营业未必持股多就真的说话管用。大股东在向作为执行董事的小股东提议召开临时股东会遭到拒绝后，在厦门公证处工作人员的见证下，在公证处的会议室自行召集临时股东会。很显然，小股东没有出席。最后，大股东自己作出分红决议，自己签名确认。公证处对会议全程进行公证。然后大股东凭该临时股东会决议起诉至法院要求分红，得到法院的支持。

法院审查的理由很简单：临时股东会也是股东会决议，也可以就公司分红事项作出决议。尽管只有大股东一人出席并进行表决，会议在公证处工作人员的见证下，程序合法，表决有效。该案中，这家公司完全符合公司存在利润且作出有效股东会决议分红的情况，因此法院支持了大股东的诉讼请求。

公司分红涉及的法律问题

公司分红涉及的法律问题很有意思。在有效决议作出前，股东对于公司分红处于想象的状态，这在法律上叫“期待权”，这种权利只有在具备特定的条件下才能行使。一旦公司作出有效的分红决议，这种权利就是一种现实的权利，可以实际行使。有效决议作出后，公司与股东的关系就转化为债权债务关系。此时，股东是债权人，可以要求公司支付分红款。

有一类案件是比较简单的。公司在某一年度有利润并且也作出分红决议，但考虑到现金流不足，向股东出具欠条。在作出有效决议的时间点上，股东与公司之间就分红款的支付已经形成了债权债务关系，股东可以随时向公司要求支付分红款项（董事会有义务在股东会决议作出后 6 个月内进行盈余的现实分配，除非公司章程或股东会决议另有规定），只要没有过诉讼时效期间，这种权利的主张就不受限制，法院都会判决公司支付股东分红款。

在江苏省淮安市发生过这样一起案件，公司明明没有那么多的利润，但却向每一位股东出具欠条，载明欠股东分红款的数额；这就违背了“无盈不分”原则，构成了抽逃出资，自然无法得到法院支持。公司在不具备实质分红条件的前提下，以欠付分红款的形式出具欠条，本质上是抽逃公司股本，违反《公司法》的禁止性规定，自然无法形成受法律保护的债权债务关系。

股东出资存在瑕疵，能否限制其分红权利？答案是肯定的。法律默认规则就是股东按照实缴的出资比例进行分红。既然存在出资瑕疵，当然可以限制分红权利。但限制不是剥夺，回到按照实缴出资比例进行分红的法律默认规则，本身就是限制。同时也应当注意，对股东分红权利进行限制必须合理。有时候，股东均未出资，但通过股东的不断努力，公司的创意很好，市场高度认可，也可能存在可以分配的利润。在司法实践中发生过类似的案件，法院判决指出：公司经营是全体股东共同努力的结果，在全体股东均未出资的情况下，公司作出决议限制个别股东的分红权，不平等地对待全体股东，不具有正当性，所作出的限制决议无效。

在注册资本认缴制下，出资期限届满前的“认而不缴”是法律的授权而非违法行为，与法律规范的出资瑕疵并非同一概念。股东即便存在抽逃出资或者认缴期限届满仍未缴付出资的，且又没有依法、正当地对其盈余分配权利作出限制的情况下，公司盈利颇丰，具备分红条件，此时将存在两个可以相互抵销的债权：一是公司因股东出资瑕疵而享有的要求其规范出资的权利，二是股东因公司符合分红条件而享有的请求公司支付分红款的权利。这两种权利均具有金钱给付内容，依法可以抵销。

股权转让中的分红问题

最后，我们探讨一下老股东的分红问题，即股东将所持股权转让后还能否主张对公司的分红权。实际上这是一个伪命题，只有在特定时点讨论才有意义。比如，公司作出分配盈余的股东会决议但尚未现实地将分红款支付给股东，此时发生股权转让，转让方与受让方就必须明确股权转让是“含权转让”还是“除权转让”。

如前所述，公司存在可分配盈余且公司作出决议分红的情况下，股东的盈余分配权已经从“期待权”转为“现实的债权”，股东可以向公司直接主张支付盈余分配款项。

此时，股东所享有的权利分为两个层面：一是继续享有股权，二是享有已经与股权相分离可以独立行使的债权，即向公司主张支付分红款的权利。

因此，此时转让股东是否可以向公司主张分红款，或者说公司应将分红款支付给谁，完全取决于股权转让双方的约定。如果没有约定也无法从转让协议的内容中合理推出转让价款中是否包含分红款，从公司的角度分析，应当将分红款支付给转让股东，即老股东。因为债权债务产生的时点是公司作出分红决议之日，此时债权人（股东）的身份是确定的，即老股东。当然，为稳妥起见，公司也可以就该笔分红款暂停支付，由股权转让双方协商确认或者由法院判决确认由谁享有后，再行支付。

笔者曾遇到这样一起案件，2020 年 3 月，公司股东将股权转让给受让人，2020 年 10 月公司作出股东会决议，分配 2019 年盈余，转让股东即老股东还能否主张获得这笔分红款？换言之，这笔分红款应该支付给老股东还是新股东？

笔者认为，这笔分红款应该支付给新股东。股权转让发生之时，公司并没有作出盈余分配的决议，此时转让股东并不能现实地行使盈余分配权，所谓的分红权仍是依附于股权而不是一项可以单独、现实地行使的权利。2020 年 3 月，股权转让时，依附于股权、作为股权权能之一的盈余分配权当然也随之转让。除非股东在股权转让协议中作出特别约定，否则这种情况下也不可能存在前面所说的“除权转让”的情形。

因此，在 2020 年 10 月公司作出盈余分配决议时，相关分红款自然应当由受让股东即新股东受领。这并不是说转让股东的权利就无法得到保障，双方在协商确定股权转让价款时，公司的经营情况、未分配利润等肯定作为考虑的因素之一。相反，如果将 2019 年分红款支付给老股东，则转让股东双重获利，既与法理分析相悖，也有违公平原则。

提示：公司分红须缴纳税款

在公司分红问题上还要注意，缴纳税款是法定义务，也是前置义务。公司利润只有在缴纳税款、弥补以前年度的亏损及提取10%作为公司法定公积金后的剩余部分，才属于可以进行分配的部分。

根据税法的相关规定，个人分红所得应当按照20%的定额征收所得税，企业分红则作为营收与其亏损相冲抵后，按照25%的定额征收企业所得税，高新技术企业的税率为15%。所以，在计算个人实际从公司中分取的红利时，公司有义务代扣代缴个人所得税。

现在公司登记管理部门在办理股权转让时大多要求提供完税凭证，即转让双方应先到税务部门就股权转让事宜依法纳税并取得完税凭证，然后方可在公司登记部门办理转让登记。如此，就堵住了逃税、漏税的可能，避免税源损失。

第 9 讲

股权转让：投票规则倒逼公司经营者努力把产业做好

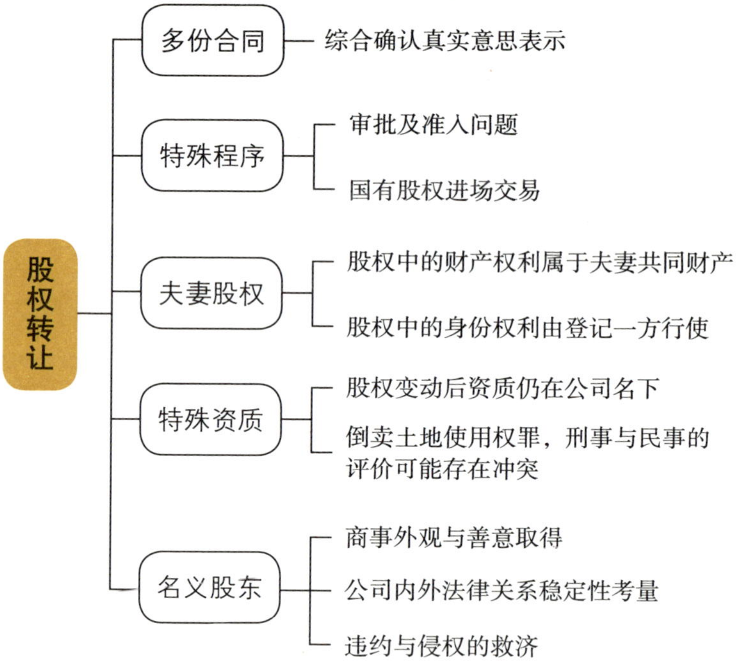
股权转让
多份合同
综合确认真实意思表示
特殊程序
审批及准入问题
国有股权进场交易
夫妻股权
股权中的财产权利属于夫妻共同财产
股权中的身份权利由登记一方行使
特殊资质
股权变动后资质仍在公司名下
倒卖土地使用权罪，刑事与民事的评价可能存在冲突
名义股东
商事外观与善意取得
公司内外法律关系稳定性考量
违约与侵权的救济

股权作为一种财产性权利，只有流动起来才更有意义。如果股权不能流动，股东只有被动地等待公司分配盈余这一种途径实现投资回报。如果股权缺乏流动性，对公司前景和未来悲观的股东只能被锁定在公司中无法离开。显然，这并不是法律的本意。

通过转让股权，“用脚投票”倒逼公司经营者努力把产业做好，形成外在股权交易市场对执业经理人的考评机制，将有利于提升公司的经营能力和治理水平。事实已经证明，强大而发达的股权交易市场，乃至资本市场是一个国家和地区很重要的核心竞争力。

对于股份有限公司而言，强调的是资本的聚合，即资合性。因此，股份有限公司法律中以股份自由交易转让为原则，不允许公司章程设置限定股份交易的内容（发行类别股份除外），所有对股份交易进行限制的情形只能由法律规定。

对于上市公司而言，股票交易早已实现了无纸化及电子实时交易。对于新三板挂牌公司来说，为了解决交易不流畅的问题，股转系统推出做市商进行做市交易。

总之，流动性是资本市场的核心内容。

有限责任公司股权转让分为股东之间相互转让和向股东以外的其他人转让。对于股东之间的内部转让，法律不作任何限制，股权可以任意转让。对于股东向股东以外的其他人转让股权，则涉及其他股东优先购买权的问题，笔者将在下一讲对此单独进行讨论，这里不再进行阐述。

股权转让的 7 个问题

在公司自治的原则下，公司章程可以对股权转让事项另行作出规定。只要公司章程的规定为股东转让股权打开方便之门，而不是从根本上将股东锁定在公司中，或者显失公平严重损害转让股东的利益，则应当尊重公司自治。

股权转让是公司类纠纷的高发案件，在法院审理的与公司有关的纠纷案件中占据近一半的比重，因此有必要深入展开探讨。

第一个问题是关于多份合同、“阴阳合同”的问题。股权转让中双方出于各种目的，很多情况下签署不止一份股权转让协议，甚至出现阴阳合同。因此，查明当事人的真实意思表示是处理股权转让纠纷案件的核心。

在司法实践中，当事人出于快速办理公司变更登记、避税等各种目的，通常在签订正式股权转让协议的同时，按照公司登记机关的范本另行签署一份简单版本的股权转让合同用于办理公司变更登记。此时，公司登记机关留存的股权转让合同并非双方当事人的真实意思表示，对双方不具有约束力。

基于《民法典》“通谋虚伪的意思表示”的规定，法院会认定以虚假意思表示实施的法律行为不成立或者无效。比如，《公司法》原则上实行注册资本认缴登记制，某人先行注册一家公司，后又邀请其他数人共同参与公司的经营管理，于是将公司股权进行重新分配。为了达到此种目的并简化登记手续，而将原先登记在自己名下的股权“平价”“转让”至其他人名下，在税务部门看来这就是一次股权转让而不是股权的重新分配，因而会产生纳税义务。这种纳税义务即便不在当时发生，也会递延至下一次股权变动之时。

2018 年 8 月 31 日修订的《个人所得税法》明确，个人转让股权办理变更登记的，市场主体登记机关应当查验与该股权交易相关的个人所得税的完税凭证。因而，在办理股权转让实务中，公司登记部门会要求提供税务部门出具的完税凭证，对未进行个人所得税纳税申报的不予受理股权变更登记。因此，笔者不建议直接使用公司登记机关提供的股权转让范本，如果一定要使用范本，一定要提前咨询律师、会计师的专业意见，并且登记备案的文本应当是真实合同的简洁版，而不是实质上更改交易内容。

当然，从司法审判实务的视角分析，法院会认为，转让股东未实际出资情况下签订形式上的股权转让协议，并事后由受让股东将相关出资投入公司的，工商登记部门备案《股权转让协议》中约定的“× × 万元对价”对双方不具有约束力。案涉股权转让协议约定的股权转让款与转让方的实际出资金额差异过大，不符合常理，且案涉股转协议及股东会决议系中介机构人员提供的模板，仅留存于审批中心，双方亦证实当时没谈转股价格，可以认定该协议注明的 ×× 万元转让价格只是为了办理股权变更登记所填写，并非各方的真实意思表示。

另外，同一公司股权的实际转让价格也有另外的转让协议参考，远远低于案涉股转协议约定的转让价格，公司登记机关留存的合同实质上是行为人与相对人以虚假意思表示实施的民事法律行为，应当认定为无效。当然也有法院认为不应当确认合同无效，这就会引发严重的法律风险。

还有存在多份合同的情形。笔者就承办过这样一起案件，某国有公司改制过程中，将原先 170 多名职工股东全部采用内部股东名册的方式进行管理，仅在公司登记部门登记 5 名股东，这就形成了事实上的股权代持关系。这家公司在当地处于垄断地位，为了达到归集股权的目的，推动股东实名登记，最终由收购人出面以溢价 10 倍的方式收得大部分股权，但仍有 10 余名股东坚持自己持有，拒不出售。最终收购人为了达到把这 10 余名股东全部收购的目的，采取各个击破的方式，许诺在明面溢价 10 倍的基础上，又分别签订《股权转让协议补充协议》，最高补偿 40 倍溢价。并且在先行支付 40 倍补偿款的基础上，签署溢价 10 倍的《股权转让协议》。

后来，因收购人未支付公司登记机关登记的《股权转让协议》约定的溢价 10 倍的股权转让款，转让股东诉至法院。收购人以《股权转让协议补充协议》显失公平提出反诉要求撤销该补充协议。

法院经审理后认为，《股权转让协议补充协议》与《股权转让协议》系同时签订，两份协议相结合才是双方关于股权转让权利义务的整体约定。本案转让的标的物系股权，股权转让价格的具体确定涉及转让意愿、双方对于目标公司现行资产的评估、公司未分配利润、供求关系、未来经营业绩的预判、所涉行业前途的预测等众多相关因素，基于这一特殊性，尚不能仅根据其他人以溢价 10 倍转让即判定本案溢价 50 倍转让为显失公平。

当股权在公司内部股东之间进行转让时，交易双方均有股东地位及从事相应的经济活动的经验，在交易前有充分的条件了解相关信息，知晓公司的经营状况，双方处于信息对称的地位，应认为交易双方所确定的交易内容是其真实意思表示。

最终，法院支持转让股东的本诉请求，驳回收购方要求撤销补充协议的反诉请求。至于两份协议相结合最终溢价 50 倍转让所涉税务问题，转让方应依法向税务部门按照真实转让情况补缴应当缴纳的税款。

时下，税务部门与众多部门建立了涉税信息通报、共享机制，法院在审理案件中发现应当补税的，也会通报、移送税务部门处理。

第二个问题是关于股权转让所涉的报请批准的问题。绝大部分股权转让是不需要报请批准的，即便涉及外资公司的股权转让，根据《外商投资法》的规定，也从审批制改为备案制。但是，在例外情况下仍有一些股权转让是需要报请批准的，如商业银行、保险公司等重大股权转让，这里涉及金融准入的问题，所以由特别法律如《商业银行法》《保险法》明确规定需要报请主管部门批准，未经批准的股权转让合同只成立，但尚未生效。

前几年火起来的反腐电视剧《人民的名义》里就有“大风厂”股权纠纷这一桥段，事实上正是该剧作者周梅森先生自己股权纠纷的折射。周梅森先生当年向江苏省徐州市中级人民法院及江苏省高级人民法院提起股东资格确认之诉，请求确认其系徐州淮海农村商业银行股份有限公司的股东，但正是因为其在受让成为股东时没有履行报批手续，最终股东资格未能得到确认。

需要明确的是，已成立但尚未生效的合同对双方也是具有约束力的。这种约束力体现在负有报请批准义务的一方（一般为转让方）应当及时履行报请批准手续。如果负有报批义务的一方未履行报批义务，相对方可以自行报请审批。此时，报请批准属于转让方的基本义务，如经催告后仍不履行的，受让方有权解除合同。如果有权机关并未批准这一股权转让行为，则合同无法继续履行，应当按照约定的违约条款进行处理。如果未作约定的，应当按照无效合同进行处理，转让方应当返还受让方已经支付的股权转让款。

第三个问题是关于国有企业股权转让的进场交易。规定企业国有产权转让应当进场交易的目的，在于通过严格规范的程序保证交易的公开、公平、公正，最大限度地防止国有资产流失，避免国家利益、社会公共利益受损。通过到产权交易所挂牌出让，广泛征集意向受让方，从而保证国有股权不至于被折价转让。当征集到的意向受让方在两个以上的，则需要组织公开竞价，价高者得。公司其他股东如需行使优先购买权，也要参与到竞价程序中。国有资产转让不仅应当由国有资产监督管理部门审批，而且应当由具有国有资产评估资格的评估机构进行评估。当事人明知所涉股权未经过评估而签订国有股权转让协议的，可以认定当事人明知或应知其行为将造成国家的损失而故意为之，说明当事人并非善意。如果签订转让协议后评估价格属于明显不合理的低价，且受让方明知价格明显低于市场价格仍与之交易，谋取不当利益的，即可认定为恶意串通。在上述情形下，应认定股权转让协议无效。然而，国有资产进场交易本身也存在例外。比如，两家纯粹的国有企业之间进行国有股权转让，就不涉及国有资产流失问题，这样的股权转让合同即便未进场交易，也可以被认定为有效。

第四个问题是以夫妻共同财产出资形成但登记在夫妻一方名下的股权，在法律属性上属于夫妻共同财产。根据最高人民法院相关法官会议的意见，股权是一种综合性的权利，其中财产性权利属于夫妻共同财产，但基于公司社团属性而享有的社团性、身份性权利，则仅能由登记的一方行使。股权转让时只有夫妻登记的一方签字，另一方不能以侵害其权利为由主张撤销股权转让协议。这里面还是涉及商事外观主义的问题，商法讲效率，讲交易的便捷，讲保障交易的安全。如果配偶一方能够证明转让方与交易相对人恶意串通损害其利益——如交易相对方是配偶一方的近亲属且交易价格显著偏离市场价格——那就是另外一个法律问题了。关于夫妻股权的问题，我们也将作为专题予以讨论。

第五个问题是关于特殊资质公司股权的转让问题。比如，房地产开发公司、享有采矿权、探矿权公司的股权转让。当所有股东将股权全部转让给新的受让方时，这究竟是股权转让，还是名为股权转让，实为土地使用权、矿业权的转让，确实是个问题。

某房地产开发公司名下有一块土地，公司股东将整个公司股权出让，受让方取得对房产公司100%的绝对控制权。此前，司法实践中有判决股权转让协议无效的案例。法院的裁判理由是：土地使用权的转让，要经过国土部门批准，而最终国土部门并未批准，因此转让合同无效。现在的法院判决会认定股权转让协议有效。因为股东与公司是两个主体，股东发生了变化，公司的主体资质并未改变，公司的统一社会信用代码不会改变，土地使用权仍登记在该公司的名下，所以并没有改变土地使用权的权属属于公司这一前提。

但公安机关却不这么认为，浙江等地就发生过这样的案件，公安机关以倒卖土地使用权罪对相关人员立案侦查，相关人员最终被定罪处刑。所以，这类股权转让还是要慎重一些，为了避免引起不必要的麻烦，笔者建议在特殊资质公司股权转让操作前应与自然资源等主管部门进行沟通汇报。

第六个问题是关于名义股东的股权转让。在股权代持情况下，名义股东（在工商部门登记）将自己名下的股权（实际上是代真实出资人持股）进行转让，只要股权受让方对代持情况不知情，股权转让就是有效的。法律会保护作为善意相对人的受让人的利益，保护交易行为。

这是此前第 4 讲中讲过的商事外观主义。公司登记的股权状况构成名义股东的权利外观，对于不知道代持关系的受让人，法律推定其为善意。法律专门规定了善意取得制度，“相信你的权利外观，与你进行交易就可以取得标的物的权属”。至于实际股东受到的损失，则既可以基于合同关系向代持人主张违约；也可以基于侵权法律关系向代持人主张赔偿。这既涉及合同违约（违反代持协议）的问题，也涉及侵权（侵害投资权益）的问题，根据《民法典》的规定，实际权利人可以选择对自己更有利的法律关系进行主张并获得救济。

第七个问题是关于出资瑕疵股权的转让。法律并没有禁止出资瑕疵的股权进行转让交易，所以根据“法无禁止即自由”的原则，出资瑕疵的股权是可以进行转让交易的。对于出资瑕疵股权涉及的规范出资问题，究竟由转让股东负责还是由受让股权的新股东负责，法律从保护公司债权人的利益考虑，倾向于由他们共同负责。

这里还是涉及《公司法》中“内外有别”的理念：对外关系上，共同承担责任；对内关系上，由转让人与受让人协商确定。

这里引申说明一下，公司被法院判决解散后，股东的股权依然是可以转让的。这里面涉及的原理依然是“法无明文禁止即自由”。公司解散后，股权的价值表现为公司清算所对应的清算价值，即股东剩余财产索取权，是公司股权所对应的公司残值，依然是有价值的。既然有财产价值，自然可以作为转让的对象。

提示：公司章程不能突破股权转让的法律强制规定

我们再看公司章程对股权转让作出的例外规定。有限责任公司是可以这么操作的，如果股份有限公司也这么做，会怎么样呢？这样的限制规定的效力如何呢？

江苏常州就发生过这样一起案件：一家公司股权比较分散，它在章程中规定任何股东如果持股比例超过5%，还要继续受让其他人的股权，必须经过公司的同意，否则不能受让其他股东的股权，这个条款最终被江苏省常州市中级人民法院和江苏省高级人民法院认定为无效。

这是因为，股份有限公司的股权自由转让是原则性规则，法院认为这是强制性规则，公司章程不能突破。因而，股份公司章程中设定限制股份转让的规定是无效的。

第 10 讲

优先购买权：维护老股东对公司的控制

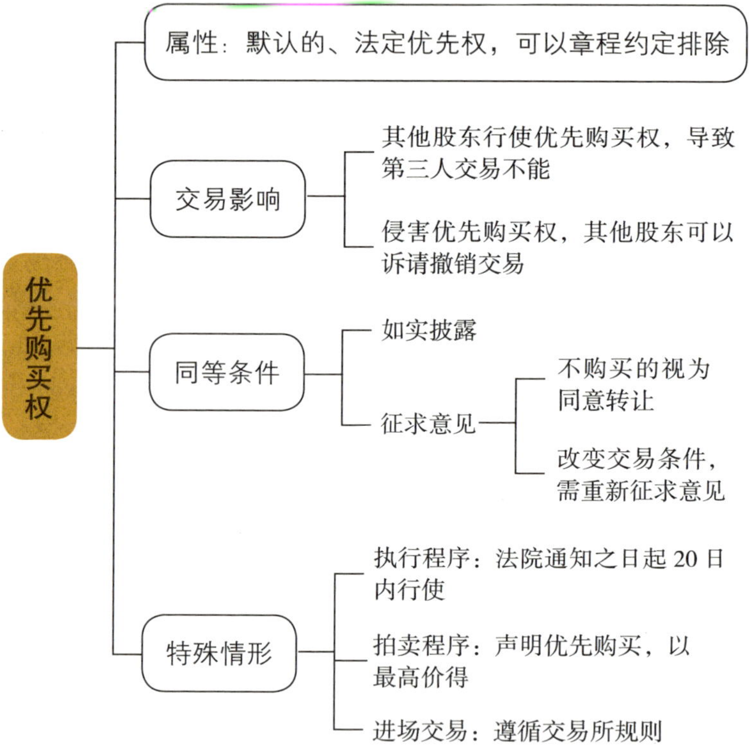

优先购买权
属性：默认的、法定优先权，可以章程约定排除
交易影响
其他股东行使优先购买权，导致第三人交易不能
侵害优先购买权，其他股东可以诉请撤销交易
同等条件
如实披露
征求意见
不购买的视为同意转让
改变交易条件，需重新征求意见
特殊情形
执行程序：法院通知之日起20日内行使
拍卖程序：声明优先购买，以最高价得
进场交易：遵循交易所规则

有限责任公司的股权转让分为对内转让和对外转让。股东之间相互转让股权，是不受任何限制的，只要两个股东商量好就行，不受其他人的干涉。但如果股东向非股东（公司外部的其他人）转让股权，情况就不一样了。

这里涉及现有股东是不是愿意接受第三方进入公司的问题。因为有限责任公司具有人合性和封闭性的特征，所以，法律特别规定了其他股东在同等条件下享有优先购买权。当然，法律授权公司章程可以对股权转让的规则另行作出约定。

如果公司选择章程自治，排除其他股东优先购买权的，应当优先适用公司章程的规定。假定公司章程没有特别约定，则适用法律的默认规则——在股权对外转让时，其他股东享有优先购买权。

因此，有限责任公司的股东如果要向非股东的第三人转让股权，正确的流程是：股东先与该第三人就股权转让的条件、对价、股权转让款的支付方式等磋商出基本框架，然后书面告知公司现有股东自己将准备以这样的条件转让股权，“你们是不是同意？”如果这项请求能够得到现有股东的过半数同意，这项交易就可以实施。不同意的股东可以行使优先购买权，他们可以主张以同等条件购买出让的这部分股权。如果有几个股东都表示行使优先购买权的，就由他们协商处理各自购买的份额，无法协商的，按照各自的持股比例行使优先购买权。

为了保证转让股权的股东能把股权卖出去，法律规定不同意转让股权的其他股东应当购买，如果不购买的，视为同意转让股权，以此在股东出售股权与其他股东行使优先购买权之间作出一个平衡。

股权拟对外转让时，股东向公司其他股东发出的通知可以参考以下范本。

股权拟对外转让通知书

各位股东：

本人xxx拟将所持有的苏州xx有限公司（简称xx公司）股权对外转让。具体内容如下。

拟将本人持有的占xx公司x%的股权，以人民币xx万元（大写xx万元）的价格出让给xx，需在20xx年xx月xx日前一次性支付全部股权转让款（分期支付须写明具体支付安排）。

现依照《公司法》及《苏州xx有限公司章程》的规定，书面向各位股东征询是否同意转让及是否行使优先购买权。请各位股东自收到本通知书之日起30日内就是否同意本人对外转让股权以及是否行使优先购买权书面答复本人。逾期未答复或虽答复但不以上述条件主张优先购买权的，视为同意上述转让，本人将正式与上述受让人签署书面《股权转让协议》。

另，请各位股东将书面意见回复至：……（地址、收件人信息）。

特此通知！

苏州 xx 有限公司股东：xxx

20xx 年 xx 月 xx 日

通知发出后，转让股东与拟受让股权的相对人之间对转让条件（如转让价格、付款期限等）作出修改或变更的，应当将修改或变更后的转让条件书面通知其他股东，以保障他们的优先购买权。

交易信息披露

这里涉及一个问题，即股权转让的股东向其他股东披露的交易信息（尤其是股权转让价款）是不是真实、准确、全面？这是因为，这些因素会影响其他股东优先购买权的行使。倘若，明明以 100 万元的价格对外转让股权，偏偏要向其他股东披露以 1000 万元的价格转让股权；很显然，这将导致其他股东不敢行使优先购买权。如果能够证实股东在拟转让股权时披露的交易信息为虚假信息，其他股东有权起诉撤销这样的股权转让。

在司法实践中，具体的做法是其他股东将股权转让股东起诉到法院，对拟转让的股权价值进行评估。如果评估的价值显著偏离转让股东通知的价值，其他股东有权主张以评估价格行使优先购买权，并且相关评估费用也可以要求转让股东支付。反之，如果评估价值与拟转让的价值相当，其他股东则应以书面通知的价值为基础行使优先购买权。顺便提一下，以虚高的拟转让价格通知其他股东，试图规避其他股东优先购买权还涉及纳税的问题。

根据税法的相关规定，股权转让采取20%的定额税率征税。在溢价转让的情况下，以转让价格与当初获得该股权的价格差额的20%征收个人所得税。因此，纳税问题也是股东转让过程中回避不了的问题。

股东转让股权能否反悔

在其他股东主张行使优先购买权的时候，转让股东是否可以拒绝转让；换言之，股东转让过程中是否允许反悔？对此，最高人民法院的司法解释持肯定态度。《民法典》合同编相关法律条文规定，合同的成立一般采取“要约—承诺”的方式。所谓要约，是指希望与对方订立合同的意思表示，承诺就是同意与对方订立合同的意思表示。当承诺的内容与要约的内容一致时，合同成立。如果承诺的内容修改了要约的内容，则不构成法律上的承诺，而是一项新的要约。

转让股东对外转让股权时需要向公司其他股东发出书面通知，这一书面通知的核心意思是，“我准备把自己持有的公司 ×% 的股权转让给公司以外的 ××，你是否同意”。这个意思表示的内容并不是希望与被通知的其他股东订立合同的意思表示，而是征询被通知股东的意见，本质上转让股东意图订立合同的相对方仍是通知中载明的“公司股东以外的第三方”。

因此，转让股东书面通知公司其他股东，并不构成法律意义上的要约，自然也就不存在公司其他股东对要约的承诺。此时，公司其他股东书面答复拟转让股权的股东并主张行使优先购买权，其核心意思是，“我愿意以同等价格、条件购买你的股权”。这一内容才是希望与转让股东订立合同的意思表示，是法律意义上的要约。要约的内容具体明确，要约的对象就是拟转让股权的股东。此时拟转让股权的股东拒绝对外转让，也就是拒绝接受公司其他股东的要约。

因此，在主张行使优先购买权的股东与拟转让股权的股东之间并不存在意思表示完全一致的“要约—承诺”，双方也就未能就股权转让事项达成合同。主张优先购买权的股东自然不能诉请法院强制执行双方之间并不存在的“合同”。

当然，拟转让股权的股东拒绝转让，将使公司以外的人也无法获得相应的股权，所以应当根据他们双方达成的意向协议或者具体的协议内容承担相应的责任。当然，基于意思自治的原则，如果公司章程中规定转让股东不得反悔的，应当尊重公司章程的具体规定。

优先购买权的行使规则

与股权变动相关的优先购买权行使规则要根据股权变动的原因作进一步的区分。在股权被强制执行、拍卖、国有股权进场交易等情形下，其他股东优先购买权的行使应当根据股权变动的具体场景，适用拍卖法律以及产权交易所的交易规则等。

以股权被司法拍卖为例，根据《公司法》的规定，人民法院依照法律规定的强制执行程序转让股东的股权时，应当通知公司及全体股东，其他股东在同等条件下有优先购买权。其他股东自人民法院通知之日起满 20 日不行使优先购买权的，视为放弃优先购买权。

在司法实践中遇到的问题是：在法院发出通知时，作为被执行标的的股权价值多少通常尚未作出认定。此时，其他股东如欲行使优先购买权的，可以向法院表明行使优先购买权的意向。例如，有数名股东均表示愿意行使优先购买权的，则可以由法院组织各方有意向行使优先购买权的股东就该股权价值进行竞价，并应有执行申请人、被执行人在场。如有意向行使优先购买权的股东所出的最高价值经由执行案件双方认可，则由出价最高的股东以其出价受让该股权。

如果数名股东就执行标的股权的价值无法达成一致，或者竞价最高的价值难以得到执行案件双方当事人的认同，则可以由法院组织评估，以评估价值作为该股权的价值。倘若仅有一名股东愿意以评估价值受让该股权，则由该股东作为受让人取得该股权。若有数名股东均愿意以评估价格受让该股权且没有人愿意追加出价的，由该数名股东协商确定各自受让的份额；如无法达成一致意见，则按照该数名股东各自在公司中的股权比例受让执行标的股权。

在执行程序中，如果采用拍卖方式转让标的股权的，其他股东欲主张优先购买权，应在法院规定的时间内提出，同时还应当参加拍卖程序。拍卖时，在普通竞买人有最高报价时，其他股东竞买人可以以该最高报价作为应价。如果，此时再无更高报价，则由该股东竞买人受让拍卖的股权。其他股东竞买人为复数时，可以协商确定各自的购买比例，协商不成的，由该数名股东竞买人按照各自在公司中的股权比例受让拍卖的股权。

基于防止国有资产流失以及国有资产保值增值的考虑，法律规定国有资产除按照国家规定可以直接协议转让的以外，应当在依法设立的产权交易场所公开进行。公司股东会在讨论并作出某国有股东转让出资事项的决议时，有受让意愿的股东应当明确表示保留对该项出资的优先购买权。当国有股权进场并公开发布转让信息，广泛征求受让意愿人时，有受让意愿的股东在符合受让人资格的前提下，同样应当在挂牌的有效期内提出受让申请，否则将因不作为而被视为放弃优先购买权。在竞买过程中，有受让意愿的股东与其他受让意愿人一样，还需对出让人的要约作出承诺，在同等条件下方能行使优先购买权。

侵害优先购买权的股权转让效力

接下来，我们将讨论侵害优先购买权的股权转让合同的效力问题。这个问题也要按照内外有别的原则一分为二。

在转让股东与股东以外的受让人之间，由于其他股东行使优先购买权，使受让人无法得到股权。受让人签订合同的目的不能实现，有权解除合同，追究转让股东的违约责任。当然，转让合同中约定此种情况下股权转让合同自动解除，排除其追究违约责任的除外。

这种情况下还有一个变通的做法，那就是名义上放弃转让，也不到公司登记机关办理变更登记，而是以签订股权代持协议的方式替代股权转让及股东变更登记。换言之，如果外部受让人愿意受让股权并交由转让股东代持，股权转让后外部受让人成为公司的实际股东，转让股东仍在公司登记部门登记为股东，但其股权系代外部受让人持有。此种情况下，公司其他股东无权进行干涉。当然，外部受让人也要承担作为隐名股东所面临的法律风险。

公司其他股东的优先购买权受到侵害，有权对转让股东与外部受让人之间的合同提起撤销之诉，撤销该交易进而主张优先购买权。法院查明转让股东确实侵害了其他股东优先购买权的，应当判决撤销转让股东与外部受让人之间的合同，支持其他股东行使优先购买权。但是，撤销权的行使需要受到除斥期间的规制。但其他股东自知道或者应当知道行使优先购买权的同等条件后 30 日内没有主张，或者自股权变更登记之日超过一年未提出撤销之诉的，为平衡公司内外部法律关系，对其他股东主张侵害其优先购买权从而要求撤销合同的，法院不再予以支持。

最后，需要重申的是，基于公司自治的需求，法律授权公司章程对股权转让事项作出特别规定。只要公司章程的特别规定不构成侵害股东转让股权的权利，使公司股东根本无法转让股权或者虽能转让但明显损害转让股东的权利，章程的约定就应当优先得到适用。

在一些特殊的情况下，笔者建议章程设置一些特殊的规则。比如，当某一公司的法人股东基于自身资产剥离划转的需要，将其在该公司的股权划转剥离至该法人股东旗下的另一家子公司持有时，如果缺乏优先购买权排除规则，其他股东此时主张优先购买权显然会对这家法人股东的资产剥离划转产生影响。

因此，是否需要设置优先购买权，如何有限设置优先购买权的例外规则，创业者在制定公司章程时应当将此作为考量的问题之一。

第 11 讲

夫妻股权：弄清楚这三个问题

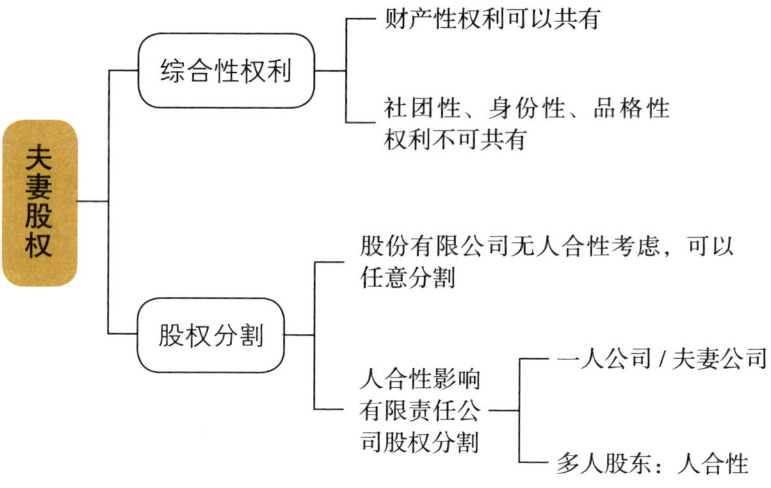
夫妻股权
综合性权利
财产性权利可以共有
社团性、身份性、品格性权利不可共有
股权分割
股份有限公司无人合性考虑，可以任意分割
人合性影响有限责任公司股权分割
一人公司 / 夫妻公司
多人股东：人合性

夫妻股权一直是一个相对复杂的问题，这一问题的复杂性既源于《民法典》婚姻家庭编的规定与《公司法》规定之间的冲突，也源于股权本身兼具财产权属性与人身权属性。法律对于夫妻财产制度原则上实行婚后所得共同制，加之司法实践中婚姻本身不稳定，使对于夫妻股权的行使与分割变得十分常见。

当夫妻股权行使与分割问题同公司本身社团属性、其他股东优先购买权、公司控制权变动、婚姻关系外第三人利益保护等因素交织出现的时候，这一问题就变得尤为复杂。由于股份有限公司是纯粹的资合公司，可以不考虑有限责任公司人合性及封闭性，股份可以直接分割，在司法实践中一般不存在争议。因此我们在讨论夫妻股权问题时限定在有限责任公司的场景。

夫妻股权的行使问题

本书开篇“原则与理念：开启创业之旅的钥匙”谈论过《公司法》中内外有别的原则，尽管这一原则的适用场景常见于公司内部团体决策与公司外部第三人保护的问题，但在夫妻股权问题上，这一原则也有着重要的适用空间。

由此引申出第一个问题，即夫妻股权的行使问题。当夫妻一方被登记为有限责任公司股东时，该股权是否为夫妻共同共有；股权的行使是否需要夫妻双方共同作出意思表示；以转让、质押等方式处置该股权是否需要夫妻共同行为，未参与的夫妻一方能否主张撤销或者请求法院宣告另一方单方处置股权的行为无效等问题，在司法实践中时常引发争议。

最高人民法院第二巡回法庭2020年度第3次法官会议对这一问题展开讨论。这次会议讨论的结果认为，股权是基于股东身份和地位而在公司中享有的权利，包括资产收益权、参与重大决策和选择经营管理者等权利，兼具有财产权与人身权属性。取得完整无瑕疵的股东资格和权利，应同时符合实质要件和形式要件。实质要件是向公司出资或认缴出资，形式要件是被记载于股东名册、公司登记等。

换言之，出资并非取得有限责任公司股权的充分条件，不能仅因出资来源于夫妻共同财产而认定股权为夫妻共同共有。也就是说，最高人民法院法官会议明确：在婚姻关系存续期间，以夫妻共同财产出资取得但登记在一方名下的有限责任公司股权，并非夫妻共同共有，登记在其名下的一方行使对该股权的处分权属于有权处分。如不存在与第三人恶意串通损害配偶一方利益等导致合同无效的情形，该处分行为（如转让、设定抵押等）应当得到法律的保护。

换言之，在夫妻股权的行使问题上，法官会议明确了以下几个问题。

一是尽管在夫妻内部关系上，股权属于夫妻共同财产，但属于夫妻共同财产的内容应被严格限缩在股权中的财产性权益上。对于股权中属于人身属性的内容则不属于夫妻共同“财产”的范围。在内部关系上，股权中的“财产”属性部分无论是否处置均属于夫妻共同财产，处置所得的利益亦属于夫妻共同所有。股权处置仅涉及夫妻共同财产形态的变化，从股权中的财产属性转变为现实的“对价”。

二是股权中的人身属性，如参与公司管理决策、处置股权等则不属于夫妻共同共有，也不需要夫妻共同行使。《公司法》规定，记载于股东名册的股东可以主张行使股东权利。因此，对外设置质押、转让股权等属于具体行使股东权利的方式，依法可以直接行使，而非共同行使。

三是内外有别，夫妻关系属于内部关系，与股权处置相对方的关系属于外部关系，法律的精神是优先保护外部交易行为。

四是法官会议认为：尽管股权中的财产权属性居于重要的地位，股权具有明显的财产权属性，但股权本身仍不能简单等同于财产权。股权中人身权属性部分具有人身专属性，只能由股东本人行使。因此，即便以夫妻共同财产出资而形成的股权，但仅登记在夫妻一方名下的，不能从整体上认定股权本身属于夫妻共同共有。

五是关于夫妻内部一方处置登记在其名下股权所获得的对价，则属于夫妻共同财产形态的转化，自然属于夫妻共同财产。股权处置所得收益仍归夫妻共同所有。

夫妻同时被登记为有限责任公司股东的情形

第二个问题是夫妻同时被登记为有限责任公司股东的情形。

这种情况下是否可以根据公司登记机关登记的持股比例直接认定夫妻双方已经就共同财产作出了约定，在分割夫妻共同财产时按照这一比例进行分配?

比如，李某(丈夫)在A公司登记的持股比例为27%，刘某(妻子)登记的持股比例为53%，其余股权为夫妻以外的其他人所有。如前所述，在股权的具体行使上，考虑到股权的人身专属性，如果没有其他约定，李某所能直接支配行使的股权比例应为登记在其名下的27%的股权。尽管登记在二人名下的股权比例不同，但由于该股权形成于夫妻关系存续期间，二人名下股权中的财产性权益部分均属于夫妻共同财产，如无其他证据证明夫妻双方对公司股权进行过夫妻财产约定的，该登记的比例不能视为夫妻财产约定。一方当事人仅凭工商行政部门登记的股东持股比例要求据此分割的，不予支持，法院应根据实际情况依法对股权进行分割。需要指出的是，用夫妻共同共有财产出资成立公司时，公司章程规定的股权比例以及登记的股权比例均仅是设立公司登记行政管理的需要，并不是夫妻双方对共同共有财产做出的改变和分割，也并不能当然地将公司登记中载明的股权比例简单地等同于夫妻之间的财产约定。

换言之，公司登记制度中要求明确各自名下的股权比例与《民法典》婚姻家庭编规定的夫妻财产约定，并非同一法律关系，应当遵循不同的评价标准。

夫妻股权分割时涉及的公司人合性问题

第三个问题是夫妻股权分割时涉及的公司人合性问题。由此引发的问题在于配偶一方能否自动成为公司股东。

这种情形需要分几种情况进行讨论。

一是一人公司的情形。如果涉及的公司是一人公司，股权登记在夫妻一方名下，双方可以就一人公司的价值进行竞价协商，公司归一方，对另一方进行折价补偿。当然也可以直接协商平分股权，但后一种方式显然还会衍生出更多的问题，容易形成僵局。

二是夫妻双方均为公司股东，且公司没有其他股东。如果不能协商一致，可以将公司解散并注销，分割公司财产。这两种情形均不涉及公司人合性以及其他股优先购买权的问题。

三是如前所述的案例，夫妻双方均为公司股东，并且公司还有其他股东。这种情况下，如李某与刘某未能协商一致，可以直接将二人名下的股权比例相加然后平分，这也是李某所主张的分割方式。这一情况下股权分割变动属于 A 公司股东内部的股权变动，其他股东没有优先购买权，操作起来也相对简单。

四是仅有夫妻一方作为股东登记在有限责任公司中，此时另一方在离婚时要求分割股权。这就涉及公司人合性以及其他股东的优先购买权问题了。如果公司其他股东过半数同意分割且不行使优先购买权的，配偶另一方可以成为公司股东，法院可以判决分割公司股权。如果公司其他股东过半数同意转让但有股东主张行使优先购买权的，配偶一方则不能成为公司股东，只能将股权转让给公司其他股东，然后分割所得价款。或者不进行股权分割而采取折价补偿的方式，对配偶一方的利益进行保护。

离婚时夫妻双方不能就股权分割达成一致时，为了保证有限责任公司的人合性，法院应对另一方请求分割的股权折价补偿。一方在离婚诉讼中坚持要求分割份额并且拒绝评估股权价值和折价补偿的，法院可判决驳回诉讼请求。

离婚中引发的股权分割还与公司控制权相关。在公司上市前夕，大股东因婚变涉诉引发的对于公司控制权的挑战，进而影响公司上市进展的案件以下面案例最为典型。根据公开报道的信息，2010 年 T 公司在美国纳斯达克递交上市申请后，创始人王某的前妻杨某在上海市徐汇区人民法院对其提起财产分割诉讼，要求分割股权并对王某名下的 T 公司股权采取保全措施，由此导致 T 公司股权出现重大纠纷并严重冲击公司控制权。最终，王某与杨某于 2011 年 6 月达成庭外和解，王某总共支付前妻杨某 700 万美元的经济补偿，先行支付 300 万美元，待 T 公司上市后另行支付余额。投资界就此吸取教训，在前期项目考察时，把创始人的夫妻关系也列为了考察因素之一，并在投资协议中增加条款，要求所投公司的创始人结婚或者离婚必须经过董事会批准。

当然，从《民法典》婚姻家庭编的视角出发，以上考虑涉嫌限制、干涉婚姻自由，自然难以得到法律支持。但不容否认的是，公司实际控制人的婚姻变动以及由此带来的对于公司控制权的冲击、中小股东的利益保护等，使他们的婚姻变动具有一定的公众性。如因创始人夫妇离婚引发市值跳水，广大中小投资者将因此遭受损失是不言而喻的。

感言：成熟创业者应当切实担负起社会责任

笔者想补充说明的是，全社会都有义务和责任培育良好的企业家精神。如果夫妻皆系公司董事，理应对公司及股东负有受信义务。二人的职权行为应以公司及股东利益最大化作为行事准则。考虑到公众人物的特殊属性，当二人相互攻讦的行为发展到足以影响公众对于公司的判断时，任何一方均有义务保持适当克制，以保障公司利益不受个人感情因素的影响。

如果夫妻股权之争，将高级管理人员、员工、投资人绑架在夫妻离婚及无下限"开撕"的战车上，显然背离了企业家应有的精神和担当。即便凭借此种手段在股权争夺战中胜出，最终也是输家无疑。一是偏离了高级管理人员、员工乃至社会公众的认同，二是得罪了潜在的投资者。正所谓"锦上添花易，雪中送炭难"。

理性的投资者在很大程度上投的是人品而非其他。

因此，作茧自缚式的人身攻讦必然导致潜在投资者望而却步。相应地，相关市场的竞争者可能后来居上，更容易获得投资者的垂青。

公司应当切实担负起社会责任，这是《公司法》明确昭示的法律规则，也应当是成熟企业家必须践行的行为准则。

第12讲

股份回购：小股东的退出通道

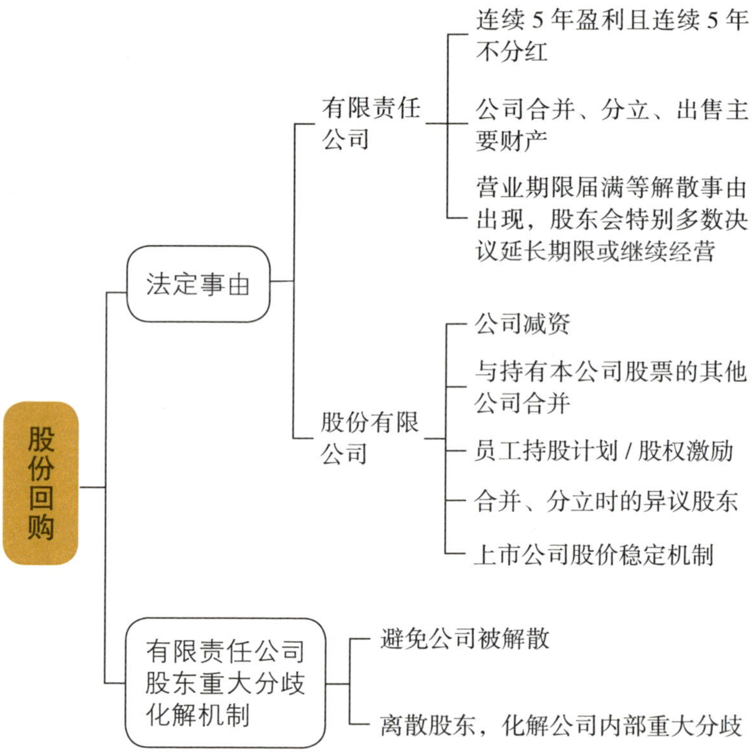

股份回购
法定事由
有限责任公司
连续5年盈利且连续5年不分红
公司合并、分立、出售主要财产
营业期限届满等解散事由出现，股东会特别多数决议延长期限或继续经营
股份有限公司
公司减资
与持有本公司股票的其他公司合并
员工持股计划 / 股权激励
合并、分立时的异议股东
上市公司股价稳定机制
有限责任公司股东重大分歧化解机制
避免公司被解散
离散股东，化解公司内部重大分歧

小股东在公司发生矛盾时注定是要代人受过的，当被绑在公司这条“战船”上，“上不能上，下不能下”的时候，真是别有一番滋味在心头。如何才能摆脱这种窘境，让自身体面地退出公司，这就是我们本讲所要讨论的股权回购问题。

股份回购的积极意义

股份回购，简单来说，即公司从股东手里收购股份。公司收购自己的股份对公司和股东而言都有着积极的意义。这种积极意义至少可以表现为以下几个方面。

一是通过收购公司股份，可以向市场释放公司的利好消息，成为公司稳定股价甚至拉升股价的有效方式。所以，很多上市公司在采取稳定股价的措施时，都会将回购本公司股份作为优先选项。

二是解决激励股票（股份）的来源问题。公司实施股权激励计划，必须要解决用于激励的股份从何而来的困扰，回购本公司股份可以形成股权池（库藏股），从而有效地解决激励股份的来源。

三是减少公司注册资本。公司回购本公司股份后进行注销，是公司减少注册资本的方式之一。比如，在 2021 年 6 月 27 日晚间，G 公司宣布第二期回购股份用途将由“用于员工持股计划或股权激励”变为“用于注销以减少注册资本”。G 公司第二期回购成交金额 60 亿元（不含交易费用），股份注销后公司总股本将减少约 1.68%。如此大规模地回购股份减少注册资本，也堪称资本市场的“大手笔”。

四是解决股东退出问题。《公司法》规定了禁止抽逃出资，但在特定情况下，允许公司回购股东的股份，从而使符合法定条件的股东退出公司，解决股东“用脚投票”退出公司的问题。

五是化解公司僵局。某股东与公司产生严重冲突，在其提起的公司解散诉讼中，通过公司回购其股份，打开退出通道，从而使公司得以继续存续，避免公司被解散的风险。

六是解决对赌“赌输了”的问题。以公司作为风投对赌对象的，在公司业绩未能达到约定标准的情况下，由公司回购（回赎）投资人的股份，是解决公司投融资对赌的方式之一。

股份回购的三种情形

根据法律规定，在特殊情况下，股东有权要求公司回购自己的股份。以有限责任公司为例，一共有三种情形。

第一种情形为公司连续 5 年盈利，但连续 5 年不向股东分配红利；

第二种情形为公司出售主要资产、合并、分立，股东对该决议投反对票的，有权要求退出；

第三种情形为公司章程规定的营业期限届满或者出现其他解散事由，需要解散公司，此时公司股东会通过特别决议（2/3

以上表决权决议）继续经营公司，投反对票的股东可以要求退出公司，将其股份交给公司回购。

以上三种情形都是法律明确规定的股东可以请求公司回购其股份的情形。但事实上，公司回购股东股份的方式又不限于以上三种情形。

公司存在的意义，并不是将股东捆绑于公司，在不损害债权人利益的情况下，通过公司回购股东的股份，可以实现多种目的。

在司法实践中，考虑到法律规定的僵化，一些案件已经对股东投反对票扩张解释到股东有明确的反对意思。以公司连续 5 年盈利但不分红为例，如果公司不召开股东会，反对的股东自然无从“在股东会上投反对票”。小股东即便请求召开股东会，但如果公司不配合，股东会就无法召集。此种情况下，还要求“在股东会上投反对票”显然是强人所难了。因此，对于法定的回购情形，如果公司确实召开了股东会，股东应当履行“在股东会上投反对票”这一前置程序。如果公司根本未召开股东会，小股东也无法自行召集股东会，则不应机械地坚持“在股东会上投反对票”，此时只要股东明确表达反对的意思就可以了，就应当为股东打开退出通道。

当然，如果小股东持有公司 10% 以上的表决权，可以在提请公司董事会、监事会召集、主持临时股东会被拒绝后，自行召集、主持股东会议，然后在自己召集的股东会上投票要求分红。

尽管最终因其他股东不配合未能通过股东会决议，但遵循公司内部救济程序，将自己的要求分红的意见表达出来。尽管此时，小股东不是在股东会上投“反对票”，但其实质仍是否定公司不分红的做法，也应当认定为符合法律规定的要求公司回购股份的情形。

股份作价

在公司回购股东股份的过程中，涉及股份作价的问题。对此，通常的处理方式是以公司净资产为基础，评估该股权的价值。公司以后的经营状况、盈利预期通常也会酌情予以考虑。

因此，法律给了股东和公司60天的时间，让公司与股东协商确定。如果公司与股东协商不了，那么就应该及时（30日内）向法院起诉，由法院进行评估确定。比如，股东以公司转让、出售主要资产要求回购其股权的，就涉及评估该项资产是不是公司的核心资产，是不是在公司经营中占核心地位。有时，出售核心子公司的资产或者将该子公司直接出售的，也可能被法院认定为触发股份回购的事由。

公司主动采取回购措施是不是合法，要看是不是损害公司债权人的利益。如果公司回购股份的款项不是源于股本，而是来源于公司留存的利润或者提留的公积金，此时不涉及公司减少注册资本的情况，一般来说是没有问题的。这种情况下不需要按照减少注册资本的程序发布公告，债权人也没有在减资程序中所享有的要求公司提前清偿债务或者提供担保的权利。

最高人民法院倾向性意见指出，在投资对赌过程中，投资方要求目标公司回购股份的，法院要审查是不是构成“抽逃出资”。如果用于回购股份的款项是公司的股本，那么要在严格执行减资程序后，才能支持投资方要求回购股份的请求。如果公司账户上富余资金充足，不涉及动用股本进行回购的，则原则上可以支持。

现实中的股东分红困境

前面的探讨都是法律规定的纸面文字，当冷冰冰的法律文字遇到鲜活的公司实践时，问题会瞬间变得复杂起来。法律规定的是公司连续 5 年盈利，但公司连续 5 年不分红，股东才能要求回购。大股东及管理层完全可以采取象征性分红的方式解决这一问题。比如，在中间某一年给每位股东进行象征性分红（如每人分配 10 元），从文字理解上就不再符合股东要求回购的条件了。抑或，公司利用关联交易进行利益输送，将某一年的公司业绩做亏，这样也就不符合股东退出的条件了。

再如，公司处置主要资产，处置多少构成“主要”实在是模糊不确定的。公司宣布“准备转行，去做另一块业务”，原有业务逐渐萎缩，于是过一段时间处置一部分“原有资产”，最终实现“乾坤大挪移”，这些举动是不是属于处置公司主要资产？在哪一个时间点上构成处置公司主要资产？量变何时引起质变？上述情形都会成为问题。

还有延长公司营业期限的问题，往往涉及公司登记部门登记的章程、股东会决议等对营业期限作出变更。如果公司营业期限已经延长，但上面的签字又有瑕疵，根本不是股东自己所签，遇到这种情形股东怎么办？延长营业期限是否有效？

以上这些情形就需要进行法律解释。法律解释中有一项很重要的解释方法就是立法目的解释。象征性的分红（如每人分红 10 元）显然不能与正常情况下公司分红的应然状态相提并论，该行为完全可以评价为控股股东、实际控制人恶意规避法律的强制性规定，并对其作否定性的负面评价。

分步转移公司资产，其行为本质上是改变公司经营方针，变更公司主营业务，使公司主要资产发生转移，公司业务形态发生根本性变化，与《公司法》所规定的“转移公司主要资产”具有相当性。况且，分步转移公司资产必然涉及公司主要资产的转移变化，法律应当给予中小股东同等的救济，为其打开退出通道。

尽管公司登记机关公示于外的章程及公示信息显示公司已经延长经营期限，但股东会决议经营期限上股东签名存在伪造，非股东本人所签，股东由于不可归责于自身的原因未能参加股东会，未获得在股东会上投票表达反对延长经营期间的机会，但其以行为（如提起诉讼）的方式将其反对意见表达于法院、公司及其他股东，与《公司法》的规定不相违背，应当认定其符合要求公司回购其股权的条件。这些都是采取目的解释的方法为股东提供退出通道。

反之，小股东起诉公司要求回购股份的案例虽然很多，但能够诉讼成功的并不多见，究其原因还在于法律规定的模糊。

2020 年 1 月 1 日，《优化营商环境条例》正式生效。这部行政法规明确规定，国家加大中小投资者的权益保护力度，完善中小投资者的权益保护机制，保障中小投资者的知情权、参与权，提升中小投资者维护合法权益的便利度。

为了贯彻落实《优化营商环境条例》，各地也陆续出台了配套规定，这对提升公司治理水平和保障中小股东利益是一件好事。

从司法实践来看，法院在审理股权回购案件时也出现了一些可喜的变化。

一是《全国法院民商事审判工作会议纪要》提出了贯彻“穿透式审判思维”的理念，使法院及法官在审理案件上有更强的能动性，会议纪要要求法官综合考量股东及公司纠纷的全部情况，提起的其他诉讼情况也应当予以考虑。

二是树立并体现保护投资安全的理念。最高人民法院指出：“我们在审理公司纠纷案件时，往往只强调保护交易安全……但我们有时忽视了保护投资安全，保护股东的出资。投资安全是否需要保护，即股东的出资安全是否也需要保护，这是一个理念性的问题。所以《纪要》首先提出‘保护交易安全和投资安全’，就是要求转变理念。交易安全和投资安全依法均应给予保护，有的情况下还应当依法优先保护投资安全。”考虑到封闭公司内部的股东压迫，大股东损害小股东及公司利益的情形，采取离散股东的方式，释放退出通道，支持小股东要求公司回购股份的请求，在某种意义上就是保护投资安全。

三是法院在审理一些公司纠纷案件时对以往严格认定的内容作了一定程度的松绑。如对于股东资格确认，小股东提起的股东代表诉讼，以及股份回购的标准认定等都存在一定的松动。这就使得激活封闭公司股东重大分歧解决机制，通过离散股东的方式促使公司回购股份，使中小股东从公司中抽身退出成为可能。

笔者曾代理一起案件，在一审法院明确不支持股东回购诉请的情况下，在二审审理过程中，笔者从优化营商环境建设，保障投资安全，节约司法资源等角度进行了详细的阐述与论证，代理意见最终得到了法院的采纳。二审法院认为，应当为小股东释放一条退出通道，由于回购价格问题一审并未审查，遂撤销一审判决，发回一审法院就股权回购的价格问题继续进行审理。

此前，为了解决股东之间的分歧，公司股东之间在上海三级法院先后进行了30余起相关诉讼，包括股东知情权、公司决议、损害公司利益、公司解散、申请强制清算等。公司也不甘坐以待毙，对小股东提出损害公司利益、追缴出资等诉讼，基本上把与公司有关的纠纷全部打了一遍。在二审法院采纳我方代理意见，为小股东释放退出通道后，所有争议全部集中在回购价格这一点上，对于其余案件，如股东出资、公司变更登记行政诉讼、公司决议撤销纠纷、公司解散诉讼等，双方各自作撤诉处理。

公司回购股权的后果

下面，我们还需要了解一个问题，即公司回购股权后，就公司自身持有的本公司股份能不能行使股东权利？

答案是否定的。公司持有的本公司股份不得行使股东权利，在召开股东会时不能进行表决，也不能给公司自己分红。法律制度设计不会允许公司长期持有本公司股份，公司持有本公司股份只能是一个例外。公司不仅不能长久持有本公司股份，连可能造成公司持有自己股份的接受本公司股票作为质押标的的行为，也是被严格禁止的。

公司持有自己的股份只能是在特定情况下的例外情形，公司这种持股必须在合理期间内转让他人（这是股票的发行行为）或者注销（这是减资行为）。

因此，在存在公司持有本公司股份的情况下，在召开股东会会议时应当将该部分股份排除，然后按照正常股东持股的份额或者股份数确定股东的表决权，进行相应决议。

事实上，在不损害债权人利益的情况下，股东能否顺畅地退出公司，关涉司法对股东投资安全的保护，自然也是营商环境建设的重要一环。只有保障投资安全与保障交易安全并重，并在个案中针对具体案情作出合理权衡，才有可能实现法律规定的目的。

《全国法院民商事审判工作会议纪要》指出，在民商事审判工作中要弘扬社会主义核心价值观，注意情理法的交融平衡，做到以法为据、以理服人、以情感人，既要义正辞严讲清法理，又要循循善诱讲明事理，还要感同身受讲透情理，争取广大人民群众和社会的理解与支持。

让股东分手多一些平和与理性，这既需要司法发挥积极能动性，匡正法律规范的教条与僵化；也需要当事人及商事律师做足功课，以理服人，循循善诱，讲透事、理、法、情。

第 13 讲

代表诉讼：小股东依法代表公司

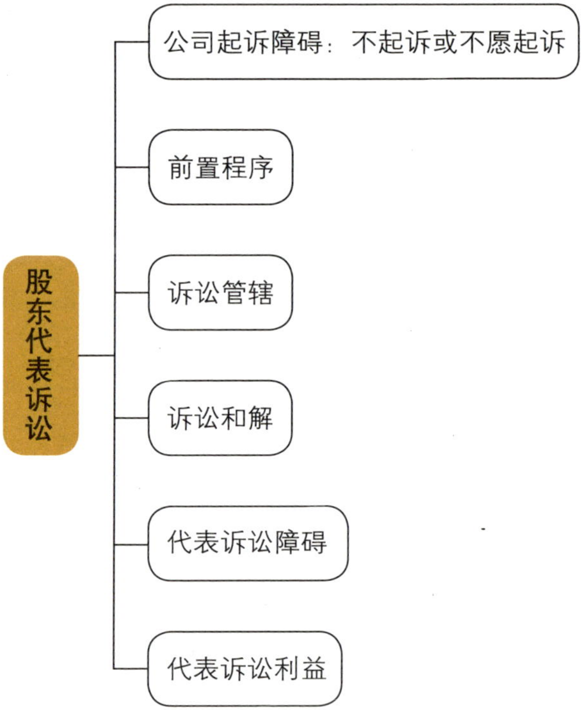
股东代表诉讼
公司起诉障碍：不起诉或不愿起诉
前置程序
诉讼管辖
诉讼和解
代表诉讼障碍
代表诉讼利益

问题：张三是甲公司的董事长、法定代表人，在甲公司进行采购时指定采购由其妻子设立的乙公司的产品，由此造成甲公司多付出采购成本 500 万元。对于张三损害甲公司利益的行为，应当由谁代表甲公司进行起诉？甲公司的公章在张三手中，如果由张三代表甲公司或者用盖章的方式委托律师起诉张三及其配偶，岂不是自己告自己？诉讼中原告方可能故意不准备充分的证据材料，最后被法院判决败诉。判决结果符合张三的利益，也正是张三所追求的效果，股东面对如此困境究竟该如何维护自身权益？

公司作为独立的主体，在利益受到损害时自然可以以自己的名义进行诉讼。根据法律规定，公司涉及的诉讼应当由法定代表人代表公司进行。但毕竟公司的人格是法律拟制的，公司的行为最终还是要通过具体的人的行为实现。这就产生一个矛盾：当公司法定代表人、实际控制人等实际操纵公司的主体自身就是损害公司利益的罪魁祸首时，谁来代表公司进行诉讼呢？又如，当另一家公司拖欠公司货款时，而欠款的公司正是这家公司实际控制人的关联方，公司缺乏起诉对方的动力，又该如何处理？很显然，这都是创业者必须正视的问题。

在“三会”（股东会、董事会、监事会）制度下，法律设置了相互监督和制衡的结构。如果董事会成员损害公司利益，股东可以请求监事会进行起诉。如果监事损害公司利益，股东可以请求董事会进行起诉。有些时候，小股东也可以代表公司，这就是股东代表诉讼。如果它们（董事会或监事会）不起诉或者不可能起诉，股东可以以自己的名义维护公司的利益，这就是本讲我们即将展开讨论的股东代表诉讼。

股东代表诉讼

当股东认为董事、监事、高级管理人员以及其他主体损害公司利益时，法律要求股东向相关公司机关书面提出起诉请求，如果这一请求得到公司机关的支持，则由公司机关代表公司提起诉讼。例如，股东请求监事会对董事长提起损害公司利益责任之诉，此时监事会主席作为公司的诉讼代表人参与诉讼程序并行使公司的诉权。这种情况下原告仍为公司，但公司的诉权由监事会或者监事会委托的代理律师行使，而不能由作为公司法定代表人的董事长行使。由于监事会是公司的法定监督机关，监事会作出起诉决定并付诸实施的，属于监事会依法行使职权的行为，仍属于公司直接诉讼的范畴。

在司法实践中存在这样一种情况，即在公司中通常由大股东担任执行董事、法定代表人，小股东担任公司监事。在追究大股东损害公司利益的情况下，小股东如果同时具有监事身份则可以直接以监事的名义代表公司起诉。此时，大股东利用自己的持股优势可能会召集一次临时股东会，在临时股东会上改选公司监事，由自己新推举的“关系友好型”的新监事向法院申请撤回起诉。对于现实中的这起案件，最终法院可以认为这是被告（大股东）滥用股东权利，对监事代表公司提起诉讼的恶意反击，因而裁定不予准许，案件继续审理。

股东代表诉讼制度在司法实践中存在一些值得注意的问题，详述如下。

诉权属于公司

股东代表诉讼的诉权属于公司，这是需要明确的问题。只要公司享有诉权并怠于行使诉权，股东符合相关条件的（如持股比例、前置程序），均可以提起代表诉讼，不受案由规定及诉讼类型的限制。

诚如法院指出的那样，股东代表诉讼，也称股东派生诉讼。在这一诉讼结构中，股东实际上是代公司提起诉讼、主张权利的，其诉权源于公司的诉权。因此，凡公司在直接诉讼中可以提起的诉求、可以行使的诉权，代位诉讼的股东一般皆得行使。基于此，股东派生诉讼的案由也应根据原告所主张的具体案件事实及提出的诉讼请求灵活确定，并不局限于损害赔偿纠纷。不仅股东在民事诉讼中可以提起股东代表诉讼，而且股东代表诉讼在行政诉讼中也有适用的余地。只要公司具有起诉的利益，享有起诉的权利，公司不提起诉讼的，股东在经过请求公司机关起诉的程序遭到拒绝后，都可以依法以自己的名义提起诉讼，维护公司利益。

毕竟股东代表诉讼是诉讼结构的一种替代性安排，法律鼓励的是公司直接提起诉讼。如果公司具备提起直接诉讼的条件，应当通过直接诉讼的方式进行，不应提起股东代表诉讼。很显然，这是公司独立法律人格、独立主体地位的体现。股东代表诉讼能够提起的前提是公司怠于行使自己的诉权。如果公司事实上能够行使诉权，或者说提起诉讼的原告股东事实上能够直接代表公司提起直接诉讼，则不应当提起股东代表诉讼。例如，在一人有限责任公司中，股东完全可以以公司的名义提起直接诉讼，或者作出任命新法定代表人的决定，此时就不具有提起代表诉讼的前提。

前置程序

由于公司治理不规范、实际控制公司的主体（如法定代表人、实际控制人等）损害公司利益较为普遍，司法实践中出现鼓励股东提起代表诉讼维护公司利益的倾向。最高人民法院已经明确既要保护投资安全，也要保护交易安全，有些时候还要优先保护投资安全。维护公司利益就是保护投资安全的典型。

在司法实践中，只要你是公司股东，符合条件就可以提起股东代表诉讼。对于有限责任公司的股东来说，任何股东，不论持股比例多少、持股时间长短，都有权提起股东代表诉讼。对于股份有限公司的股东来说，必须连续 180 日单独或者合计持股 1%以上才能提起股东代表诉讼。股东代表诉讼是一种补充性的诉讼、替代性的诉讼，只有在公司享有诉权且公司机关怠于行使诉权的时候才可以由股东补充进来，为了维护公司的利益而非股东的自身利益而发动诉讼。

这就涉及股东代表诉讼的前置程序问题。换言之，股东提起股东代表诉讼必须满足请求公司机关提起诉讼被拒绝或者符合法定的豁免前置程序的情形。从司法实践来看，法院对于豁免股东的前置程序存在从宽审查的趋势。在一些案件中，如中外合资企业、外商独资企业中，由于不设置监事会这一机构，股东提起诉讼时，可以不经过向监事会提出书面申请这一前置程序。另外，在公司清算阶段，公司职权由清算组行使，也没有向监事会提出书面申请的必要。

最高人民法院曾在判决中指出，设定股东代位诉讼的前置程序的目的在于尽可能地尊重公司的内部治理，通过前置程序使公司能够了解股东诉求并自行与有关主体解决相关纠纷，避免对公司治理产生不当影响。通常情况下，只有经过了前置程序，公司有关机关决定不起诉或者怠于提起诉讼，股东才有权提起代位诉讼。法律规定的请求公司机关起诉的前置程序，意在通过公司内部机关的相互制衡，实现利害关系人的回避，避免利益冲突。在董事会、监事会成员皆为被告，与案涉纠纷皆有利害关系，有关成员均被指控实施了损害公司利益行为的情况下，无须再经过前置程序，否则与立法目的相悖。

尽管如此，我们仍建议股东在提起股东代表诉讼时履行相关的前置程序，如向公司董事会、清算组、监事会提出书面申请，以防止因前置程序的问题对自身提起代表诉讼构成障碍。

在司法实践中，还会存在这样的操作。当股东向公司监事会提出请求时，监事会或者不设监事会的公司监事会对该股东说："好啊，你要我起诉，先把材料给我看看，我总得看到材料才能决定要不要起诉吧。"这时作为股东是选择给还是不给？笔者的建议是"给"。原因在于，尽管很多监事（监事会主席）本身就是公司实际控制人的傀儡，但在程序性问题上笔者建议股东不要留有瑕疵。

此外，在司法实践中，出现过监事会或者董事会在提起诉讼时"出工不出力"，故意寻求败诉判决的情况，且这种情况并不鲜见。对此，提起代表诉讼的股东可以申请作为第三人参加诉讼，或者要求自己委托一名律师作为代理人共同参加诉讼程序，从而监督公司机关提起的诉讼是否形成实质对抗。

即便公司被吊销营业执照或者发生其他解散的事由，原股东在一定条件下仍可以提起股东代表诉讼。清算组成员从事清算事务时，违反法律、行政法规或者公司章程的规定，给公司或者债权人造成损失，公司或者债权人主张其承担赔偿责任的，法院应依法予以支持。

如果公司已经清算结束被注销，自然没有所谓的公司机关了，这时自然无须经过前置程序，可以由原股东直接提起诉讼。假定清算组在清算过程中实施了损害全体股东或者债权人利益的行为（如私自隐匿 100 万元），这部分财产自然应当拿出来在股东及债权人之间进行分配。对于此种情况，股东和债权人可以直接起诉清算组，要求进行补充分配。

股东丧失股东资格，诉讼何去何从？

股东代表诉讼中还存在这样的问题，即股东代表诉讼期间如果原告股东丧失股东资格，代表诉讼应当如何处理？司法实践中，对于这种情况法院一般裁定驳回原告的起诉。当原告股东丧失股东资格，其与案件审理结果就没有法律上的利害关系，其代表公司提起诉讼的前提就不存在了。如果股东代表诉讼是多名股东共同提起的，在诉讼中是个别而非全部原告股东丧失股东资格，则可以由没有丧失股东资格的原告继续诉讼。

股东代表诉讼是法律特别规定的诉讼结构安排，原告股东的地位属于形式原告而非实质原告，表现为诉讼利益归属于公司而非原告股东本人。因此，在股东代表诉讼的情况下，如果案件要进行和解、调解等涉及公司重大诉权处分事项的，并不是原告股东本人同意就可以实施。最高人民法院在一起案件中明确，如果股东代表诉讼中需要进行调解并最终达成调解协议的，这一协议不仅需要经过诉讼各方的一致同意，而且还必须经过提起股东代表诉讼的股东所在的公司作出有效公司决议后，经法院审核不损害公司、其他股东以及公司债权人利益的，才能最终确认调解协议的效力。

仲裁条款：无法跨越的实质障碍？

还需注意的是，股东代表诉讼存在一个无法跨越的实质障碍，那就是在公司与第三方签订的合同中存在仲裁条款，这时公司与第三方的争议只能通过仲裁程序解决。我国司法制度安排采取“或裁或审”的原则，一旦当事人协议约定仲裁管辖，则排除法院的管辖。由于仲裁程序属于纠纷的民间解决方式，因此仲裁处理的前提是当事人之间存在仲裁协议，自愿受仲裁裁决的拘束。由于仲裁程序中不存在仲裁第三人的制度安排，股东因此无权代表公司提起仲裁。

股东代表诉讼的立法本旨是在公司享有诉权且怠于行使诉权的情况下，股东才可以提起代表诉讼，这是我国《公司法》确立的股东代表诉讼制度独特的诉讼架构。如果公司与第三人在合同中约定了仲裁条款，此时公司只能就合同引发的争议提交仲裁解决，对公司而言则无向法院提起诉讼的“诉权”可言，股东代表诉讼的“诉权”也就不能成立。公司利益被公司有关人员通过恶意订立仲裁条款导致股东“起诉”无门的，虽然股东不能直接追究与公司存在合同关系的第三方责任，但仍不妨碍股东追究公司中责任人员的责任。如果股东能够证明内外勾结、恶意串通损害公司利益的则另当别论。

实践中，要求突破仲裁条款允许股东代表公司提起仲裁的呼声始终没有间断。如果约定仲裁就可以规避股东代表诉讼这一机制，那么势必会导致意图损害公司利益的主体以仲裁条款为借口，最终公司利益被损害后股东维权无门。显然，这是《公司法》设定股东代表诉讼制度时所不曾预料的。股东代表诉讼是已经为实践证明的有效提升公司治理水平的法律制度。况且，股东代表诉讼也好，股东代表仲裁也罢，其诉讼或仲裁的原权利属于公司，诉讼或仲裁的法律后果、裁判利益也均属于公司。

管辖问题

股东代表诉讼，本质上是由股东代替公司的地位行使公司的诉权，是《公司法》中一种特殊的诉讼结构安排。在确定管辖法院上，一般仍应按照公司直接诉讼的管辖法院进行确定。

曾经有一段时间，在司法实践中认定股东代表诉讼应当由公司住所地法院进行专属管辖。如果对此类诉讼实行专属管辖，则会产生故意制造股东代表诉讼争夺管辖权的情形。记得当时有这样一起案件：一家海南公司要对江苏徐州的公司提起合同纠纷诉讼，如果由海南公司直接提起诉讼的话，应当在合同履行地或者被告住所地法院诉讼。这起案件的合同履行地也好，被告住所地也罢，都在江苏徐州，应当在江苏徐州的法院进行起诉。为了达到将案件放在海南起诉的目的，海南公司就制造出股东代表诉讼，它先安排一名股东给海南公司董事会发函，要求公司提起诉讼，公司回函予以拒绝。这名海南公司的股东遂以自己作为原告、江苏徐州公司作为被告、海南公司作为第三人向海南当地法院提起股东代表诉讼，于是海南当地法院从原本没有管辖权变成有管辖权，受理了这起案件。徐州公司提起管辖权异议，被海南法院驳回，最终该案因管辖权争议一直打到最高人民法院。最高人民法院一锤定音，指明案件并不因为采取股东代表诉讼而使原先没有管辖权的法院获得管辖权，最终裁定将该案移送江苏徐州的法院审理。

这里我们也要做一个特别的提示，就是小股东滥用股东代表诉讼权利的问题。在司法实践中，有一些小股东出于个人利益最大化的考虑，动辄对公司提起股东代表诉讼，给公司的生产经营造成了一定的影响。由于诚信诉讼是法律的基本要求，在这些案件中法院可能会对股东代表诉讼的恶意发起者进行制裁，责令小股东赔偿公司的损失。2021 年 5 月，最高人民法院对上海市高级人民法院的批复指出，如果知识产权的权利人恶意提起诉讼，法院可以判令原告赔偿被告的合理开支。这项举措对于遏制小股东滥用股东代表诉讼权利进行恶意诉讼、优化营商环境是很有帮助的。如果有证据证明小股东经常性地恶意提起股东代表诉讼，法院也可以基于诚信诉讼的原则，对其进行司法惩处。小股东滥用代表诉讼的权利对公司造成损失的，公司也可以主张其承担赔偿责任。

股东代表诉讼中公司的法律地位

最后，我们讨论一下股东代表诉讼中公司的法律地位问题。按照现行《公司法》关于股东代表诉讼的架构，公司在股东代表诉讼中应当被列为第三人。因为公司是法律拟制的主体，在股东代表诉讼中是纯粹的利益接收方，原告股东提起的代表诉讼胜诉的，所获得的胜诉利益并不归原告股东，而是归公司。所以在诉讼程序上，需要将公司列为第三人，让公司接收诉讼利益。

因此，股东代表诉讼的判决结果一般是这样表述的：被告张三应在本判决生效之日起 10 日内赔偿或者返还第三人某公司多少钱。股东在代表诉讼案件中维护的是公司利益，是全体股东的利益。因此，一旦股东代表诉讼获得胜诉判决（包括部分胜诉），公司应当为原告股东报销所支付的费用（包括委托律师、会计师所支付的费用）。当然，如果股东代表诉讼败诉，则说明股东的判断是错误的，至少是缺乏充分证据的，此时股东所支付的费用及诉讼成本由其自行承担。如此也可以让小股东审慎抉择，防止其滥用股东代表诉讼制度，影响公司的正常经营。

第 14 讲

公司设立：股权架构为创业者筑牢根基

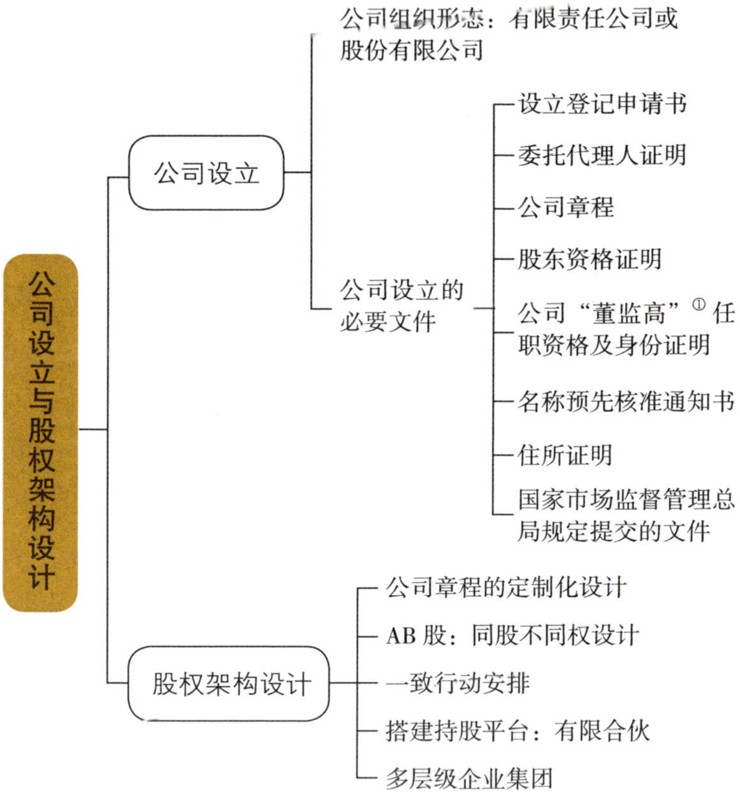

① “董监高”指董事、监事、高级管理人员（经理、财务负责人等）。

设立一家公司，需要准备哪些材料呢？下面，笔者将以设立有限责任公司为例，进行介绍。

公司设立需要提供的材料

根据《市场主体登记管理条例》的相关规定，创业者设立有限责任公司应当向公司登记机关提交下列文件。

1. 公司法定代表人签署的设立登记申请书。工商登记改革后，设立登记往往由行政审批局受理，公司成立后的运营监管则由市场监督管理局负责，所以很多地方公司设立是向行政审批局递交材料。

准备设立公司时，投资人之间就要对谁担任法定代表人进行协商，并由拟担任法定代表人的主体（只能是自然人）签署设立登记申请书（模板可以从行政审批局的官方网站上下载或者向行政审批局服务大厅窗口索取）。

2. 全体股东指定代表或者共同委托代理人的证明。设立公司是多人共同从事的行为，属于共同法律行为，需要所有人共同签署委托代理人的证明。既可以委托代办公司的人申请设立，也可以委托一名股东或者其他任何人提交设立材料，这在法律上是没有限制的。

3. 公司章程。公司章程是公司的根本大法。公司自治的一个很重要的体现就是公司章程可以约定与法律不一样的规范——违反法律强制性规定除外——并且公司章程的规定能够得到优先适用。公司章程的具体内容及注意事项本书在后面会进行专门介绍。

4. 股东的主体资格证明或者自然人身份证明。单位作为股东的，需要提交单位设立的证明文件（如公司、合伙企业、个体工商户的营业执照），个人作为股东的，需要提交身份证等。

5. 载明公司董事、监事、经理的姓名、住所的文件以及有关委派、选举或者聘用的证明。董事、监事、经理只能由自然人担任。设立公司时需要提交他们的身份证件以及选举/委派他们的股东会决议、董事会决议、股东决定、执行董事决定等文件。

6. 公司法定代表人任职文件和身份证明。依照法律的规定，法定代表人可以由董事长、执行董事或者总经理担任。

7. 企业名称预先核准通知书。在优化营商环境的大背景下，企业名称核准可以由发起人/设立人自行在网上申请核准，选取企业字号。

8. 公司住所证明。在优化营商环境的大背景下，商事登记实行“一址多照”，可以在同一地址注册多家公司。有些地方推行了企业地址集中登记的情况，向登记部门提供一份可以正常接收文件的证明即可。如上海，可以提供律师事务所、会计师事务所的办公地址作为企业的法定送达地址。

9. 国家市场监督管理总局规定提交的其他文件。在公司登记过程中，如果涉及审批的，要提供批准证明。在优化营商环境的大背景下，公司注册采取的是简化流程、压缩时间、取消审批或者将审批改为备案的做法。如江苏省在《聚焦企业关切大力优化营商环境实施方案》中明确要将企业登记压缩为 3 个工作日。

需要指出的是，放管服（简政放权、放管结合、优化服务的简称。“放”即简政放权，降低准入门槛；“管”即创新监管，促进公平竞争；“服”即高效服务，营造便利环境）改革与加强事中事后监管是统一的。前期能够不通过设定许可的方式解决的，统一改为备案登记，但后期必须加强事中事后监管。对于企业的运营、市场行为等监管力度也会相应加强，应呈现前松后紧的监管格局。

除了上述事项外，根据公司登记的相关要求，公司名称、注册资本、公司类型、经营范围、营业期限、有限责任公司的全体股东、股份有限公司发起人的姓名或名称都需要进行登记，这些内容都是公司章程的必要记载事项。对于公司经营范围，除法律、行政法规明确规定必须取得政府审批方可从业的外，对于不需要行政许可的事项，企业可以自主经营。

一言以蔽之，对于政府而言，法无明确授权不可为；对于市场主体而言，法无明确禁止即可为。

设立登记和变更登记

公司设立的相关情况需要向公司登记管理部门进行设立登

记，公司设立后，相关情况发生变化的，要进行变更登记。登记的功能在于公示，即向社会不特定的公众公告公司的具体情况。登记的信息，公众是可以查阅的。

事实上，登记是最古老的确认权属的方式。比如，婚姻需要登记，房屋、车辆权属需要登记，登记是政府行为或者准政府行为（如产权交易所接受股权托管），带有公权力属性或第三方属性，具有证明权利的功能，也便于政府给予登记权利人更多的保护。如股权的权属发生争议，权利人可先查看公司登记机关登记的信息，这样就很容易起到定分止争的效果。

当然，如果公司的实际情况与登记的情况不一样，而要证明自己是权利人，就需要提供足以推翻登记信息的证据，这无疑会大大加重权利人主张权利的成本。

另外，公司登记机关也可以对公司虚假登记、不及时办理变更登记的行为进行行政处罚。

未来，法律将更多地将公司登记信息公之于众，便于其他人与公司进行交易时能够了解公司的具体情况，审慎评判可能发生的商业风险。对于公众公司（新三板挂牌及主板上市公司），法律强制要求它们进行信息披露，如不披露将给予其重罚。这是因为，它们不仅涉及中小股东保护及社会公众利益，还可能涉及整个资本市场的良好运行，必须要对它们的信息披露工作进行强制性要求。

股权架构设计

在讨论公司设立这一话题时，不可避免地需要探讨股权架构的设计问题。以我国知名H投资控股有限公司的股权结构为例，它的股权结构大致如图 14–1 所示。

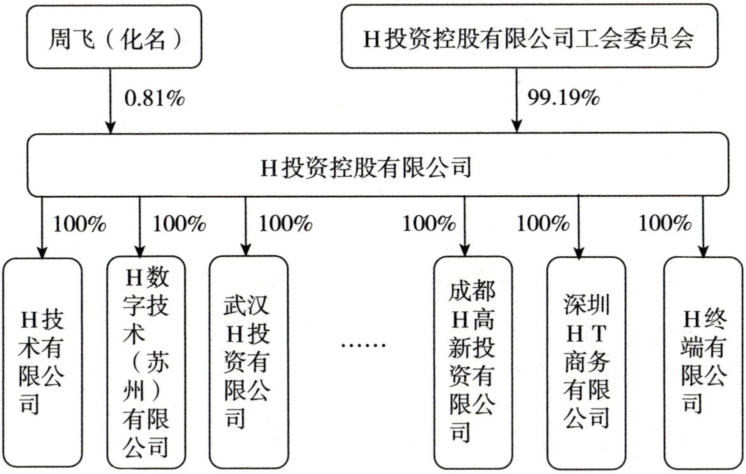

图 14–1　H股权结构

截至 2020 年 12 月 31 日，在H投资控股有限公司体系中，周飞（化名）先生通过直接持有H投资控股有限公司 0.81%的股权，控制了整个H体系。H投资控股有限公司 99.19%的股权则是通过工会委员会持有。H体系中职工持股的人数近 10 万人，其内部参与工会委员会的人员名册由公司内部专门管理，其余H体系的公司均系H投资控股有限公司的全资子公司。

周飞先生通过自身直接持股以及担任H投资控股有限公司工会委员会主席的方式，实现对整个H体系的绝对控制。根据内部协议，周飞先生享有一票否决权，据说迄今为止其尚未使用过该否决权。

H投资控股有限公司股权结构的安排，说到底，其背后是对于公司控制权的高度关注，本质上是公司创始人以较低的持股比例控制整个公司的最简单需求。

实践中公司设立时往往会出现以下几种股权结构。

一是两人创业不分彼此，平分股权，形成50%：50%的股权结构。这是史上最糟糕的股权结构，没有之一。这种股权结构往往会因为股东的个人冲突导致公司僵局，最终往往导致公司被强行解散。

二是考虑到50%：50%的股权结构的弊端，于是创业者在公司设立时改变比例为51%：49%，这样即便产生分歧，不得不动用表决权解决问题时，由于有大股东（51%）的存在，可以形成股东会决议，避免陷入决策僵局。这种股权结构看似解决了大股东最终决策的问题，但它没有考虑到公司发展过程中融资及引进新的投资人的问题。在公司有新的投资人进入时，即便新加入的股东仅持股3%，也会将原先两位创始人的股权分别降至50%以下，最终形成新加入的小股东（3%）“绑架”作为创始人的大股东的局面。

此时，小股东的股权至关重要，小股东成了两位创始股东竞相笼络的对象。因为小股东和谁站在一边，谁就会得到超过半数的表决权，从而控制公司。因此，51%：49%这样存在微弱持股优势的股权架构也并不足取。

三是考虑到前面两种情况，将股权比例设定为 70%：30%。理论上这样的股权比例是合理的，存在 2/3 以上表决权的绝对控股大股东（70%），控股股东可以对公司的任何事项作出决策，即便对于增资、减资、合并、分立、变更公司形式等法律规定需要 2/3 以上表决权通过的特别决议，也会因为存在控股股东而得以通过。但这一前提必须是公司章程中的表决权设计没有对《公司法》的规定作出调整。实践中曾发生过这样的案件，一家由两方公司发起设立的有限责任公司，两家法人股东的股权比例为 70%：30%，但公司章程规定对公司股东会审议事项必须经代表 4/5 以上表决权通过方为有效。公司章程的这一约定实际上赋予了任意一方股东一票否决权，最终公司因陷入表决权僵局而被司法机关判决解散。

在具体考量股权架构设计的时候，笔者建议初创公司要有绝对控股的大股东，在多人共同发起设立公司的情况下，至少要保证第二大股东与第三大股东的股权之和不超过第一大股东的持股比例。在公司章程没有作出特殊表决权约定的情况下，不致因为股东的个人分歧而使公司决策陷入僵局。

创业初期需要有绝对控股的大股东。这样在公司不断融资过程中，即便稀释一部分股权，也能保证对公司的控制权不至于减弱。待公司业绩稳定后，依然可以通过设定持股平台等手段保持创始股东对公司的控制权。毕竟在公司实践中，存在控制权是常态。因此，对于上市公司来说，绝大多数也是存在控股股东及实际控制人的，只不过由于股份公司股东会的表决机制的特殊性以及散户股东缺乏参与公司决策的意愿等因素，持股30%以上就有可能完全控制一家上市公司。

回到前述问题——创始人在公司设立及股权架构设计时，如何通过较少的股权实现对公司的控制？当然，H模式是一个不错的选择。如果没有建立工会委员会，采取多层嵌套的方式也可以实现这一目的。如搭建有限合伙企业代替H模式中的工会委员会，核心股东既直接持股，也通过担任合伙企业的唯一普通合伙人（General Partner，GP）通过合伙企业对目标公司间接持股。

四是根据《公司法》的授权，在有限责任公司章程中约定不按照持股比例进行表决，也即股东的表决权比例与出资比例相分离。比如，两名股东的出资比例为70%：30%，双方可以约定表决权比例为30%：70%。甚至可以约定不论出资多少，每位股东均仅享有一票表决权等。

五是设立AB股，约定同股不同权。科创板上市公司对股份公司“同股同权”作出了突破，允许创始股东设置表决权差异安排，即每份特别表决权股份的表决权数量应当相同，且不得超过每份普通股份的表决权数量的 10 倍。

一些地方利用特区立法权，实现了对 AB 股的先行先试。如《深圳经济特区科技创新条例》就明文规定："在本市依照《中华人民共和国公司法》登记的科技企业可以设置特殊股权结构，在公司章程中约定表决权差异安排，在普通股份之外，设置拥有大于普通股份表决权数量的特别表决权股份。有特别表决权股份的股东，可以包括公司的创始股东和其他对公司技术进步、业务发展有重大贡献并且在公司的后续发展中持续发挥重要作用的股东，以及上述人员实际控制的持股主体。"这一规定为 AB 股的设置提供了法规依据。

最后，还可以采取约定一致行动的方式解决这一问题。在重大问题上通过特别约定一致行动，保证创始人对于公司的绝对控制，以下为常见的一致行动人协议模板示例。

一致行动人协议

甲方：XX……。

乙方：XX……。

以上合称为"各方"。

鉴于：

一方面，甲方为xx公司（简称公司）的股东，持有公司x%的股权；乙方为公司的股东，持有公司x%的股份；

另一方面，为保障公司持续、稳定发展，提高公司经营、决策的效率，各方拟在公司股东会、董事会中采取“一致行动”，以共同控制公司。

为此，各方经友好协商，就各方在公司股东会、董事会会议中采取“一致行动”事宜进一步明确如下：

1.“一致行动”的目的

各方将保证在公司股东会、董事会会议中行使股东权利、董事职权时采取相同的意思表示，以巩固各方在公司中的控制地位。

2.“一致行动”的内容

各方在公司股东会、董事会会议中保持的“一致行动”指，各方在公司股东会、董事会中通过举手表决或书面表决的方式行使下列权利时保持一致：

（1）共同提案；

（2）共同投票表决决定公司的经营计划和投资方案；

（3）共同投票表决制订公司的年度财务预算方案、决算方案；

（4）共同投票表决制订公司的利润分配方案和弥补亏损方案；

（5）共同投票表决制订公司增加或者减少注册资本的方案以及发行公司债券的方案；

（6）共同投票表决聘任或者解聘公司董事、监事、总经理，并根据总经理的提名，聘任或者解聘公司副经理、财务负责人，决定其报酬事项；

（7）共同投票表决决定公司内部管理机构的设置；

（8）共同投票表决制定公司的基本管理制度；

（9）在各方中任何一方不能参加股东会会议时，应委托另一方参加会议并行使投票表决权；如各方均不能参加股东会会议时，应共同委托他人参加会议并行使投票表决权；

（10）共同行使在股东会、董事会中的其他职权。

3.“一致行动”的延伸

（1）若各方内部无法达成一致意见，各方应按照甲方（或甲方委派至公司中担任董事职务的人士）的意见进行表决；

（2）各方承诺，如其将所持有的公司的全部或部分股权对外转让，则该转让需以受让方同意承继本协议项下的义务并代替出让方重新签署一致行动人协议作为股权转让的生效条件之一；

（3）如果任何一方违反其作出的前述任何承诺，必须按照守约方的要求将其全部的权利与义务转让给守约方，守约方也可要求将其全部的权利与义务转让给其指定的第三方。

4.“一致行动”的期限

自20xx年xx月xx日至20xx年xx月xx日。

5.协议的变更或解除

（1）本协议自各方在协议上签字盖章之日起生效，各方在协议期限内应全面履行协议义务，非经各方协商一致并采取书面形式本协议不得随意变更；

（2）各方协商一致，可以解除本协议；

上述变更和解除均不得损害各方在公司中的合法权益。

6.争议的解决

本协议出现争议时，双方应通过友好协商解决，协商不成应将争议提交给中华人民共和国xx仲裁委员会按当时有效的仲裁规则在xx（如上海/西安……）裁决；仲裁庭由三名仲裁员组成，裁决结果具有终局效力，各方必须遵守。

7. 管辖的法律

本协议以及甲、乙双方在本协议项下的权利和义务由中国法律管辖。

8. 份数

本协议一式四份，双方各执两份，具同等法律效力。

【本页以下无正文，由缔约方签字、盖章】

甲方：　　　　　　　　　　乙方：　　　　　　　（签字）

代表人：　　　　　　　　　代表人：

签署日期：20xx 年　月　日　签署日期：20xx 年　月　日

签署地点：中华人民共和国 xx 省 xx 市

第 15 讲

公司章程：创业者自己的“宪法”

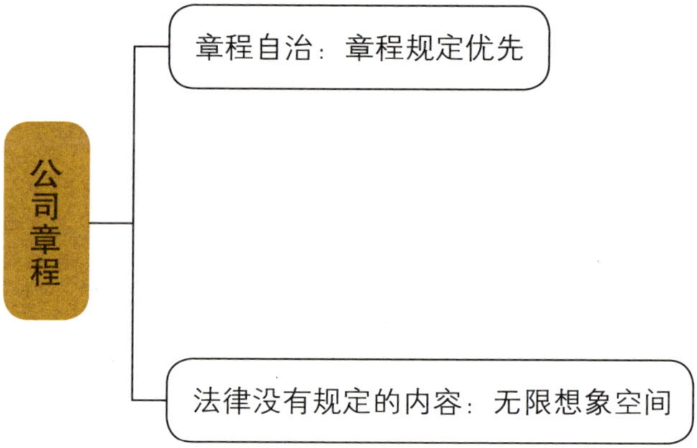
公司章程
章程自治：章程规定优先
法律没有规定的内容：无限想象空间

设立公司必须依法制定公司章程，公司章程对公司、股东、董事、监事、高级管理人员具有约束力。这是关于公司章程效力的规定，通过在公司章程中恰如其分地用足法律给予的授权，实现对公司的个性化治理，是公司自治的核心。

公司章程与股东协议

首先，我们需要区分两个概念：公司章程与股东协议。

从某种意义上，也可以认为公司章程是股东协议的一种，因为公司章程需要通过股东会或者股东会审议并以特别多数决议通过，自然也可以理解成股东之间的协议。

二者间区别最重要的一点是它的修改上。股东协议是合同，如果合同需要修改，必须要经订立合同的全体当事人一致同意。但是公司章程作为组织架构的一种设置，它在修改的方式上同合同是有本质区别的，它不需要一致同意，只需要 2/3 以上表决权同意就可以修改。股东协议的修改与变更注重的是全体签约方的“协商一致”，属于合同修改的范畴；公司章程的修订注重的是“团体意志”的形成与表达，属于公司社团组织自治的领域。

在股份有限公司中，公司章程的修改甚至不需要全体股东 2/3 以上表决权通过，只需要出席股东会股东 2/3 以上表决权通过即可。

从这个意义上来讲，公司章程的修改要比股东协议的修改宽松些，这是它们之间最核心的区别。在司法实务中，公司章程的效力的认定除了遵循公司决议效力确认的规则外，还应参照《民法典》合同编关于合同效力的相关规定；尤其是认定公司章程条款的效力，往往需要根据《民法典》合同编的规定进行评判。

公司章程的突破

关于公司章程可以对《公司法》作出突破的一些情形，结合法律规定，可以总结归纳为以下方面。

1. 公司的经营范围。公司的经营范围由公司章程规定，并且需要进行登记。公司的经营范围是公司章程必要记载事项，也是公司章程可以自由约定的事项。在公司的经营范围中，只要不涉及特许经营的内容，公司原则上可以从事任何合法的营业，这一点可以从最高人民法院的司法解释中得到印证，法院不会因超越经营范围而认定合同无效。除特许经营外，公司经营范围的登记是备案登记而非许可登记。依照《行政许可法》的规定，市场竞争机制能够有效调节、行业组织或者中介机构能够自律管理以及行政机关采用事后监督等其他行政管理方式能够解决的事项，都不得设定行政许可。

2. 公司法定代表人的规定。公司章程可以规定法定代表人由董事长、执行董事或者公司总经理担任。公司总经理是公司的高级雇员，由董事会 / 执行董事聘任和解聘，可以不持有公司股权。同样，法律也没有特别规定董事长 / 执行董事必须是公司股东。因此，持有公司股权并不是担任公司法定代表人的前提条件。

3. 转投资和对外担保的限制。根据《公司法》的规定，公司在向其他企业投资或者为他人提供担保的，要依照章程的规定由董事会或者股东（大）会作出决议。并且，公司章程如果对投资担保的总额或者单项金额有限制的，公司在对外担保和投资的过程中也需要遵守这个规定。

需要说明的是，即使公司章程对转投资和对外担保作出了限制，但如果公司的管理者在对外担保或转投资的过程中，没有遵循章程的这个规定，是否有效呢？这就需要看具体情况了。原则上，法定代表人的权力是依附于公司决议的，在公司作出决议后由法定代表人表示于外部。所以法定代表人的权力需要受到公司真实决议的约束。如果有充分证据表明法定代表人滥用这种权力（如违规担保）对公司就不再有效，将有可能被视为法定代表人个人的行为。如果合同对方已经尽到了合理审查义务，有理由相信法定代表人是在行使公司职权，则构成表见代表，合同对公司有效。公司承担责任后有权向越权的法定代表人追究责任。

4. 股东会的定期会议召开的时间和次数。股东会定期会议与临时会议的区分就在于是否按照公司章程规定的时间召开。如公司章程规定股东会定期会议一年召开两次，上半年在 6 月下旬召开，下半年在 12 月下旬召开，则在章程规定期间召开的股东会会议都属于定期会议。凡不在公司章程规定的时间内召开，因特殊情况需要临时召开的会议，都属于股东会临时会议。公司何时召开股东会定期会议，每年召开定期会议的时间和次数，由公司章程自行规定。

5. 股东会的通知时间。按照《公司法》的默认规定，有限公司如果召开股东会会议，需要在召开会议前 15 日内通知全体股东，但是公司章程另有规定或者全体股东另有约定的除外。召开股东会议需提前通知股东，以便股东协调安排相关工作，对所审议的事项有一定的时间进行考虑。法律同时还规定如果全体股东对审议事项均同意的话，可以不召开股东会，直接作出决议。

6. 股东表决权的行使。股东会议由股东按照出资比例行使表决权，但是公司章程另有规定的除外。比如，公司章程可以约定采取人头表决，也就是一人一票的表决方式。除了按照出资比例行使表决权外，在实践中一定条件下也允许“同股不同权”——俗称 AB 股的存在。这在本书的其他部分会作详细介绍。

7. 一票否决权。在股东会议事方式和表决程序方面，除了《公司法》另有规定的以外，由公司章程进行规定。这里引申出一个问题——一票否决权的问题。

关于这个问题要分为两个层面：第一个层面是在股东会上设置一票否决权，第二个层面是在董事会上设置一票否决权。两种一票否决权的设置在法律效力的评价上是完全不同的。在股东会上设置一票否决权，这是前面所说的股东表决权的行使问题，法律已经授权公司章程自治解决，因而是可以的。

在董事会上设置一票否决权则会面临合法性的问题，这是因为董事是由股东会选举产生的，董事与股东（会）之间是受托、委任的关系。所有董事均受股东（会）的委托，行使对公司的管理职权，这恰是公司特征中“集中管制”的体现。

在“董事—股东”之间也产生公司中第一层面的代理成本问题。既然全体董事都是受托人，根据共同委托、委任关系的特征，应当由全体董事共同行使对公司的管理职权，董事之间则不存在权重的区别。因而，在法律上股东会坚持资本民主原则，按照出资比例行使表决权。董事会则基于共同受托的原理，实行一人一票。因此，在董事会上设置某董事享有一票否决权将违反法律的规定，有可能被认定为无效。

此前，深圳市证监局在检查一家股份公司的时候，发现这家公司的公司章程有这样一个规定：董事会在表决的时候一人一票，但如果票数相当，董事长可以再投一票。最终，这样的章程条款被深圳市证监局认定为无效。

8. 董事长、副董事长的产生办法，由章程规定。董事长究竟是由董事会选举产生还是可以由股东委派产生，法律授权公司章程规定。基于全体董事都是股东（会）委托 / 委任产生，各董事之间在权重上并无差别，董事长、副董事长只是行使召集、主持董事会的职责，除此之外，并无超越其他董事的权力。

9. 董事会、执行董事和经理的职权，法律没有规定的，章程可以另外作出规定。这属于公司内部的职权划分，完全可以由公司章程自治解决。

10. 监事会中的职工监事比例。法律为保证劳动者参与公司管理的权利，特别规定职工监事的比例不得低于1/3。但具体的比例可以由公司章程自由规定。比如，一家有限责任公司监事会成员由三个监事组成，那么，按照《公司法》的规定，至少得有一人是职工监事。至于究竟是一人担任职工监事还是两人担任职工监事，抑或三个人都是职工监事，公司章程可以自由作出规定。

11. 股权转让。有限责任公司章程对股权转让可以另行作出规定。但如果这种另行规定设置了更为严格的条件，使股权转让变得不可能进而侵害到股东转让股权的固有权利，就会被认定为无效。在公司章程另行作出规定且不存在前述无效情形的情况下，公司章程将优先得到适用。比如，公司章程可以规定股东在转让股权时，其他股东不享有优先购买权。甚至，公司章程可以规定，其他股东可以对拟转让的股权行使部分优先购买权。比如，某股东欲将所持公司20%的股权对外转让，其他股东可以仅就其中部分股权（如只主张对其中10%的部分）行使优先购买权。

另外，对于股份公司，董事、高级管理人员在任职期间每年可以转让的股份数不得超过所持股份总额的25%，并且辞职或解任后6个月内不得转让股份。如果股份公司的章程对董监高持有的本公司的股份转让作出更严格的限制规定，他们也应当遵守。

12. 限制或排除股东资格的继承问题。法律规定，自然人股东死亡，其合法继承人可以继承股东资格，但公司章程另有规定的除外。在北京有这样一个案件，一家科技型公司是由几个技术人员和一个出资方共同发起设立的，由于技术人员资金能力有限，所以占有的股份比例较小，出资方是绝对控股的大股东。很不幸的是，在公司产品初具规模，逐步成型的时候，大股东发生车祸意外死亡了，他的妻子和母亲作为继承人继承了股权。然而，大股东的妻子和母亲两个人均不懂这方面的技术，因此她们在继承股东资格后，就利用绝对控股的股东身份作出了解散公司的决议并要求启动清算程序，由此引发纠纷。由于大股东的妻子和母亲在公司处于绝对的控股地位，也是合法的股东，所以法院在审理后只能支持妻子和母亲的请求，这家公司最终以解散清算收场。

这是一个很深刻的教训，如果公司想排除股东的继承权，应当在章程中作出特别的规定。如果，当初该公司在设立之时，在公司章程中明确规定股东死亡的，继承人只能继承股东的财产价值，不能继承完整的股权，即不得继承股东资格，就可以避免出现上述问题。如果公司章程规定不允许股东继承，应当对死亡股东的股权价值进行处置。最公允的办法是将继承发生时作为基准日，评估股权的实际价值，允许死亡股东的继承人以公允价值继承。这样对公司和去世股东的继承人都是公平的，同时也兼顾了公司的社团属性。

13. 公司重大资产处置。法律规定，公司章程可以设定重大资产的标准。多少金额的资产属于重大资产，是 100 万元还是

1000 万元，公司章程可以自行设定。这实际上涉及股东会和董事会及经理的分权问题，多少金额由董事会决定，多少金额由股东会决定，公司章程完全可以自行设定。重大资产处置还牵涉异议股东要求公司回购股份的权利。公司转让主要财产的，在股东会上投反对票的股东可以要求公司以公允价值回购其股份。

14. 累积投票的规定。股份公司可以在章程中规定累积投票制。证监会强制要求上市公司实行累积投票制。简单来说，累积投票制是保障中小股东至少能够选出一名代理人（董事）的机制。

假定某股份公司的股本总数为 100 股，甲股东持股 70 股，乙、丙股东各持股 15 股。如果公司有 5 名董事席位，按照正常选举的话，甲股东可以选出 5 名董事组成董事会，即董事会成员全部由甲股东选出。乙、丙作为小股东对于“董事席位”只能徒叹奈何。

累积投票制是这样一种安排，每一份股票中都有与应选董事席位相对应的投票权，即每一股份中有 5 个投票权。如果乙、丙两人将投票权集中起来，他们将有 30 股 ×5 人 =150 个投票权。如果把 150 个投票权集中投给任何一个人，这个人必定会担任董事。

这是因为，甲股东拥有的投票权总数为 70 股 ×5 人 =350 个。如果甲股东想要选出 5 名董事，他需要将这 350 个投票权分别投给 5 个人，这样每个人只有 70 个投票权。如果甲想选出 4 个董事，则每个候选董事将会分配到 350 / 4=87.5 个投票权。所以，按照累积投票权计算的话，乙、丙两名小股东至少能够选出一个董事代表自己的利益。

15. 财会报告送交股东的时间，由公司章程规定。在司法实践中，股东在有些情况下很难了解公司的经营状况，很少有公司主动按照《公司法》的规定每年将年度财会报告送交股东，往往在引发争议时需要由股东到法院进行股东知情权诉讼。

16. 公司盈余分配。有限责任公司按照股东实缴的出资比例分配利润，但初始章程或者全体股东约定不按照出资比例进行分配利润的除外。而且股份有限公司按照章程规定还可以发行不同种类的股票，比如，优先股、超级表决权股等。股份公司章程可以对不按照持股比例分配利润另行作出规定。这在本书后文将详细介绍。

17. 会计师事务所的聘任与解聘。会计师事务所的具体聘用程序和方式由公司章程来进行规定。聘请或者解聘会计师事务所的权力到底给董事会还是股东会，由公司章程自由规定。

《公司法》从上述 17 个方面授权公司章程可以作出和法律规定不一致的规定。事实上，这只是法律列明的 17 个方面。从股东会或者股东会的权限来讲，任何重大事项都可以由股东会作出，只要法律没有明确禁止的均可以。以上是按照《公司法》条文的顺序对公司章程可以自由约定的事项进行的梳理。

除此之外，如果股东认为有必要，均可以在公司章程中进行规定，只要章程约定的内容和公司法的禁止性、强制性规定不违背，那么章程规定都是有效的。而且根据法律规定，公司章程规定的内容对公司、股东、董事、监事、高级管理人员均有约束力。因此，创业者可以根据实际需要在公司章程中进行规定。事实上，法律未规定的内容才为公司治理提供了丰富的想象空间。如股东除名、公司僵局化解机制、关联公司之间股东权利的穿透等，这些我们在后面讲中予以介绍。另外，在股东为维护公司利益而提起代表诉讼的情况下，胜诉利益归属于公司。此时公司章程完全可以设置奖励机制，比如，公司章程规定从胜诉利益中拿出 10%作为股东代替公司维权的回报。

关联公司的制度建构

由于我国《公司法》没有专门规定企业集团制度，因此在关联公司的制度建构上，公司章程具有丰富的自由发挥空间。我们可以看这样一个案例，如图 15-1 所示。

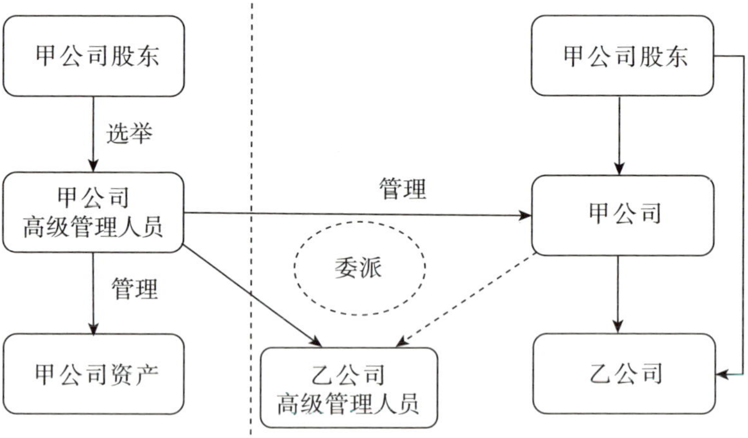

图 15-1 关联公司建构案例示意图

以图 15-1 左边部分为例，甲公司股东投资设立甲公司，选举甲公司高级管理人员管理甲公司的经营事务。在此过程中，甲公司的经营者认为由于公司目前有的业务盈利效果较好，有的业务盈利情况一般，于是计划将甲公司的优质资产剥离出来设立一家全资子公司——乙公司。

由于乙公司是甲公司的全资子公司，其营业利润归并到甲公司，最终仍分配给甲公司的股东。因此，将优质资产剥离出来设立全资子公司的方案极有可能在甲公司的股东会上被审议通过。如此就形成“甲公司股东⟶甲公司⟶乙公司”这样的投资关系链条，即图 15-1 右侧所示。乙公司设立后，由其股东（唯一股东是甲公司）委派管理人员对乙公司进行管理，事实上乙公司的管理人员由甲公司的管理人员委派，只要加盖甲公司的公章即可。

乙公司设立后盈利状况显著提高，此时甲公司的高级管理人员产生了将乙公司贱卖出售的想法，即由甲公司高级管理人员的关系方低价收购乙公司。由于将乙公司出售、处置乙公司重大资产等都属于乙公司的重大事项，需要乙公司的股东会通过特别多数决议。而乙公司系甲公司的全资子公司，这一事项就由甲公司行使乙公司股东会的职权。此时，甲公司的公章掌握在甲公司高级管理人员的手中，他们只要加盖甲公司的公章，就可以代表甲公司（持有乙公司 100%的股权）对乙公司及乙公司的资产作出任何处置。

由此引发一个严重的后果：在全资子公司设立后，甲公司股东对于原先属于甲公司优质资产的乙公司，完全丧失了干预、决策的权力。导致这一结果的原因就在于乙公司（原先甲公司的优质资产）与甲公司股东之间有了甲公司这一隔离层，使甲公司股东对于乙公司的决策完全丧失了权力，最终被他们选举出来的甲公司的高级管理人员完全掌控。

当然，甲公司的股东可以做出股东会决定罢免甲公司的高级管理人员，但如果损失后果已经发生，事后的罢免和追责是否能够补救，都是要打一个问号的。要想透过甲公司，让甲公司的投资人即股东直接干预乙公司的重大决策，在现行《公司法》的规定中无法找到法律依据，但这一问题并非无解。

解决这一问题的方法就是在甲公司的章程中设置一个条款，如“对于本公司直接或者间接控制的子公司，未经股东会（特别）多数决议，董事会不得代表本公司实施下列行为：（1）出售、处置价值超过 300 万元的财产；（2）转让本公司在子公司中的股权……”如果在甲公司的章程中加入这一条款，情况就完全不同了。此时，如果处置乙公司的重大资产，则应该由乙公司的股东会作出决议，即应当由甲公司作出决议。由于公司章程对公司具有约束力，因此甲公司作出这一决议时必须严格依照甲公司章程的规定，将这一事项提交甲公司的股东会讨论审议。此时，甲公司的股东就可以对乙公司的重大事项进行审议。这一章程条款的设置，其效果在于甲公司股东的表决权、决策权可以“穿透”甲公司，而及于甲公司的全资 / 控股子公司，这就是表决权穿透制度。

公司章程条款的效力

还有一个问题就是公司章程条款的效力。既然法律给予有限责任公司章程如此丰富的想象空间，就很有可能涉及在章程中植入相关条款的效力评判问题。换言之，即公司章程条款是否有效的问题。

此前，最高人民法院关于民事案由的规定中有这样一个案由：公司章程或章程条款撤销纠纷。这个案由后来被修改成了“公司决议纠纷”。“公司决议纠纷”下面又有两个案由：一个是公司决议效力确认纠纷，另一个是公司决议撤销纠纷。

为什么进行这样的调整呢？因为公司决议的范围比公司章程的范围要大，所以公司决议纠纷能够涵盖公司章程纠纷（包括章程条款效力纠纷）。

有一家公司在章程中有这样的规定，股东死亡之后，继承人可以继承股东资格，但是继承人不能对股东会决议进行投票表决，只能无条件地服从股东会决议，这个条款在司法实践中被法院认定为无效。

因为根据同股同权的原则，只要继承了股东资格，其就享有参与股东会和表决的权利，这属于股东的固有权利，是不能通过章程规定排除的。所以，法院就认定这样的规定是无效的。

另外，还有公司在章程中规定公司设监事会，但监事会主席由工会主席兼任，或者只设一名监事，监事由工会主席兼任。这种兼任的条款在实践中也常常被法院认定为无效。

监事的选举分为两类，一类为职工监事，另一类为股东监事。股东监事由股东会进行选举，职工监事由职工代表大会或全体职工进行选举。如果直接规定工会主席兼任监事或者监事会主席，就与上述规定不一致了。

工会主席是职工组成的工会推选的，那么有些职工可能没有加入到工会，如果设监事会的话，监事会主席也是由监事之间相互投票选出的。比如，公司设立由三个监事组成的监事会，监事会主席就由这三个监事进行互选。这样的话就并不必然能把工会主席选举为监事会主席。

如果工会主席在此时当选为监事会主席则需要具备两个条件。

第一个条件是拟担任监事会主席的工会主席被职代会或者全体职工选举为职工监事。

第二个条件是在监事推举监事会主席时，具有工会主席身份的职工监事胜出。

而这两个条件中任何一个条件都有可能不满足，因此公司章程直接规定工会主席为监事会主席便不符合法律的授权，因而是无效的。

网红、流量与资本

近年来，网红经济已经成为一种新的潮流，各种各样的网红层出不穷。在流量与资本结合的过程中，资本既起到推波助澜的作用，也在很大程度上控制着作为网红及引流的个人，发挥着主导的作用。在个体 IP 与资本结合并设立电商运营公司的时候，股东合作协议、公司章程的具体安排都需要慎重考量。如果个人 IP 已经成型，具备数量庞大的粉丝群体，在与资本结合的过程中也往往有更多的谈判与选择的余地。如果个人 IP 处于刚“红”起来的上升期，往往对资本方抛出的橄榄枝认为是“雪中送炭”，草率签署相关协议；此时对设立运营公司的股权安排往往缺乏充分的议价空间。某种意义上说，个人 IP 与资本的合作也是一种“对赌”（具体见本书“第 31 讲　风投对赌：创业者如何看待风险投资的引入”）。资本天生具有逐利的性质，通常只会锦上添花，不会雪中送炭。

个体 IP 与资本方合作设立电商运营公司时，股东协议及公司章程条款的设置建议由专业的律师进行把关。在发生纠纷后也应理性应对，善于运用法律手段争取谈判筹码、维护的自身合法权益。

一是根据《民法典》人格权编的规定，具有一定社会知名度，被他人使用足以造成公众混淆的笔名、艺名、网名、译名、字号、姓名和名称的简称等，参照适用姓名权和名称权保护的有关规定。个体 IP 与资本方设立的电商运营公司在公司字号中往往嵌入个体 IP 的艺名、网名等内容，按照姓名权保护的规定，个体 IP 对此享有人格权利。司法实践中也不乏艺名维权获得胜诉的先例。

二是在打造流量经济的时候，电商运营公司中往往会申请各类商标等知识产权。这些知识产权往往嵌入个体 IP 走红过程中的相关元素，根据知识产权法律关于在先权利保护的规定，个体 IP 在确认在先权利时往往也处于优势地位。

三是舆论影响。由于个体 IP 本身的流量因素，其一言一行均在舆论中心，饱受关注，其中不乏大量粉丝的持续支持，这也会让资本方陷入舆论旋涡。

网红经济、流量经济更注重个人的道德品质，这种经济形态发展过程中“翻车”的情况也屡见不鲜。一旦站到聚光灯下，就需要承受公众人物必须面对的社会监督。

我们建议在任何阶段都量力而行，合理评价自身的价值，在签署合作协议及项目运营公司股东协议、公司章程时三思而行，这样才能行稳致远，不至于红极一时、狂欢之后剩下一地鸡毛。

结语：公司章程位于核心地位

公司章程涉及公司运营的方方面面，与《公司法》的具体制度密切相关，在公司治理中居于核心的地位。因此，充分用足法律的授权，针对公司的实际情况，量身定制章程条款的内容，是每一位创业者都需要予以高度重视的问题。

第 16 讲

认缴出资：创业投资的方式

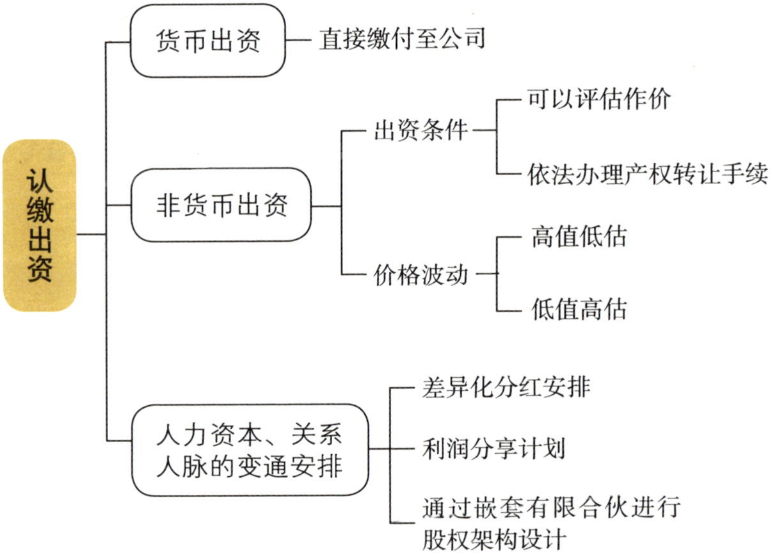
认缴出资
货币出资
直接缴付至公司
非货币出资
出资条件
可以评估作价
依法办理产权转让手续
价格波动
高值低估
低值高估
人力资本、关系人脉的变通安排
差异化分红安排
利润分享计划
通过嵌套有限合伙进行股权架构设计

具有独立的法人财产是公司具备独立法律人格的前提和基础。公司财产是怎么构成的？

传统公司法理论上公司财产就是股东出资所形成的法人财产。现在，这一情况已经发生了微妙的变化。公司财产是以公司名义享有或占有的全部财产。股东对公司投入了股本（出资），银行等债权人对公司投入了借款，员工为公司提供了劳动力等，凡是以公司名义占有的财产都属于公司财产，都可以同来清偿公司债务。所以，法律才说公司以其全部财产对公司的债务承担责任。

股东资格由何而来

在这一讲中，我们要讨论的是股东出资。这里面需要先弄清楚几个问题：股东因出资而享有股东资格，还是先具有股东资格然后才有出资的义务？缴付出资与取得股东资格孰先孰后？

在注册资本认缴制下，找寻这些问题的答案，更容易让公众理解。把“认缴”这个词语拆成“认”和“缴”两个独立的汉字，就可以把这个问题说清楚。

“认”是前提，先认缴成为股东，具备股东资格，才有后续的出资义务。比如，在设立公司的时候，全体股东先认缴1000万元，公司就可以注册下来。公司注册下来，股东身份也就随之登记确认。尽管此时还没有实际缴付出资，但股东身份已经毋庸置疑。在公司注册时，股东对于出资可以“认而不缴”，具体何时缴付，由公司章程规定。如果公司章程规定的时间到了，股东还不缴付的话，公司可以通过股东会决议对股东进行催告，股东仍不缴纳的，可以解除股东资格，这也就是司法实践中所称的“股东除名”。

当然，如果公司破产了，根据《企业破产法》的规定，这个时候法律不再保护股东的出资期限利益，强制缴付资本以便清偿公司债务。

在注册资本认缴登记制下，取消了原先法律对于设立公司的最低注册资本要求，公司登记机关根据发起人及公司的申报登记注册资本，这就使得实践中以1元出资注册公司成为可能。事实上，实务中的确发生过以1元作为注册资本设立的公司，当然这绝不是认缴制所鼓励和提倡的。笔者认为，以1元注册公司多少有点挑战一下法律的意味，因为公司设立后，无论租房还是聘请员工，1元注册资本都绝对不敷使用。也许，这样的1元公司“蹭”了认缴制的热点后，又宣布破产，再一次收割一波流量，这恐怕才是1元公司设立人的本意和初心。

当然，认缴制后1元注册资本的公司能够设立并注册，既检验了认缴登记制的落实情况，也多少体现了公司登记机关的包容态度。

另一种情况就完全不同了，那就是“天价”注册资本，这是另一个极端。2015年3月26日，北京市某技术有限公司（以下简称技术公司）向北京市工商局昌平分局提交申请，拟将公司注册资本从 148 万元增加至 987,654,321 万元。987,654,321 万元是个什么概念呢？有人测算过，这一金额是世界首富比尔·盖茨资产的 800 倍！

技术公司法定代表人陈某自称，“这个数字比较全，代表我的知识产权价值”。对于这一“任性”增资，北京市工商局昌平分局以非理性认缴及扰乱市场秩序为由予以驳回。该公司及陈某不服，向法院提起行政诉讼。北京市昌平区人民法院审理后认为，鉴于出资人在登记机关办理增资变更登记时，已经以相关事实表明其将来履行认缴出资义务的知识产权，不仅未经评估而且即使评估客观上无论如何也达不到实际履行出资义务所要求的 987,654,321 万元，故一旦准予登记，注册资本无法被实际履行的事实必然发生，而这样的后果与现行《公司法》的立法宗旨相去甚远。注册资本认缴登记制度虽然允许出资人先认缴再实缴，从而简化公司登记的程序，放宽了设立公司的门槛，但并不意味着出资人可以不实际履行出资义务。出资人认缴出资并办理相关登记后，即对公司负担法定的履行出资义务，以该义务为基础，产生公司法上的股东有限责任——股东以其在登记机关认缴的出资额为限对公司承担有限责任。股东必须对实际履行出资义务的真实性、充足性、合法性负担法律责任。在该起行政诉讼中，现有证据已经充分表明，登记申请人不具备履行其所申请登记的增资义务的任何可能性，故北京市工商局昌平分局不准予登记不构成行政不作为，对技术公司的诉讼请求应予以驳回。

事实上，陈某当时已经负债累累，其向工商登记部门明确表达过登记天价注册资本就是为了制造轰动效应。在接受媒体采访时，陈某称自己高中毕业，业余时间研究治霾专利。

股东出资的方式

股东可以将何种财产出资呢？最直接的当然是现金，也就是货币出资。人民币也好，外币也罢，都可以作为出资的方式。当然内资企业以人民币出资为主，外资企业可以用外币出资。除了以现金方式出资外，还可以用实物、知识产权、土地使用权等可以评估作价并能够转移权属的非货币财产进行出资。之所以要转移权属，就是因为出资之后，财产必须为公司所有，这样才能从“股东的财产”转变为“公司的财产”，因此也就需要办理权属变更登记。

以知识产权中的著作权为例，迈克尔·庞克写了一部小说叫《荒野猎人》，后来著名导演亚利桑德罗·冈萨雷斯·伊纳里多将它拍成电影并在全球放映，全球总票房收入超过5亿美元。这就涉及版权中的改编权，由文字作品改变为电影作品。所以，如果作者迈克尔·庞克以《荒野猎人》的著作权出资与导演设立一个项目公司，拍摄一部电影是完全可以的。因此，任何人都不要小瞧知识产权的力量。

用非货币财产出资还涉及一个作价的问题，即这项出资的非货币财产到底值多少钱？2013 年修订前的《公司法》要求进行评估，由评估机构评估作价。修订后的现行法律删除了原来要求评估作价的条款，全部交给股东协商和公司章程自治解决。

换句话说，股东们自己商量，你们说值多少钱就是多少钱，但要为自己的定价行为负责。如何负责呢？比如，公司经营亏损，或者有债权人起诉说你这项非货币财产不值这么多钱，属于明显的“低值高估”。那么，法院会启动倒查机制，由法院委托评估机构评估确定是否值这么多钱，如果相差不大，法院就认为出资不存在问题。如果评估价值与实际作价的价格相差巨大，用该项财产出资的股东就需要补足其差额，设立公司时参与的其他股东还要承担连带责任，因为这个价格的确认是你们共同认定的，所以要承担连带责任。承担连带责任的依据还在于——法律将设立中的公司视为全体发起人之间的合伙，在认缴出资、注册公司的过程中，全体发起人之间类似于合伙关系，需要共同承担资本充实的责任。

如果考虑到“放管服”（简政放权、放管结合、优化服务的简称。“放”即简政放权，降低准入门槛。“管”即创新监管，促进公平竞争。“服”即高效服务，营造便利环境）改革和加强事中事后监管，这个规则就很好理解了。

注册资本之所以采取认缴制，就是上述这两项改革推动的结果。从市场准入的角度来看，不需要在公司设立时账面上就“趴着”那么多注册资本，所以对于准入就要“放”，但又不可“放而不管”，“管”的内容就体现在司法倒查机制或者回溯机制上。在这个过程中，政府提供方便、高效的公共服务，这就是“服”。取消事前许可准入，简政放权，将加强事中事后监管代替事前审批许可，以此释放政策红利，优化营商环境。

设立公司时股东出资的规则，在公司增加注册资本时同样适用。不同的在于公司增资时，对于股东规范出资的责任应当由公司董事会 / 执行董事督促完成。因此，董事会或者执行董事如果没有督促股东规范出资的，应当与出资瑕疵的股东共同承担注册资本充实的责任。

刚才，我们讨论了股东以非货币财产出资中存在的“低值高估”问题，这一问题可以通过启动倒查和回溯机制解决。

非货币出资财产价值波动

在司法实践中，还存在非货币出资的财产价值存在波动，既有可能价格上涨，也有可能价格下跌。价格波动有些属于市场风险，有些属于不可抗力。比如，以采矿权出资，这种采矿权的价值与很多因素有关，如采矿效率、技术、采矿权的开采期限、已经探明的矿储量、特定矿的市场整体行情等，而一旦将这种权利出资到公司之后，该种矿产（如稀土）的价格大涨，此时采矿权增值的部分如何处理不无争议。

依照法律的规定，对于增值部分应当计入公司的资本公积金，由全体股东享有。原因就在于，一旦将该采矿权作为出资交付公司，就必须办理产权变更手续。将股东的采矿权变更为公司的采矿权。缴付出资的行为完成后，该采矿权已经属于公司的权利，在此期间产生溢价自然归公司所有。除非全体股东在出资当时就签署过协议，明确约定对于采矿权增值部分仍由出资股东享有，否则即应计入公司资本公积金。

如果全体股东在出资之时签署过协议，约定采矿权溢价增值的部分归出资股东，事实上在此过程中形成了两个法律关系：一是股东出资的法律关系，二是盈余分配的法律关系。对于增值部分，可以评价为全体股东作出特别的盈余分配决议，将增值部分特别分配给出资股东。

当然，为了平衡公司债权人的利益，如果公司存在亏损，能否允许出资股东直接取回这部分增值的利益，依然是值得商榷的。基于内外有别的原则，应先处理公司与外部债权人的关系，在保障外部债权人利益的基础上，可以认定全体股东之间的这种特殊约定有效。

同样地，如果以非货币财产出资后，因市场因素导致的价值缩水，也与前面所分析的“低值高估”情况存在本质的区别。作为出资的非货币财产由于市场原因导致的价值缩水，不属于股东虚假出资，而是市场风险，原则上出资股东无须承担补足差额的责任。出资股东在认缴出资及交付出资时无法预见到这种市场风险，对价值缩水并非积极追求，不存在侵害公司财产权的故意，因而出资股东无须承担补足差额的责任。低值高估情况下，出资股东对于损害公司财产权利是明知的，存在侵权故意，自然应当承担资本充实的责任。

技能、人脉能否作为出资？

实践中，创业者投资公司还希望能够更少地以现金出资，能不能用技能、劳务作为出资也是大家普遍关心的问题。不容置疑，如劳务、技能也是有一定价值的。但从法律关于非货币财产出资的角度来看，这些“具有财产性价值的内容”又是无法办理产权转移手续的，无法从“股东的财产”转为“公司的财产”。

据此而言，如果以这些内容作为出资，就必须符合现有的法律框架。在晋商历史上，“身股”（给不出资的优秀员工一定的身股，让其参与经营、管理和分红）与“银股”（出资者为银股，出力者为身股）的结合是十分普遍的，这也可以视为早期的“股权激励”。电视剧《乔家大院》里乔致庸就曾改革大德通票号，给予顾掌柜“身股”。按照《公司法》《市场主体登记管理条例》的相关规定，劳务、技能与人身不可分离，不得作为出资的方式。创业中，某些企业对于人力成本出资还是有现实需求的，通过用足法律赋予的授权，借助公司自治，能否解决这一现实需求呢？以下几种方案可供参考。

方案一：在股东协议及公司章程中约定不按照出资比例分配利润和行使表决权。比如，甲公司需要资金投入1000万元，由资金出资人A出资990万元，为了达到B能够获得甲公司

30%股权的目的，可以在公司章程及股东协议中明确，B 出资 10 万元。大家不按照出资比例分配股权，尽管 A 出资 990 万元，但仅享有 70%的股权（包括 70%的表决权）。虽然，B 出资 10 万元，但能享有 30%的股权（包括 30%的表决权）。只要将甲公司注册为有限责任公司，这样的特别约定是符合《公司法》的规定的（股份有限公司强制要求同股同权，不可以作如此约定）。

方案二：约定利润分享计划。如果 B 能够利用自身资源、经营能力把公司经营好，那么可以给 B 税后利润的 30%作为奖励，并将利润分配方案写进合同中，将 B 设置成享有二次分配权利的股东。一方面，B 以劳务、经营能力为公司带来业务，可以获得业务提成；另一方面，B 作为公司小股东，又可以享受股东分红所带来的收益。

方案三：嵌套合伙企业的结构。虽然《公司法》规定劳务不可以作为出资的方式，但是按照《合伙企业法》的规定，劳务是可以作为普通合伙人出资的方式的。以前述公司为例，要想使 B 出资 10 万元，但能够获得甲公司 30%的股权，可以如此规划：先由 A、B 两个合伙人成立一家有限合伙企业，A 以现金出资 590 万元成为合伙企业的有限合伙人（LP），B 以现金 10 万元及劳务出资，作为合伙企业的普通合伙人（GP），然后 A 再以现金 400 万元与合伙企业共同作为甲公司的股东。在合伙企业中约定 A、B 平分合伙份额。

如此将形成如下的公司股权架构，详情见图 16–1。

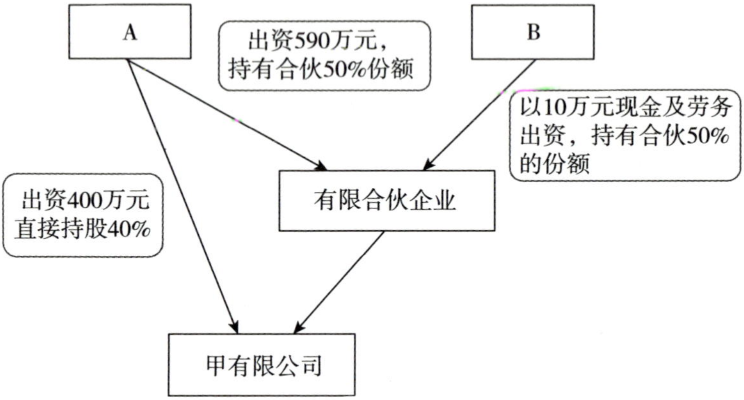

图 16–1　公司股权架构

按照上述股权架构设计，A 将直接持股甲公司 40% 的股权，通过有限合伙企业间接持股甲公司 30% 的股权，合并持股甲公司 70% 的股权。这也是多层次股权嵌套穿透审查的基本规则。

事实上，只要相应做好出资安排及有限合伙企业内部份额的划分，就可以得出 A、B 的最终持股比例。甚至在这种嵌套模式下，B 将被认定为甲公司的实际控制人，因为作为普通合伙人（GP），应当由 B 代表合伙企业行使对甲公司的股权，作为有限合伙人（LP）的 A 则不能予以干涉。

问题：股东出资是否需要证明或说明出资的来源？

应当说，从原则上是不需要的。但在资本市场中，特别是一些上市公司股权之争时发生了保险资金违规入市的问题，最终引起资本市场的震荡。证监会随后修改相关规则，明确在资本市场上进行上市公司收购的，需要特别披露收购资金的来源。

第17讲

出资瑕疵：为自己的承诺担责

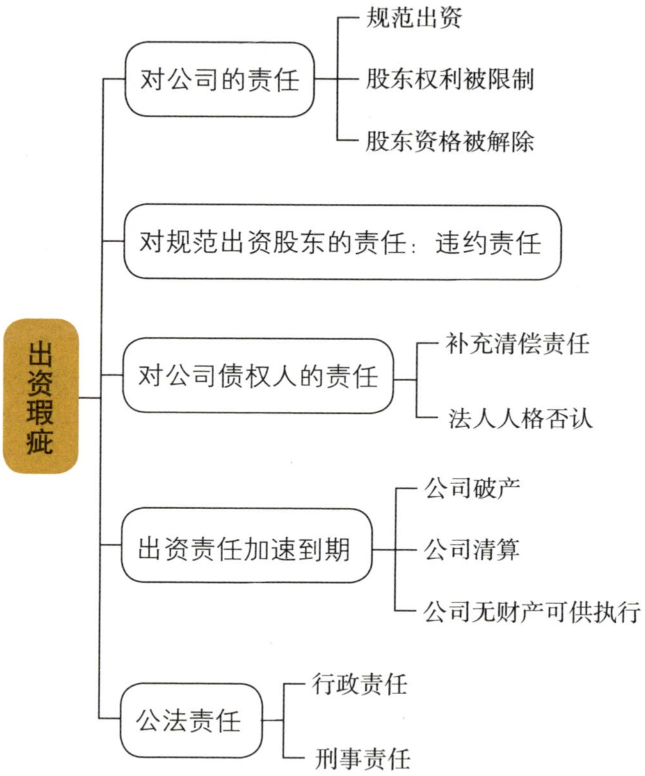
出资瑕疵
对公司的责任
规范出资
股东权利被限制
股东资格被解除
对规范出资股东的责任：违约责任
对公司债权人的责任
补充清偿责任
法人人格否认
出资责任加速到期
公司破产
公司清算
公司无财产可供执行
公法责任
行政责任
刑事责任

出资瑕疵首先损害了公司的法人财产权，危及公司的独立法人资格，应当承担相应的法律责任。

出资瑕疵的情形

出资瑕疵大致可分为虚假出资和抽逃出资两种情形。

虚假出资，包括未按时缴付出资、低值高估出资等情形。

抽逃出资是指将出资缴付公司后又借故抽回，从而损害公司法人财产权的行为。

股东出资瑕疵，减损了公司的法人财产权。因为股东出资的认缴时间、出资金额是全体股东在设立公司时商定的，因此，其他规范出资的股东也可以提起诉讼，要求出资存在瑕疵的股东规范出资。同时，出资瑕疵的股东还应当按照股东协议的约定对规范出资的股东承担违约责任。当然，如果股东协议中对违约责任没有作出规定，追究出资瑕疵股东的违约责任就比较困难，会陷入没有合同依据的尴尬。

如果在增资过程中，认缴增资的股东未能规范出资，那么应由公司董事会代表公司予以催收。董事会不履行这项职责的，需要与未规范出资的股东共同承担赔偿责任。抽逃出资的情形也是如此。股东首先要做的应是将抽逃的出资返还给公司。协助抽逃出资的董事、高级管理人员、实际控制人要与抽逃出资行为人共同承担责任。当然，由于出资是股东的义务，而不是董事、高级管理人员的义务，他们承担责任后，最终是可以向应当负有出资义务的股东追偿的。

甘肃曾经发生一起案件，股东抽逃出资时实际控制人给予了协助，最终甘肃省高级人民法院判令实际控制人与行为人共同承担补足出资的责任。该实际控制人不服，上诉至最高人民法院。最高人民法院不仅驳回了他的上诉，还在判例理由中特别强调，只要实施了协助抽逃出资的行为，无须考虑协助的方式、作用大小，一律应当判令行为人共同承担规范出资的责任。

对债权人的责任

出资责任还表现为对债权人的责任。债权人在起诉时可以一并将公司和出资瑕疵的股东作为共同被告，要求出资瑕疵的股东在瑕疵出资本息范围内对公司债务承担补充清偿责任。股东未履行或者未全面履行出资义务，将导致公司名下现实的责任财产减损，对债权人利益形成威胁。

债权人的债权请求权是由于与公司发生交易而产生的，根据债的相对性原则，债权人本应当向公司主张权利。但由于股东出资存在瑕疵，债权人也可以要求股东消除出资瑕疵，将应当出资的财产现实地交付公司，然后由公司对自己承担清偿责任。债权人追究股东出资责任具有代位性、补充性，在其内部嵌套着公司有权追究股东出资责任的内容。

在司法实务中，笔者通常建议债权人提起诉讼时一并将出资瑕疵的股东列为被告，要求其对自身债权承担补充清偿责任。

在诉讼程序中解决了这个问题，就可以直接凭判决书申请法院强制执行，也省掉一些麻烦。否则，如果判决书中没有这一判项，法院无法在执行程序中对股东采取执行措施，不利于充分保障债权人的利益。

在债权人提起追究瑕疵出资股东对公司债务承担补充清偿责任的时候，股东有可能提出这样的抗辩：公司名下有土地、厂房、现金等财产，对于提起诉讼的债权人的债权，完全具有清偿能力，从而主张不应将自己列为被告，一并追究自己的出资责任。这样的抗辩有些法院采纳，有些法院不采纳。即便法院作出判决，也只能判决出资瑕疵的股东在瑕疵出资范围内对公司债务承担补充清偿责任。这样的判决在执行时，仍是先执行公司的财产，只有无法执行到公司财产时，才能执行瑕疵出资的股东的财产。换言之，瑕疵出资股东的抗辩理由属于具体执行的事务，不影响在审判阶段对其出资瑕疵的认定。

债权人把瑕疵出资的股东作为共同被告还有一个好处，那就是在原告债权人能够提出初步证据证明股东虚假出资或者抽逃出资的，被告股东就需要“自证清白”。甚至在一些案件中能够起到这样的效果：将出资瑕疵的股东一并起诉并申请财产保全之后，公司及出资瑕疵的股东会主动联系债权人及法院寻求和解。

抽逃出资

在司法实践中，存在大量的股东以“借款”的形式从公司抽逃出资。要区分真借款还是假借款，重点要审查股东从公司借款有无经过正常的内部决策程序，有无利息，借款期限及利息约定是否合理，有无归还等。

股东如欲证明自己已经规范出资，就要提供经得起审计复核的公司账簿等资料，要经得起倒查。

债权人追究股东出资责任并获得胜诉判决后如果公司并无充足的财产可供执行。换言之，在公司作为被执行人的案件中，法院穷尽执行措施无财产可供执行，已具备破产原因，但债权人不申请破产的；法院可以判决股东出资责任加速到期，从而保护债权人的利益。法律规定，公司不能清偿到期债务，且明显缺乏清偿能力的，公司或者债权人有权要求股东提前履行出资义务。在不良资产处理实务以及债权执行过程中，综合运用公司法人人格否认制度、高级管理人员协助抽逃出资或者未尽勤勉义务催收注册资本、股东瑕疵出资责任等法律规则，将关联公司、公司高级管理人员、股东拉入诉讼程序，实现对他们的代位追偿，从而保障债权的实现不仅务实而且具有实操性。

比如，笔者曾经接触这样一起案件：债权人 A 公司与债务人 H 公司存在供货关系，A 公司经过法院起诉获得生效裁判确认了其债权，但由于 H 公司已经缺乏清偿能力因而 A 公司的债权无法得到清偿。经过调查，我们了解到 H 公司系由李某、王某夫妻二人设立的公司，Y 公司系李某、王某夫妻二人实际控制的公司，二人分别担任 Y 公司的执行董事、监事；二公司在管理人员、对外联系、业务上不作区分，尤其是财务资金存在随意调拨的情形。债权人 A 公司对此可以依照关联公司法人人格否认制度，要求 Y 公司与 H 公司共同清偿 A 公司的债权。后经进一步调查发现，李某、王某作为 H 公司的股东、实际控制人，还存在将个人账户与公司账户混同的情形，债权人 A 公司同样可根据法人人格否认制度要求李某、王某作为滥用公司法人独立人格和股东有限责任的行为人，对两家公司的债务承担连带责任。至此，债权人 A 公司可以将 Y 公司、王某、李某共同追加进入诉讼程序，其债权获得清偿的可能性大大增加。

随着调查的进一步深入，债权人 A 公司还发现 Y 公司系一人公司，其唯一股东是设立在香港的 Y（HK）公司，但 Y（HK）公司是从 D（HK）公司处受让的 Y 公司 100% 的股权，根据一人公司股东不能证明公司财产独立于其自身财产需对公司债务承担连带责任的规则，又可以将 Y（HK）以及 D（HK）两家公司追加进入诉讼程序。

最终，债权人 A 公司运用股东出资瑕疵、高级管理人员责任、公司法人人格否认制度等公司法制度，可以将大量主体牵连进入诉讼 / 执行程序，大大增加了 A 公司债权实现的可能性。这起案件的法律关系如图 17–1 所示。

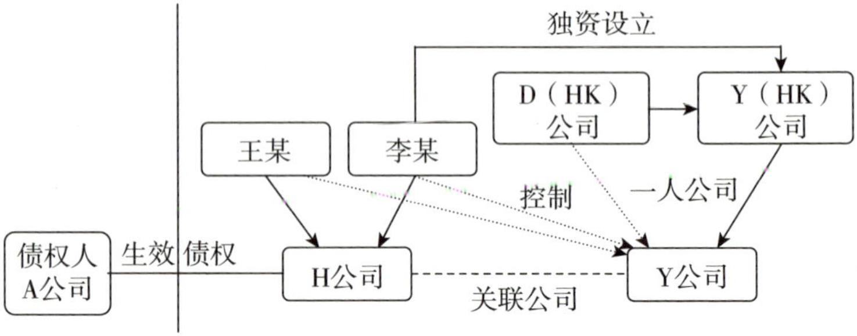

图 17-1　公司关系示意图

尽管出资责任大部分是针对以货币方式认缴出资情况下的股东责任，但司法实践中对于以实物、知识产权、土地使用权等非货币财产出资的股东，亦同样存在承担出资责任的问题。以实物等非货币财产出资的，必须将作为出资的非货币财产“评估作价”并“转移登记并过户”至公司名下，否则将构成出资瑕疵，需要承担规范出资的责任。

如果在法院一审判决前，股东仍不能将相关财产过户至公司名下的，对内部而言，出资瑕疵股东的股东资格可能被解除；对外部债权人而言，债权人可以主张该股东以货币出资来替代，甚至直接在非货币财产作价的范围内以货币形式对公司债务承担补充清偿责任。

司法实践中曾经发生过这样的案例，股东以非货币财产出资但尚未过户至公司名下，公司因对外负债进入强制清算程序。最终，法院判令出资瑕疵的股东直接以认缴的出资金额对外承担责任。这是因为，股东究竟以货币出资还是以非货币财产出资，只是股东出资财产的具体形态，并不影响股东对公司债务的承担限度。

在非货币财产的变卖中必然涉及对该项非货币财产的评估，且一旦评估价值低于股东认缴的出资额，该股东还需承担补足差额的责任。此时直接要求股东以货币方式出资，更有利于清算工作的开展。正如法院所指出的那样，继续履行实物出资部分已无实际意义，且判令股东承担货币出资义务，也并不加重该股东的出资负担。

出资责任

瑕疵出资的股东在未完全规范出资前又将股权转让的，应当由谁承担出资责任？这种情况在实践中存在争论。如果认为认缴制是法律赋予公司股东的期限利益，将股东在认缴期限截止前转让股权视为正常转让的话，那么对于负债累累的公司，股东往往选择将股权转让给毫无出资能力的主体（如老年人等）借以“金蝉脱壳”。

而今，很多负债累累公司的股东是七八十岁的大爷、大妈，他们不害怕被纳入失信“黑名单”，也不担心被限制高消费，这就造成了严重的社会信用危机。很显然，认缴制不应该被如此滥用。现在司法实践中对这一问题的裁判尺度有趋向严格的倾向：即转让股东和受让股东需要共同承担责任。多次转让的，所有参与人员共同承担责任。这样操作有效地保障了公司法人财产权利和债权人的利益，也没有超出法律规定的股东有限责任的范畴。任何一名股东在成为公司股东时就应当知晓其所接手的股权是否存在瑕疵出资，如果存在瑕疵出资问题，其应在瑕疵出资的范围内对公司债务承担责任。

出资义务是股东最基本的义务，在公司资本及股东责任中居于核心地位。为了防止实践中可能出现的不诚信行为，法律特别明确规定，追究股东出资责任不受诉讼时效的限制。但前提是债权本身需在诉讼时效内。只要债权人对公司享有依法受保护的债权请求权，即可以追究股东出资瑕疵的责任，主张股东在出资瑕疵范围内对公司债务承担补充清偿责任。相反，如果债权人自身的债权已经超过诉讼时效，对公司的债权已经不具备诉请法院支持并要求强制执行的情形，则自然也就无法进一步主张瑕疵出资的股东对公司债务承担补充清偿责任。

股东出资责任还涉及加速到期及延缓出资的问题。关于股东出资的加速到期，法律明确规定在公司发生清算事由以及破产情形下，股东的出资不再受约定的出资期限的保护，而必须立即向公司出资。本次《公司法》修订将加速到期的情形扩展到公司不能清偿到期债务且明显缺乏清偿能力的情形。[①] 在注册资本认缴制下，股东依法享有期限利益。债权人以公司不能清偿到期债务为由，请求未届出资期限的股东在未出资范围内对公司不能清偿的债务承担补充赔偿责任的，法院通常不予支持。但是，下列情形除外：一是公司作为被执行人的案件，法院穷尽执行措施无财产可供执行，已具备破产原因，但不申请破产的；

① 根据第十三届全国人大常委会第三十二次会议审议的《公司法（修订草案）》。

二是在公司债务产生后，公司股东（大）会决议或以其他方式延长股东出资期限的。很显然，这两种情形都是为了平衡股东出资期限利益与外部债权人利益的保护问题。在第二种情形中，公司通过决议进一步延长股东出资期限，明显构成了滥用股东权利，损害公司债权人的利益，主观恶意明显，自然不能得到法律的保护。将这个问题反过来也很有意思：公司能否通过股东会决议缩短股东的出资期限。这一问题也需要具体考虑。一方面，股东出资期限必须写进公司章程，如果调整股东出资期限，首先要达到修改公司章程的标准，即2/3以上表决权的股东通过；另一方面，要考量缩短股东出资期限的正当性，即当前情况下，是否有必要缩短股东的出资期限。再者还需要考虑缩短股东出资期限的合理性、公平性。

如果多数股东滥用自己的优势表决地位，故意为难小股东，以缩短出资期限为名，行股权压迫之实的，法律自然不应支持。在司法实践中，如果公司没有缩短出资期限的紧迫性、正当性，仅要求个别股东的出资期限缩短，缩短出资期限则有可能构成滥用股东权利，形成股权压迫的，该公司决议应当被认定为无效。

在公司内部，对于根本未出资以及抽逃全部出资的股东还可以进行除名，解除他们的股东资格。关于股东除名的问题，我们将会进行专门探讨。

第 18 讲

股权代持：创业者“隔帘”窥探

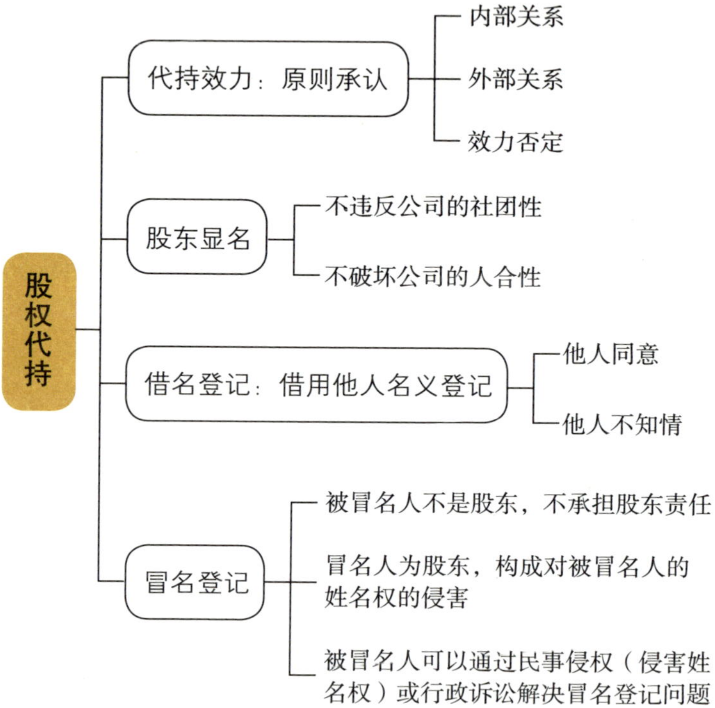
股权代持
代持效力：原则承认
内部关系
外部关系
效力否定
股东显名
不违反公司的社团性
不破坏公司的人合性
借名登记：借用他人名义登记
他人同意
他人不知情
冒名登记
被冒名人不是股东，不承担股东责任
冒名人为股东，构成对被冒名人的姓名权的侵害
被冒名人可以通过民事侵权（侵害姓名权）或行政诉讼解决冒名登记问题

在司法实践中，用别人的名字登记为公司股东的现象比较常见。

代持股关系还存在这样的场景：创始股东以股权激励的方式给别人干股，“老兄，我们一起发财，放心我这股份里给你20%的股份，以后我认你是股东”。这位创始股东此刻想的是，“之所以不给你登记，一是你没出资，不方便登记；二是防人之心不可无，万一你哪天和我搞翻了，我还可以翻脸不认人。当然，人都不认了，账自然也不认，我才是公司登记的股东”。

笔者办理的一起案件中，双方最后的微信聊天记录说得非常直白：“咱们之间也就这 30 万（元）的交情了。”

隐名股东

对于没有登记的股东，理论上称为隐名股东，如果他们想行使股东权利，一般应当通过名义股东行使，而不是直接行使。如果隐名股东想绕开名义股东，直接行使股东权利，就涉及从幕后走到台前的问题，即隐名股东的股东资格能否被确认的问题。如果隐名股东在法律上能够确认身份，则可以通过相应的程序显名登记为股东，从而获得与其他登记股东相同的法律保护。反之，如果其不能在法律上被认可，那只能根据合同相对性原则，向显名股东主张合同上的利益，享受《民法典》合同编的保护。

最高人民法院对于隐名股东的保护，一直采取相对谨慎的态度。

一方面，在司法实践中承认隐名股东不违反法律禁止性规定的效力。

另一方面，最高人民法院在多起案件中对隐名股东采取相对严格的审查标准，试图向社会公众传达这样一个理念，即“选择隐名就意味着选择风险”，即便“被误伤”，也只能后果自负。

最高人民法院在一些案件中开始对隐名股东经过严格审查后采取宣告无效的方式进行处理。如上市公司中存在股权代持的情形，该上市公司不满足“股权明晰”的上市条件，在上市前如果存在则必须进行清理。上市公司上市后如果存在股权代持的情形，法院认定股权代持的约定无效。

最高人民法院曾指出，公司上市发行人必须股权清晰，股份不存在重大权属纠纷，且公司上市需遵守如实披露的义务，披露的信息必须真实、准确、完整，这是证券行业监管的基本要求，也是证券行业的基本共识。由此可见，上市公司不允许发行过程中隐匿真实股东，否则公司股票不得上市发行；通俗而言，即上市公司股权不得隐名代持。法律及相关监管规则要求拟上市公司股权必须清晰，规定上市公司不得隐名代持股权，系对上市公司监管的基本要求，否则如上市公司真实股东都不清晰的话，其他对于上市公司信息披露要求、关联交易审查、高级管理人员任职回避等一系列监管举措必然落空，必然损害到广大投资者的合法权益，从而损害资本市场的基本交易秩序与基本交易安全、金融安全与社会稳定，以及社会公共利益。

同样，最高人民法院还在保险公司、商业银行等金融类公司中宣告股权代持无效。法院认为，在金融公司中进行股权代持，会妨碍金融监管秩序，损害社会公共利益。

隐名股东的风险

隐名股东还存在的一个风险是股权会被处置。如果名义股东（显名股东）将隐名股东的股权拿出去转让、质押，进行相应的处置，那么相对人将获得优先保护。这在法律上叫商事外观主义（详细内容可回看本书第 4 讲“商事外观：保护善意且无过错的相对方”），基于信赖相对方为登记股东并与其开展交易，就可以善意取得相关权利，实现交易的目的。

比如，李四看上张三手里的股权，因为他是公司登记机关登记的股东，张三把股权转让给李四或者质押给李四，李四就取得股权或者质押权。这个时候李四只要看到过张三的股权是登记的就可以了。查阅张三股权的方式很简单，手机里安装启信宝、企查查、天眼查、全国企业信用信息公示系统等 app 即可。只要张三确实是登记的股东，李四就可以和他进行交易。甚至李四连“看”这个环节都可以省略。这是因为，在优先保护交易安全的前提下，李四的善意是被推定的。登记本身是政府行为，是一种公权力行为，具有公信力，即便是张三登记的股权情况与实际情况不符，法律的价值选择也必然是保护政府登记的公信力。除非有证据能够证明李四与张三是恶意串通的，李四明知王五是股东，故意与张三串通就是要恶意损害王五的利益；否则李四将被推定为善意相对人，李四和张三之间的交易就受到优先保护。李四就可以“善意取得”张三名下的股权或者股权质押权。商事外观主义解决了交易的安全和便捷问题，大大简化了交易流程，减少了交易成本。

考虑到隐名股东有转变为登记股东的需要，笔者给大家的建议是：如果选择做隐名股东，那么一定要签订一份完备的股权代持协议。让公司在这份股权代持协议上盖章，公司的其他股东也在股权代持协议上面签字认可。具备这些条件的话，隐名股东就可以随时去法院确认自己的股东身份，随时可以从幕后走向前台，在公司登记部门登记为真实的股东。

隐名股东在没有被确认权属或者与公司之间没有特别约定的情况下，是不能直接对公司提出主张和要求的，这是由公司的社团属性决定的。因此，隐名股东通常情况下并不能直接提起股东知情权诉讼、盈余分配诉讼、股东代表诉讼等股东可以针对公司提起的社团组织法的诉讼。隐名股东如果要行使这些权利，只能通过名义股东来行使。从公司社团法属性上分析，通常情况下公司只认可登记在册的股东，而不认可真实投资人（隐名股东）。

隐名股东与名义股东之间是一种合同关系，即债法上的关系。基于合同权利义务可以转让的特征，隐名股东也可以将其实际出资人的权利转让给他人，这时接受转让的他人将代替隐名股东的地位，成为新的实际投资人。即便公司及名义股东反对这样的安排，在新的实际投资人与名义股东之间也将重新形成事实上的股权代持关系。当然，在权利转让的过程中不可能额外创造出新的权利；换言之，在权利向下转移传递的过程中不可能产生增量。因此，新的隐名股东的权利不可能超过之前的隐名股东。当然，也存在这样一种情况，公司其他股东中多数人员不认可“前手”隐名股东的股东资格，而当他将这种权利转让出去之后，受让权利的“后手”却有可能得到公司其他股东的接纳。这样，“前手”不满足显名的条件，而“后手”反而符合这一条件。

股东资格确认

还有一种场景在现实生活中是比较常见的，那就是借名登记。其实这种情形与隐名持股在很多情况下是类似的，就是将自己的股权登记在他人名下。如果登记在册的名义股东因为涉及债务纠纷被起诉并进入执行程序中，案外人在起诉名义股东的时候，有可能申请财产保全，查封名义股东名下的“股权”。这时法院通常情况下会按照形式审查的标准判断股权归属，那就是根据登记情况进行判断。登记在谁的名下就是谁的，既然登记在名义股东的名下，那名义股东涉及债务纠纷被起诉的案件中就可以查封登记在他名下的股权，对于股权真实的所有者则在所不问。法院的逻辑体现为：国家不会鼓励投资人做隐名股东，同样不会鼓励股东股权代持，既然股东选择股权代持那就要接受代持所引发的风险。至于真实的权利人，他只能基于合同关系或者侵权事实寻求相应的法律救济。

由于股权代持、冒名登记、借名登记等情形，导致司法实践中经常出现工商登记的股东与公司真实股东不一致的情况，由此将引发股东资格如何确认、具体的出资金额、持股比例等一系列问题，即股东资格确认问题。从证明材料的角度分析，能够证明股东身份的材料有很多，如公司登记机关的登记信息、企业信用信息公示系统的公示信息、公司章程、股东协议、公司股东名册、公司签发的出资证明书、向公司的汇款记录等。

股东资格确认涉及公司的社团属性、人合性，具有身份法上的意义。股东资格所彰显的社团属性及身份属性，同时影响到公司内部及外部法律秩序。因此，在内外有别的原则之下，股东身份确认必然同时涉及对内与对外两个不同的评判基础。在外部关系上，基于商事外观主义和鼓励交易的立法目的，确认股东资格以公司登记机关的登记事项为唯一认定标准。原则上，凡是在公司登记机关登记为公司股东的，就应当认定为公司股东。基于对公司登记公示效力的信任，并在此基础上进行的相关交易将会被推定为有效。即便存在登记权利人与实际权利人不同的情形，基于对公司登记行为的信任进而发生的交易，也适用《民法典》善意取得制度，发生相应的法律效果。实际权利人因此受到损失的，既可以依照《民法典》侵权责任编的相关规定，获得侵权法上的赔偿，也可以根据实际权利人与名义权利人签订的协议，追究对方的违约责任。

在公司内部股东资格确认诉讼中，法院应从股东出资的形式要件与实质要件两方面进行审查。从形式要件上看，法院应当审查股东是否签署过公司章程、是否参与过公司股东会会议、是否持有公司签发的出资证明书等事实。从实质要件上看，法院应重点审查原告是否存在向公司出资的事实，是否具有成为公司股东的意思表示。因此，当公司内部发生股东资格争议时，不应仅以工商登记为准，还应对取得股东资格的实质性条件如是否出资、是否有成为股东的意思、是否参与公司的经营管理、是否享受股东权益和承担股东义务、其他股东是否明知等事实进行审查，并据实作出认定。

下面是委托持股协议书的示范文本。

委托持股协议书

甲方（委托方）：周 xx，基本信息（包括出生年月、民族、性别、住址、身份证号码、联系方式等）。

乙方（受托方）：李 xx，基本信息（包括出生年月、民族、性别、住址、身份证号码、联系方式等）。

丙方：xx 股份有限公司，统一社会信用代码 xxx，工商登记法定代表人（受甲方委托）：王 xx。

鉴于：甲方周 xx 投资设立 xx 有限公司（即丙方），

甲方的投资金额为____万元（小写：____万元），实际持有丙方____%的股权。丙方xx有限公司的注册资本为人民币____万元（小写：____万元）。甲方委托乙方代持丙方公司x%的股权，乙方同意代持上述股权。各方本着平等互利的原则，经友好协商，就乙方代持甲方在丙方公司中的股权事宜，达成协议如下：

第一条　甲方自愿委托乙方作为其对丙方公司出资所享有的股权的名义持有人，并代为行使相关股东权利。乙方自愿接受甲方的委托，以自己名义对丙方公司出资，并代为行使甲方所享有的对丙方公司的权利。乙方对丙方不负有出资义务，其工商登记的出资金额全部由甲方实际出资。丙方对甲方实际股东的身份及甲乙双方的股权代持安排知情且不持异议。

第二条　甲方委托乙方代为行使的权利包括：由乙方以自己的名义在公司股东名册以及相关工商登记上具名、以公司股东身份参与公司相应活动、出席股东会并行使表决权、代为收取股息或红利，以及行使《公司法》与公司章程授予股东的其他权利。

第三条　甲方享有下列权利

1. 知情权：甲方享有对丙方公司经营管理状况的知情权，有权通过乙方或者直接向丙方了解公司的实际生产经营状况、财务状况、重大决策以及利润分配方案等。

2. 参与管理权：甲方有权通过乙方或者直接参与对丙方公司的管理。乙方参加公司股东会、董事会前，应与甲方进行沟通；就丙方公司的具体经营事务行使表决权时，乙方必须事前和甲方进行沟通，并按照甲方的指令代甲方行使对公司的表决权。

3. 甲方基于其对丙方公司的实际出资，对公司享有实际的股东权利并有权获得分红及其他收益等全部投资收益。乙方应将代为行使该项权利所产生的收益及时转移甲方。

4. 转让出资权利：在委托持股期限内，甲方有权将相关股东权益转移到自己指定的任何第三人名下；同时由第三人依照本《委托持股协议》享有甲方所应享有的一切权利。

5. 剩余财产分配权：在本合同有效期内，如丙方公司由于某种原因解散并进行清算，甲方仍委托乙方参加清算，如经清算后公司有剩余财产进行分配，甲方有权取得依照出资比例分配丙方公司的财产，乙方应将甲方应取得的丙方财产转交甲方。

6. 新增资本优先认缴权：为避免甲方股权因丙方公司增资而遭受的股权稀释，甲方有权依照《公司法》及丙方公司章程的规定，按照同等比例优先认缴增加的注册资本金。

第四条　甲方以其委托出资的金额为限，承担对公司出资的投资风险。乙方不对甲方的出资承担保值增值责任，甲方不得就出资财产的亏损，要求乙方承担补偿或赔偿责任。但乙方未依照本委托持股协议的约定，擅自处分甲方权益或者实施其他损害甲方权益的行为，造成甲方损失的，应当对甲方所受到的损失承担赔偿责任。

第五条　乙方行使名义股东权利，应受如下限制：

1. 乙方作为丙方公司的登记股东，在依据《公司法》及公司章程的规定行使股东权利时需受本协议内容的限制。

2. 乙方不得利用持有甲方在丙方中的股权为自己牟取任何私利。

3. 未经甲方书面确认，乙方不得对代持股权作出任何处分。

4. 乙方仅以自己名义将甲方的出资向丙方公司出资并代甲方持有该投资所形成的股东权益，未经甲方事先书面同意，乙方不得处置（包括但不限于转让、赠与、放弃或设置任何形式的担保等处置行为）上述代持股权及其股东权益，也不得实施任何可能损害甲方利益的行为。

5. 未经甲方事前书面同意，乙方不得转委托第三方持有上述代持股权及其股东权益。

第六条　乙方承诺将其未来所收到的因代持股权所产生的任何投资收益（包括现金股息、红利或任何其他收益分配）均全部转交给甲方，并承诺将在获得该投资收益后五日内按照甲方指定的方式移转给甲方。如果乙方不能及时交付的，应向甲方支付等同于同期银行逾期贷款利息之违约金。

第七条　如甲方拟将相应股东权益转移到自己指定的任何第三人名下时，乙方应对此提供必要的协助及便利。无论是否签署书面股权转让协议，在甲方向乙方发出书面指令后，受让方自动取代甲方的地位与乙方形成股权代持法律关系。

第八条　甲方与乙方的此项委托关系为无偿委托，乙方无权就此委托事项向甲方收取报酬。

第九条　甲方随时可解除与乙方的委托持股协议并签署股权转让协议，使甲方成为公司的登记股东，乙方及丙方应予以配合并不收取相关费用。

第十条　凡因履行本协议所发生的或与本协议有关的任何争议，各方应友好协商解决。协商不能解决的，任何一方均有权向甲方 / 丙方住所地人民法院提起诉讼。

第十一条　本协议自甲方、乙方、丙方签字或盖章之日起生效，至甲方将代持股权全部登记为丙方公司股东之日或公司解散并办理注销公司登记之日终止。如乙方终止本协议，丙方有义务为甲方办理股东显名登记以使得甲方被真实登记

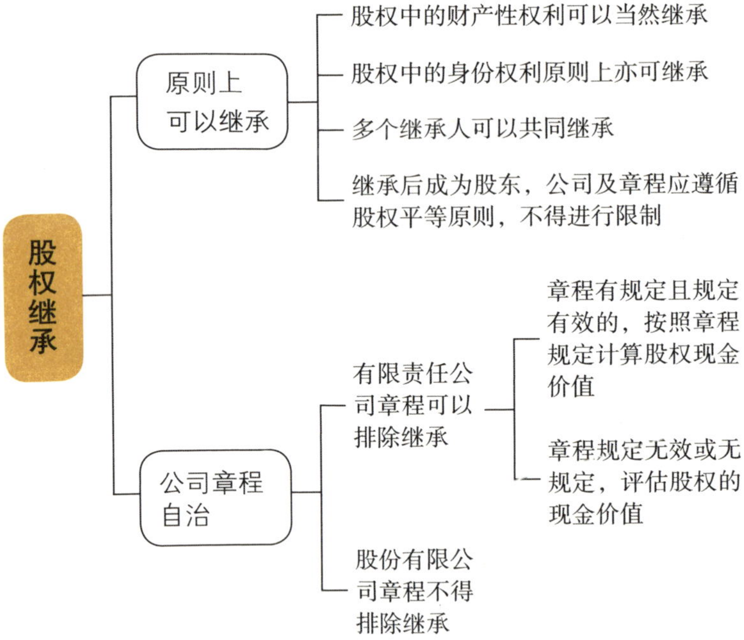
股权继承
原则上可以继承
股权中的财产性权利可以当然继承
股权中的身份权利原则上亦可继承
多个继承人可以共同继承
继承后成为股东，公司及章程应遵循股权平等原则，不得进行限制
公司章程自治
有限责任公司章程可以排除继承
章程有规定且规定有效的，按照章程规定计算股权现金价值
章程规定无效或无规定，评估股权的现金价值
股份有限公司章程不得排除继承

股权是一种综合性的权利，其中既包含财产性的内容，也包含身份性的内容。公司作为法律拟制的主体，一定程度上带有并体现股东的个人特质。毫无疑问，股权中的财产性价值是可以作为继承对象的。通常，股权继承是指财产性价值和股东身份的继承（身份性因素的综合、概括继承）。

由于股份有限公司是开放性公司，或称公众公司，在股份有限公司内部，股东身份特质所带来的人合性因素并不明显，或者说并不是法律设定的首要内容，因此股份公司股份的继承不存在任何法律障碍。公司章程在股份继承这一问题上也缺乏灵活的操作空间。

有限责任公司则不同，在法律上有限责任公司被设计为封闭公司，由于经营权和所有权并未彻底分离，法律赋予有限公司更多的自治权利，在能否继承股东资格，通过继承方式成为公司股东方面，法律也给予公司章程充分的自治空间。

法律的默认规则是股东资格可以继承，但对于有限责任公司而言，又允许公司章程作出排除继承的规定。如前所述，由于股权中含有财产性的内容，因此即便公司章程排除股东资格继承，也应将该部分股权所对应的财产性内容作为继承的对象。换言之，应将死亡股东的股权折算成现金交付其继承人继承。

股权继承中的问题

一是有关继承人的问题。继承人较多，继承人分别继承将导致有限责任公司股东人数超过 50 人。在司法实践中，可以通过选举继承人代表的方式解决这一问题。除继承人代表以外，其余继承人作为隐名权利人。或者直接将公司改制为股份有限公司，这样就不存在股东人数的限制了。

继承人是未成年人的不影响他的继承权利。当年 B 银行上市的时候就有好多“娃娃股东”，因此并不会因为继承人是未成年人就影响其行使继承的权利。只不过他的股东权利需要由法定代理人（监护人）代为行使，直至其成年取得完全民事行为能力。同样，继承人是残障人士、智力存在问题等都在所不论，因为法律上有完善的监护制度和法定代理人制度解决这一问题。

前面已经谈到，股权继承的特殊性就在于继承的对象是公司股权，这与继承房产、现金等财产在本质上是不存在区别的，都是按照《民法典》继承编的相关规定执行。具体而言，有遗嘱或遗赠扶养协议的按照遗嘱或遗赠扶养协议执行，没有遗嘱或遗赠抚养协议的按照法定继承执行。

二是股权的现金价值折算问题。如果有限责任公司章程中规定股权不得继承，那么如何折算该股权的现金价值？如果公司章程中没有规定折算的方式，可以采取评估的方式进行确定。通过专业的评估机构进行评估，测算出被继承股权的公允价值，然后由继承人共同继承该现金价值。如果公司章程或者股东协议中对于继承股权的价值给出了计算方式，“反倒成为一个麻烦事”。需要分析这个计算方式会不会使股权价值成为脱离公司业绩的保底收益条款。比如，约定股权价值的计算方式为出资本金加上年化收益即是这种情形。如果此时公司业绩不足以支撑该计算方式计算得出的股权价值，则照此继承就有抽逃出资的嫌疑了。另外，如果按照这样的计算方式得出的结果远远低于股权的评估价值，即公允价值，按照现在的司法实践，被继承人恐怕也徒叹奈何，只能接受这样的计算方式。在继承这一问题上，继承人并没有太多的干预权利。所以，公司章程如要排除股权的继承，最好还是规定将被继承的股权进行评估，在评估的基础上将现金价值交由死亡股东的继承人继承。举例而言，江苏南通一家建筑公司就发生了这样的事情，这家公司开发了很多地产项目，收益丰厚，担任法定代表人的大股东身故，公司章程中约定这种情况按照投资额每年增加 20% 的收益回报来确认继承的现金价值标准。这起案件最后一直“打”到了最高人民法院。继承人按照出资额加年化利息的算法拿到了不到 5000 万元的现金对价，而如果按照公允价值来算可能是 3.255 亿元，两者相差天壤之别！法院给出的理由是，公司赚多少钱与股东继承时股权的现金价值是两回事。在公司股东会没有作出分红决定的情况下，公司赚的钱归公司所有，不能直接分配给股东。在公司章程约定股权继承价值的计算方式时，应当优先按照公司章程的约定处理。特别是这种约定的计算方式并不会损害公司股本，不构成对公司资产的抽逃，也不构成对公司债权人的侵害。

有些情况下公司股权是不适合继承的，特别是公司股东都是具备一定资质或具备一定能力、有较高技术门槛的人才时。当公司从事的营业具有技术门槛，对合作股东个人能力、专业技能等方面有一定要求时，笔者建议在章程中规定排除股权继承的内容。如果没有排除股权继承，将会导致身故股东的继承人根本不具有从事这方面业务的能力，无法与其他股东一样对公司业务进行深度参与，进而引发股东之间的矛盾。

三是股权继承现金价值支出问题。股权现金价值被继承后，这部分的现金由谁来出？通常情况下是由公司出这笔钱，然后将被继承的股权注销，相应调整其他股东的股权比例。还有一种情况，这笔钱由公司其他股东甚至股东以外的第三人来出，然后由他取得该股权，增加他的持股比例或者将第三人引入公司。这样的操作需要股东之间协商达成一致，否则有可能需要参照股权对外转让的规定，涉及其他股东优先购买权的问题。

股权继承涉及的继承人增加为公司股东或者不允许继承而需要注销公司股权都需要办理公司变更登记。司法实践中就曾遇到这样的案件，某公司股东未立遗嘱去世后，因其父母早已身故，其股权应当由其妻子、儿子继承。但因该股东的儿子在外有负债，担心股权被追索，于是母子商量后要求公司将该股权登记在股东妻子一人的名下。股权继承需要到登记部门办理变更登记，登记机关对于此种情况，往往要求全体继承人办理继承公证。继承公证办理起来不仅程序烦琐，而且还按照被继承的财产价值收取一定比例的公证费用，费时费力。后来，这对母子与公司其他人员集思广益想出了一个办法——按照股权转让的方式处理他们所继承的股权。公司登记部门对于有限责任公司股权转让是作形式审查的，有人仿造了死亡股东的签字，将股东的股权"转让"给股东妻子，其他股东放弃优先购买权，公司作出决议同意"转让"并修改章程中关于股东姓名的规定。随后公司找了一家代办机构拿着这些资料按照股权转让的方式办理了变更登记，成功地把股权登记到死亡股东妻子的名下。百密一疏的是，到公司登记机关办理"股权转让"登记的落款日期是按照实际办理当日填写的。过了一段时间，股东儿子的债权人了解到相关情况，就想到股东的儿子应该继承他父亲的股权，以此还清债务。股东儿子的债权人经过调阅工商登记信息，发现公司是以股权转让的形式办理股权继承的事情，于是到公司登记管理部门要一个说法。

股东儿子的债权人拿着从公安机关查询到的死亡证明和公司登记内档的材料，质疑公司登记机关："贵局办理登记的股权转让协议签署日期在股东死亡之后，人死之后怎么能签协议？"很显然，公司登记部门在对当时办理股权变更登记的材料及过程进行调查后，主动撤销了登记行为，对公司以及参与办理的中介人员进行了处罚。

一旦公司章程没有限制股权的继承，死亡股东的继承人继承股权后，就是公司的股东。既然是公司的股东，就享有并可以行使股东的一切权利。公司不得进行歧视性、差别性对待。实践中，有公司章程规定：在处理股东继承问题上，新继承的股东可以参加当次股东会议，但不能进行表决。这样的条款被

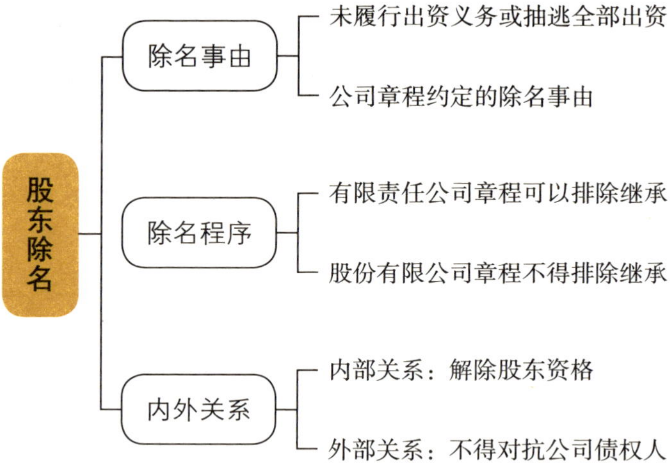
股东除名
除名事由
未履行出资义务或抽逃全部出资
公司章程约定的除名事由
除名程序
有限责任公司章程可以排除继承
股份有限公司章程不得排除继承
内外关系
内部关系：解除股东资格
外部关系：不得对抗公司债权人

基于公司的社团性以及有限公司的封闭性特征，特定情况下某一股东与公司其他股东无法共存，能否通过特定程序解除该股东的资格，这就是我们本讲将要讨论的股东除名问题。

司法实践中，最高人民法院发布的司法解释认可两种情况下对特定股东进行除名：

一是根本没有向公司履行出资义务；

二是履行出资义务后又抽逃了全部出资。

前一种情形不是指认缴制下“认而不缴”的情况，而是指股东已经到了出资期限仍未能履行出资义务的情形。这两种情形实质上依然是从股东最基本的义务，即出资义务出发的。

司法实践中，因除名需要或者除名而引发的争议比这两种“法定”情形丰富且复杂得多。后来，最高人民法院又通过指导案例的形式确立了有限责任公司章程中关于“人走股留”约定的效力。在公司给予特定人员股权激励的情况，以及类似于股份合作制企业中要求股东必须兼具劳动者身份的情形下，有限责任公司可以在章程中规定如果股东从公司离职或者与公司解除劳动关系就必须无条件将公司股权让出。说到底，后一种情形解除股东资格尽管没有法律依据，但必须有合同依据，如果双方根本没有签订“人走股留”的协议，则自然无法据此操作。

还有一种情形可以视为特殊的股东除名制度，那就是公司章程明确排除股权继承。如果公司章程中明确约定“本公司股权不得继承，自然人股东死亡后，其继承人仅可继承该股东股权的现金价值，而不得继承股东身份”，这样的约定是有效的，前提是必须在公司章程中有明确的约定，并且这种约定必须在该股东去世前约定。反之，如果某一股东去世后，公司其他股东利用持股优势，如超过2/3表决权，有针对性地修改公司章程，则属于“滥用股东权利”，不能达到排除股东身份继承的效果。

除名的原则

事实上，基于公司自治的原则，在公司章程或者股东协议中约定股东除名事由完全符合立法授权的目的。只不过这样的约定必须遵循以下原则。

一是坚持股权平等原则。除名事由的设定不得以有针对性、歧视性的方式为之，必须对全体股东一视同仁，否则有可能构成滥用股东权利、股权压迫，进而也影响除名事由的效力。如关于“人走股留”条款，如果选择性地采取这种操作，将构成对股东的区别对待，有失公允。比如，公司此前有人离职，但股东身份依然保留，而后又有人离职，公司又主张执行“人走股留”的条款，则显然公司没有公平对待全体股东。

二是除名事项的约定需具有正当性基础。股东对于公司而言，原则上不负担除出资义务以外的其他义务。例如，公司要向银行贷款，应银行的要求股东甲、乙、丙均同意为公司的贷款向银行提供担保，但股东丁则明确拒绝提供保证担保。这时，甲、乙、丙根据公司章程中有关“严重损害公司利益”的除名条款，认定丁拒绝提供担保的行为属于“严重损害公司利益”从而主张对其除名。这一除名决定自然无法得到法院的支持。

在股东有限责任原则之下，股东仅以认缴的出资为限对公司债务承担责任，如果强行要求股东丁为公司的债务提供担保，则使得丁股东负有一种或然债务，这就突破了股东有限原则，导致的后果是股东丁对公司债务承担责任的范围将超过其认缴的出资额。丁股东不同意提供担保，并不构成解除其股东资格的事由。

三是对被除名的股东给予公平救济，保障其合法权益。如公司章程或者股东协议规定，股东被除名需无偿收回其股权，这样的约定在大多数情况下会被认定为无效。除非被除名的股东根本没有向公司出资，或者其获得的股权本身就是公司附条件赠与的，取得该股权当时就没有支付过对价，否则在除名的同时强行没收股权，显然违反公平原则。通常情况下应当以该股权所对应的现金价值回赎被除名股东的股权。现金价值如果无法协商确定的，可以参照除名事由发生或者除名决议作出时被除名股东股权的评估价值。

股东除名的情形

至于司法实践中，究竟哪些情况下可以约定股东除名？笔者通过对现有司法判决的梳理，归纳为以下几种情形。

第一种情形是出资瑕疵。在公司发出催缴通知且给予不少于60日宽限期的前提下，股东未纠正出资瑕疵的，公司可以发出失权通知，使该股东丧失与出资瑕疵相对应的股东权利。[①]

第二种情形是股东死亡或者丧失行为能力。

第三种情形是股东与公司存在竞业行为。从法律默认规则来说，股东对公司是不负有竞业限制义务的，但由于有限责任公司的封闭性以及股东与管理者身份的重叠，在股东协议中约定股东负有竞业限制义务并不违反法律规定。再进一步，如果股东协议中将违反竞业限制义务设置为股东除名事由，该除名事由能够得到法律的支持；这既是公司自治的结果，也使司法介入公司除名事项有“合同依据”。

第四种情形是股东丧失某种业务从业资格。比如，以有限责任公司形式组建的会计师事务所、审计师事务所、专利事务所等，在设立协议中约定全体出资人/股东均需具有相应的从业资格。在公司经营过程中如果某股东丧失这一从业资格的，公司自然可以解除其股东资格。

第五种情形是股东达到退休年龄、离职。这是常见的股东除名事由，特别是在股权激励的情况下，在授予激励股权的同时附带了“人走股留”约定的，一旦在约定的服务期内被激励对象与公司解除劳动合同，则可依照约定要求股东“交出”授予的股权，这也是一种特殊的股东除名的方式。

---

① 根据第十三届全国人大常委会第三十二次会议审议的《公司法（修订草案）》。

股东除名是对股东身份的根本否定，属于公司运营中的重大事项，应当经过严格的内部程序。给予催告并在宽限期后仍未纠正出资瑕疵的，方可发出失权通知书。

司法实践中存在这样一种情况，那就是违规者是大股东，甚至是公司的控股股东，此种情况下如何进行股东除名，公司又如何通过相关决议进行除名，这都将成为股东除名绕不开的问题。

上海市第二中级人民法院曾经判决过这样一起案件，宋某和高某是 W 公司的股东，公司注册资本为 100 万元，宋某出资 60 万元，持股 60%，高某出资 40 万元，持股 40%。后来，H 公司向 W 公司增资 9900 万元，将 W 公司的注册资本增加到 1 亿元。但是 H 公司增资的 9900 万元汇入 W 公司之后随即被全部抽走。W 公司的原来两位创始人宋某与高某的股权比例已经分别下降至 0.6%、0.4%。在催告 H 公司规范出资未果后，两人提议召开临时股东会，审议的事项是解除 H 公司的股东资格。很显然，H 公司的代表在股东会上以 99%的高票否决宋某与高某的提议。最终，W 公司形成的股东会决议是：就解除 H 公司股东资格事项，宋某、高某投赞成票，占总股数 1%；H 公司投反对票，占总股数 99%。临时股东会决议作出后，宋某向法院提起诉讼，要求确认 W 公司已经有效地作出了解除 H 公司股东资格的股东会决议。这一诉讼请求被上海市黄浦区人民法院一审驳回。上海市第二中级人民法院改变了一审判决，法院运用表决权排除规则解决了这一问题。法院认为，司法解释规定的股东除名权是公司为了消除不履行义务的股东对公司和其他股东所产生不利影响而享有的一种法定权能，是不以征求被除名股东的意思为前提和基础的。在特定情形下，股东除名决议作出时，会涉及被除名股东可能操纵表决权的情形。因而，当某一股东与股东会讨论的决议事项有特别利害关系时，该股东不得就其持有的股权行使表决权。本案中，H 公司是持有 W 公司 99%股权的大股东，W 公司召开临时股东会会议前通知了 H 公司参加会议，并由该公司委托的代理人在会议上进行了申辩及提出反对意见，已尽到了对拟被除名股东权利的保护。但如前所述，H 公司在审议股东除名事项表决时，其所持股权对应的表决权应被排除在外。因此，本案所涉除名决议已获除 H 公司以外的其他股东的一致表决同意，即以 100%表决权同意并通过，故 W 公司作出的股东会决议应属有效。法院通过适用表决权排除规则，1%有表决权股东作出的决议就是 100%有表决股东作出的决议，最终支持宋某和高某解除持股 99%的 H 公司的股东资格。

内外有别

在股东除名即股东资格解除问题上，同样涉及内外有别的原则。

对公司内部而言，股东因严重违反出资义务或公司章程、股东协议设定的其他义务被解除股东资格后，自然也就不存在继续向公司履行出资义务的问题。

但在对外关系上，这种公司内部组织法上解除股东资格并不构成对债权人进行抗辩的充分理由。债权人仍可基于被除名股东“曾被登记为股东”这一事实，主张其应当在瑕疵出资范围内对公司的债务承担补充清偿的责任，债权人的这一主张并不违背“股东以认缴的出资为限”对公司债务承担责任。这既是登记公示的题中应有之义，也是构建社会信用体系的需要。否则，一旦公司对外负债，即在内部通过决议解除股东资格，豁免股东出资义务；将解除股东资格变成“假除名、真逃债”，这将严重损害债权人的利益，构成权利滥用，也就背离了股东除名制度的初衷。

第 21 讲

法定代表人：创业者要厘清的概念

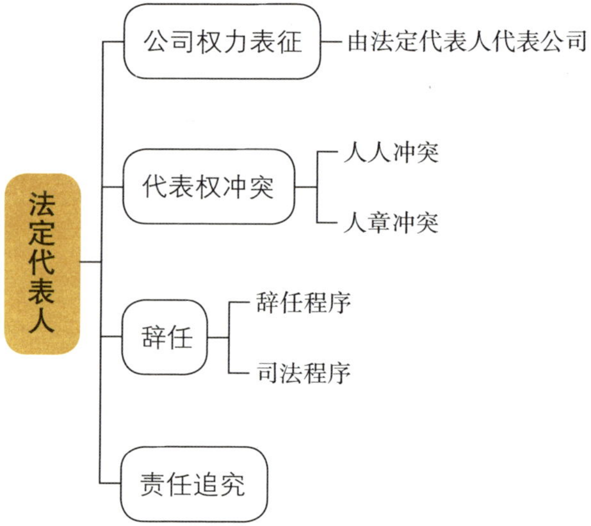
法定代表人
公司权力表征
由法定代表人代表公司
代表权冲突
人人冲突
人章冲突
辞任
辞任程序
司法程序
责任追究

法人：法律拟制的“人”

法人和法定代表人是两个概念。以公司为例，法人是公司本身，法律将公司拟制为“法律上的人”。法人与自然人（我们每一个活生生的人）在社会功能和行动上有着高度的相似性。

比如，人有自己的决策机关——大脑，公司有自己的权力机关——股东会。人的大脑发出一条指令，通过胳膊四肢去完成。公司权力机关的指令（股东会决议）通过执行机关董事会、经理来实施。

人有免疫系统，防止细菌感染和入侵，公司有监事会防止董事、高级管理人员及其他主体损害公司利益等。

所以，在法律上，将公司视为一个行为主体，称为“法人”。

法人与法定代表人

法人本身是法律的拟制，公司自身无法进行任何活动，它的行为是通过公司机构实施的。在法律上，我们设置一个代表公司的人，就叫法定代表人。公司章程可以规定是董事长、执行董事还是总经理担任这个法定代表人。法定代表人也是公司必须进行登记的内容。

法定代表人是公司的核心，享有对内、对外代表公司的权利。

这里涉及的一个问题是：在司法实践中，人、章分离的情况十分常见，在法定代表人不掌控公章的情况下，究竟是公章代表公司还是法定代表人个人代表公司？

这里同样涉及内外有别的问题。一般来说，在与公司外部人发生交易的情况下，法定代表人个人以及公章均可以代表公司。原则上，法定代表人个人签字或者加盖公司印章的协议都会被认定为有效。然而，就公司内部关系而言，自然是法定代表人个人能够代表公司。在内部关系上，印章的表征意义要依附于公司决议，如果持有公司印章的人并非公司有效决议选任的法定代表人，单纯地持有印章并不能代表公司。比如，很多公司的印章都由行政部门保管，他们只是印章的保管者，并不是公司的代表者。

公司证照返还纠纷

有一类案件叫公司证照返还纠纷，即公司的公章、营业执照等资料被他人非法占有，公司应该如何讨回来的问题。比如，公司保管这些资料的人因被解雇，故意拿走这些证照拒不返还。此时，公司法定代表人代表公司进行起诉时涉及以下问题：没有公章，如何在起诉状上加盖公章以证明是公司行为，如何以公司名义委托律师参与诉讼呢？

在司法实践中，这类案件只要有法定代表人的签名表明是在代表公司就可以了。通过提交公司登记机关的登记资料以及相关公司决议，证明自己是法定代表人，就可以代表公司进行起诉。

公司印章、证照、文件资料等都属于特殊的“物”，是公司人格依附及人格证明及表示于外的特定“物”，属于《民法典》中“物”的范畴。公司新选任的法定代表人要表征自己的代表权也需要这些“物”。因此，公司选任的法定代表人可以对非法掌控公司印章、证照、资料的人员提起公司证照返还纠纷，要求他们返还属于公司的“物”。当公司能够提供证据证明这些特定的公司印章证照被他人非法掌控时，法院会支持公司提起的证照返还的诉讼请求。

私刻公章的效力

再有，法定代表人私刻一个公章（未在公安部门备案），并且以私刻的公章代表公司从事相关活动，其效力如何？

这实际上是一个伪问题。法定代表人以自己的签名就可以代表公司，还用得着私刻公章吗？说到底，还是因为我们有着深厚的印章文化传统，对印章存有执念，总感觉公司和我签的合同上如果没有盖公章，就不是公司在签合同一样。

在法律上，法定代表人对外就代表公司，他的行为就是公司的行为，只有在极其例外的情况下，这种代表权才不能成立。例如，在违规担保、故意损害公司利益的情形下，相对人明知法定代表人构成越权代表仍从事交易的，应自行承受履行不能的法律风险。所以，法定代表人以私刻的公章对外签订合同，就是公司在签订合同，当然是有效的。

谁能代表公司?

法定代表人问题引发的纠纷还在于：公司登记的法定代表和公司有效股东会或者董事会决议选出的法定代表人，谁可以代表公司?

这个问题比较复杂。要区分对内和对外情况。对外以公司登记机关登记的法定代表人为准；对内以有效公司决议选出的法定代表人为准。福建发生过这样的一个案件，叫D公司案，这个案件还是最高人民法院的公报案件。D公司是一家中外合资企业，按照当时的法律规定，它的法定代表人由股东委派的董事担任。后来因为母公司在国外进入强制清盘程序，在国内也有好几起诉讼。公司凭盖公章的起诉状、委托手续在福建省高级人民法院打官司。诉讼过程中，母公司重新委派董事担任法定代表人，撤回了对之前董事的委派，新委派的法定代表人到最高人民法院申请撤回起诉，最高人民法院予以准许并撤销了福建省高级人民法院的判决。最高人民法院在这起案件中明确了一个认定标准：在公司内部纠纷中，应以经过有效决议选出或委派的法定代表人来代表公司。

法定代表人的争议在股东代表诉讼中也经常发生。笔者曾经处理过这样一个案件：公司的实际控制人擅自转移公司资产去收购关联公司的土地厂房，后来经过评估，该厂房土地上设置了抵押，并非如其所披露的那样，因此给公司造成了1400万元的损失无法收回。受到损失的是公司，要提起诉讼当然需要公司出面起诉。幸运的是，我方委托人担任的是公司法定代表人，我方就直接向法院提起了诉讼。诉讼过程中出现了令人啼笑皆非的一幕：实际控制人利用实际控制公司、持股优势以及在董事会中占多数席位等优势，强行作出撤回起诉的董事会决议（我方董事反对），并到法院申请撤诉。最后，我方不得已，只能通过股东代表诉讼的方式追究实际控制人对公司的赔偿责任，并获得法院胜诉判决支持。

法定代表人问题涉及人章冲突（一方持有公章，另一方是登记的法定代表人）、人人冲突（新旧法定代表人）的问题。这个问题不仅在有限公司中存在，在股份公司甚至上市公司中也存在。有些上市公司出现“双头董事会”的情形，董事会任期届满前，某一方股东又召集一次临时股东会，重新选举董事会。由于股份公司实行的是到会股东过半数表决机制，由此极有可能出现这次股东会上又“成功”选举出新董事会的情况。但原董事会仍彻底掌控着公司的运营，因此发生争议。这些问题说到底，均是要评估和考量公司决议的效力问题，即公司决议本身的召集、通知、表决、主持、提案甚至计票、监票等是否符合法律和公司章程的规定，这些问题将在公司决议部分详细展开讨论。

法定代表人能不能辞职？

还有一个问题也需要讨论，那就是法定代表人到底能不能辞职？当然可以。依照法律规定，法定代表人要么是董事长（不设董事会时为执行董事），要么是总经理。法定代表人是依附于董事长（执行董事）、总经理这一职务的。对于职务而言，是可以辞去的。特别是在公司存在一些问题的情况下，很多人可能更不愿意担任法定代表人。

由“谁产生对谁负责”，“谁给权力受谁监督”。如果公司董事长要辞去职务，原则上应向董事会提出，也可以向股东会提出辞去董事职务，不是董事了，董事会也自然不能选你当董事长。总经理辞去职务，应当向董事会或者执行董事提出。

假设你任一家公司的上述职务，如果公司内部能够及时作出决议免去你的职务，自然目的就达到了。

如果公司内部不及时作出决议，接受你的辞职并另选法定代表人，而你又去意已决，那该怎么办呢?

不妨考虑如下路径：你首先应向公司董事会（执行董事）、股东会提出辞职的书面申请，从留存证据角度，通过中国邮政速递物流（EMS）特快专递寄送公司。同时在公司当地报纸上刊登一则辞职声明表达自己辞去相关职务及公司法定代表人的意思，然后将寄送给公司的辞职申请和登报的辞职声明一并提交公司登记机关，要求公司登记机关责令公司及时办理法定代表人的变更登记。如果公司登记机关不作为，你还可以通过提起行政诉讼相抗衡。即便今后公司出现任何问题，进入司法执行程序，上面的工作你均做了，就可以成为你的“护身符”。这是因为，最高人民法院明确表明，董事、总经理与公司之间属于委任关系，这种职务的罢免不需要理由；反过来理解，辞职也不需要理由。

不想当法定代表人还可以通过民事诉讼解决，那就是提起侵害姓名权纠纷，在司法实践中，一些法院曾经作出过这样的判决。我国《民法典》中“人格权”独立成篇，体现了法律对于人格权利的充分保护。当然，在《民法典》正式实施前，原《民法通则》和原《民法总则》也有关于人格权的专门规定，其中规定我们每个人都有姓名权，在未经本人同意的情况下，任何他人都不能滥用、侵犯我们的姓名权。所以，在你决意辞任公司法定代表人的情况下，你可以起诉到法院，禁止公司再使用你的姓名权，禁止公司将你的名字登记在公司法定代表人中，这种诉讼称为法定代表人涤除诉讼。法院在查明事实的情况下，可以判决公司构成侵害姓名权，并且要求公司在判决书生效之日起 10 日内协助办理涤除你作为公司法定代表人的登记事项。

本次《公司法》修订[①]对这一问题作出了正式回应，明确规定担任法定代表人的董事辞职的，视为同时辞去法定代表人。但从保留证据的角度分析，前面的操作仍有必要。

问题：法定代表人和公司进行诉讼，该如何处理？

法定代表人与公司进行诉讼，听起来很有意思，这不是自己告自己吗？某种意义上说确实会给人这种感觉，这是因为，法律规定公司由法定代表人参与诉讼。

① 根据第十三届全国人大常委会第三十二次会议审议的《公司法（修订草案）》。

最高人民法院曾作出一个裁定：公司不能起诉现任法定代表人。在这个案件中，最高人民法院明确：法人的诉讼应由其法定代表人进行，法人的起诉未经过法定代表人同意，未经股东会讨论通过，虽然起诉状和授权委托书上加盖了法人的公章，但不能认定为是法人的真实意思表示，其起诉不应受理。已经受理的，应裁定驳回起诉。

如果一定要追究现任法定代表人的责任，在司法实践中有两种方式可供选择。

一是通过召开股东会、董事会，先免除法定代表人的职务，选举新的法定代表人，由新选任的法定代表人代表公司提起诉讼。这就解决了公司代表权“人人冲突”的问题。在公司代表权上要进行实质审查，由有效公司决议选任的法定代表人代表公司。

二是公司在未罢免或者不能罢免法定代表人职务的情况下对现任法定代表人提起诉讼。《公司法》为了解决这一问题，创设了诉讼代表人这一特殊的安排，即公司在追究现任法定代表人、高级管理人员的责任时，可以由公司的监事会或者不设监事会的有限责任公司的监事代表公司行使诉权，这时监事会主席或者监事具体行使公司的诉讼权利。这种特殊的诉讼安排就使得公司追诉现任法定代表人不存在任何程序上的障碍。如果监事会或者监事也不能履职，则可以通过股东代表诉讼的方式进行解决。在股东代表诉讼的情况下，股东可以作为原告行使公司的诉权，公司作为第三人作为诉讼利益的接收方。

第22讲

冒名登记：当“李鬼”遇到“李逵”

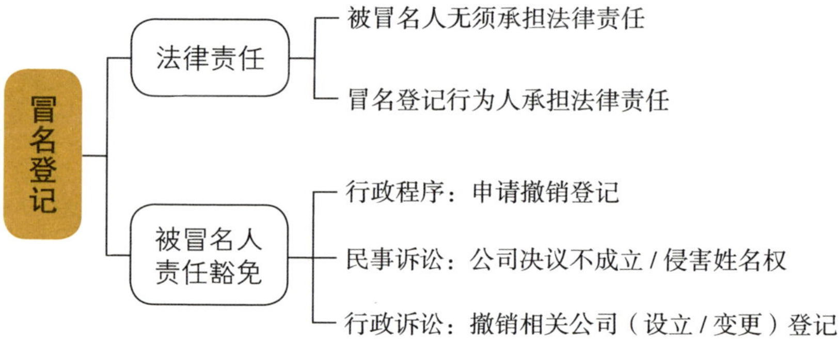
冒名登记
法律责任
被冒名人无须承担法律责任
冒名登记行为人承担法律责任
被冒名人责任豁免
行政程序：申请撤销登记
民事诉讼：公司决议不成立 / 侵害姓名权
行政诉讼：撤销相关公司（设立 / 变更）登记

有一种天外来财叫“冒名登记”。突然有一天，你接到了通知，原来你被登记为某某公司的股东。正当你为这突如其来的惊喜而得意洋洋之时，下一秒你也许会出离愤怒。原来，这家公司外债累累，你作为它的“股东”正在被公司债权人追究法律责任！你一头雾水。

这就是本讲所要讲述的冒名登记问题。有人冒用了你的名字，将你登记为公司股东；也就是说，你“被股东”了。不仅有“被股东”，还有“被法定代表人”“被董事”“被监事”，有的人就是这样莫名其妙地被登记为法定代表人、董事或者监事的。

解决途径

很显然，你不愿意担任股东或法定代表人。你可以首先去公司登记机关查一下当时的登记文件，这样就可以知道自己是怎么被登记进去的。查阅这些资料后你就会发现，里面如果有你的签名的话都是伪造的，里面有你的身份证件也肯定不是你自己提供的。

这时，你可以同步采取两个途径来解决：

一是报警。留存一份报警记录，今后可以作为保护你的证据。

二是向行政审批局举报，要求纠正当时的错误登记。行政审批局有可能告诉你：“我们只负责登记，但没有调查的权力，至于登记是不是错误，要有调查结论或者法院判决。”关于调查问题，你可以向市场监督管理局反映，判决问题你可以到法院起诉。

笔者的建议是：无论如何，这几个途径还是都经历一下，保留好相关的证据。行政解决的途径有时比较麻烦，特别是你曾经被登记为股东，后来又被转让了，并且你提出申诉要求纠正时已经过了5年的期限。

换句话说，行政机关当年的登记即便是错误的，但现在你已经不是公司股东了，你只不过是股权流转中的一环，并且你提出申诉针对的行政登记行为已经超过了行政纠错的时效，这时行政解决的途径一般就走入了死胡同。关于提起行政诉讼案件的时效，依照《行政诉讼法》的规定，对于具体行政行为引发的诉讼，应当在知道或者应当知道行政行为作出之日起6个月内提出；因不动产提起诉讼的案件自行政行为作出之日起超过20年，其他案件自行政行为作出之日起超过5年提起诉讼的，人民法院不予受理。

报警也好举报也罢，如果问题还没有得到解决，怎么办？兜底解决方案，则是到法院打官司了。

诉讼之选

打官司也是有讲究的，打民事诉讼还是打行政诉讼？换言之，就是选择“民告民”还是“民告官”的问题。

此前，在司法实践中，也曾出现以公司为被告，起诉至法院要求确认自己不是股东或者不是法定代表人的案件。这种情况下，法院判决起来比较慎重。法官会想，你们是不是为了逃避债务。你说自己是被冒名登记的股东，那工商登记材料里怎么会有你的身份证复印件。更要命的是，身份证复印件上还加盖了“与原件核对一致”的印戳。所以，法院早先判决的结果大多是驳回原告的诉讼请求。后来案件多了，法院意识到这确实是个问题，在仔细审查中，渐渐零星地出现了在民事案件中支持原告诉讼请求的判决。

不考虑前面说的过了 5 年时效的情况。换一个思路，你去打行政诉讼，以行政审批局或者早前的工商行政管理局为被告，起诉它登记错误。作为一家政府机关，有责任对登记材料进行审查，无论是形式审查还是实质审查，应当有错必纠。

打行政诉讼的好处是：被告行政机关要对自己的行政行为的合法性承担举证责任。也就是说，打民事官司，原告得自己举证证明自己不是股东。而打行政官司则不同，被告行政审批局要对登记材料的真实性、登记行为的合法性进行举证。谁承担举证责任，谁就更有可能承担败诉后果。一旦你完不成举证内容，不能提出充分的证据，你就会被判决败诉。所以这类案件通过行政诉讼解决比民事诉讼解决更有效。

笔者认为，打行政诉讼的好处还在于诉讼费缴纳上也是比较划算的。一般来说，行政登记纠纷是按件收诉讼费，全国各地法院的做法不太一样，但也差别不大，一般是几十元到三五百元。然而，如果你打民事诉讼，法院会认为你这起案件是涉及股权的否认，会根据所涉股权的价值按照财产案件收诉讼费。如果股权所涉出资额较大的话，几千元甚至上万元的诉讼费是必不可少的。法院在具体审理案件时，可能会组织鉴定，来判断相关文件材料上的签名或者盖章是不是被冒签或伪造。

笔者就曾经代理过这样一起案件：苏州一家资产管理公司为了把自己塑造成有上市公司背景，以便对外宣传；硬生生地将北京一家 A 股上市公司的子公司登记为自己的股东，这家上市公司的子公司是一家新三板挂牌公司。后来，苏州公司经营不善跑路了，投资人查到它的股东是北京这家公司，于是纷纷向证监会举报。北京证监局到这家公司现场检查，这家公司才知晓自己被冒名登记了。后来，北京这家公司在苏州法院提起行政诉讼，最终法院认定登记材料虚假，判决撤销北京这家公司的相关登记。

2019 年 6 月 8 日，国家市场监督管理总局发布《关于撤销冒用他人身份信息取得公司登记的指导意见》（以下简称《指导意见》），这也从侧面也反映出冒名登记在实践中是非常普遍的。

《指导意见》指出，登记机关调查认定冒名登记基本事实清楚，或者公司和相关人员无法取得联系或不配合调查且公示期内无利害关系人提出异议，登记机关认为冒名登记成立的，应依法作出撤销登记决定。有证据证明被冒用人对该次登记知情或事后曾予追认，或者公示期内利害关系人提出异议经调查属实，登记机关认为冒名登记不成立的，应依法作出不予撤销登记决定。人民法院生效判决或裁定已认定冒名登记事实的，登记机关应作出撤销登记决定。公安、税务、金融、人力资源社会保障等相关部门出具书面意见不同意撤销登记，或者撤销登记可能对公共利益造成重大损害的，登记机关应作出不予撤销登记决定。登记机关应将撤销（不予撤销）登记决定送达冒名登记的公司及被冒用人。在调查过程中发现公司通过登记住所或经营场所无法联系的，可以直接采取公告方式送达该公司。

上述意见对于实践中处理冒名登记、虚假登记案件起到重要的指导作用，为通过行政途径撤销冒名登记打开一扇大门。

提起侵害姓名权的纠纷

除此之外，你还可以提起侵害姓名权的纠纷。未经你同意将你在公司中进行登记，这是一种典型的侵害姓名权的行为。在未经你同意的情况下，无论将你登记为公司股东、法定代表人，还是监事、董事等，都构成对你姓名权的侵犯。你可以通过起诉侵害姓名权的方式获得法律的保护。通过提起姓名权纠纷的方式获得法院对于冒名登记事项的查明，这无异于是一种“曲线救国”方式。“是否存在姓名被冒用的事实”是法院必须审查的内容，在江苏、四川、上海等多地法院都大量受理过类似的案件，最终法院在查明事实后会判决侵害姓名权的事实成立，从而在判决理由中确认冒名登记的事实。并且这种案件中，法院经常组织笔迹鉴定，以便确认是否存在他人假冒签名的事实。在获得法院姓名权侵权的认定后，凭生效判决以及在案件审理过程中笔迹鉴定意见请求公司登记部门更正此前的错误登记，大多能够得到登记机关的支持。

笔者曾代理多起冒名登记的案件。法院经审理后认为，公民享有姓名权，有权决定、使用和依照规定改变自己的姓名，禁止他人干涉、盗用、假冒。侵害姓名权等民事权益的，应当依法承担侵权责任。原告方主张一家公司将其登记为公司执行董事 / 股东 / 监事，经鉴定相关登记材料系虚假，并非原告本人签署。法院对原告姓名被冒用并虚假登记的事实予以采信，据此认定这家公司侵害了原告的姓名权。原告要求被告公司停止侵害其姓名权，将其姓名从被告公司的登记信息中去除的诉讼请求，有事实和法律依据，法院予以支持。

借名登记

司法实践中，还存在一种与冒名登记相类似的情形，那就是借名登记。顾名思义，借名登记是指这样一种情形：将自己的股权借用他人的名义进行登记，而不是用自己的名义进行登记。被借用的人可能是现实存在的人，甚至在早些年没有实名制的情况下，伪造一张身份证而将股权登记在他的名下。

借名登记情况下，股东权利的享有和行使只能是由实际股东进行。被借名登记的人员，尽管股权登记在他的名义名下，也不能行使股东权利。

四川省曾经有一个案件，公司在设立的时候，实际出资人就将股权“暗中”登记在他人的名下。股权的具体行使仍由实际投资人进行，实际投资人最后再冒签被借名登记人的名字将股权予以处置。最高人民法院认为，实际出资人以自己的意思处分其事先暗中登记在他人名下的股权，本质上是处分自己投资权益的行为，这一行为虽然可能侵害他人的姓名权，但由于被借名登记的人员本身并不具有股东身份，因而并不能构成对被借名人“股权”的侵害，受让人据此取得股权并不违法。

冒名登记的内外部法律关系也值得特别说明。由于被冒名登记本身是对被冒名人姓名权的侵害，被冒名人自始没有认缴出资、成为公司股东的意思表示。因此，被冒名登记为股东的人不应当成为责任主体。因冒名登记产生的法律责任（包括股东资本充实责任）均应由冒名登记的行为人承担。试想，如果按照公司登记的公示信息，让被冒名人承担股东资本充实责任，这将对被冒名人构成二次伤害，显然并不足取。

提示：出借人的风险

借名登记则不同，借用他人名义并将股权登记在“他人”名下。

如果被登记的“他人”对此完全不知情，则属于冒用他人名义进行登记，即冒名登记。此时，被冒名人自然不应承担股东资本充实责任。相反，如果借用“他人”名义系经过被借用人的同意，即公司登记机关登记的“他人”同意将自己的名义出借给实际权利人，其应当对出借名义引发的法律后果承担责任。

此时，公司外部债权人追究股东资本充实责任的，出借名义的“他人”不得以其不是实际权利人进行抗辩。出借名义必然导致登记不实的后果，也是对真实权利人虚假登记行为的帮助，构成共同侵权，自然应当与实际股东连带承担资本充实的责任。

第 23 讲

股东会议：创业者的决策机构

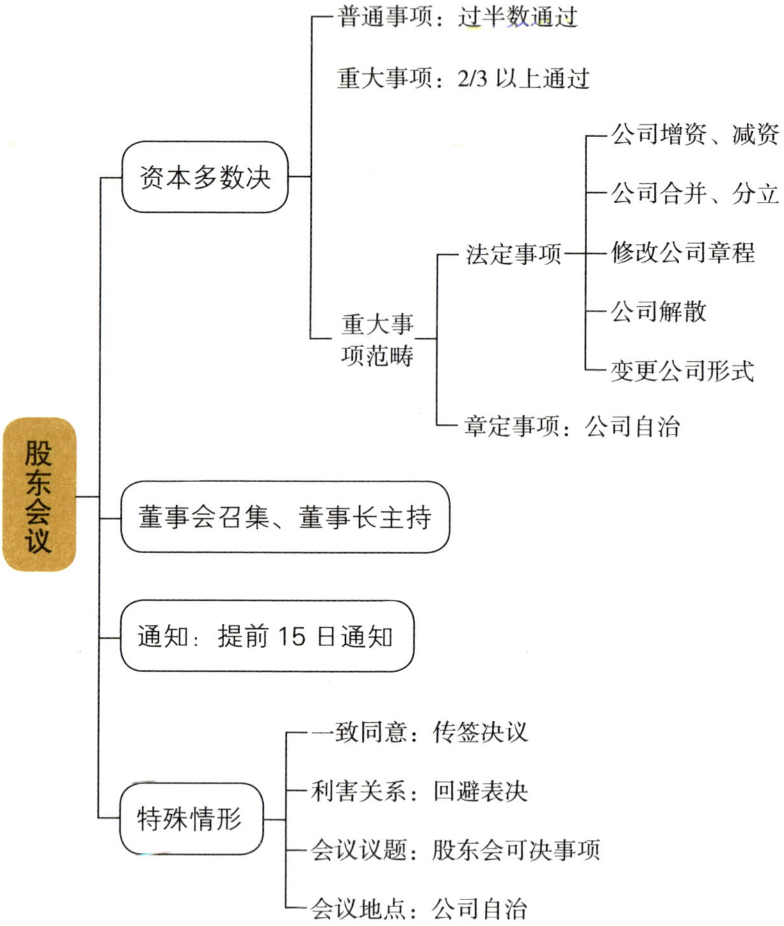
股东会议
资本多数决
普通事项：过半数通过
重大事项：2/3 以上通过
重大事项范畴
法定事项
公司增资、减资
公司合并、分立
修改公司章程
公司解散
变更公司形式
章定事项：公司自治
董事会召集、董事长主持
通知：提前 15 日通知
特殊情形
一致同意：传签决议
利害关系：回避表决
会议议题：股东会可决事项
会议地点：公司自治

股东会是公司的权力机关，也称意思机关。犹如人的大脑生成决策指令并发送给四肢一样，股东会的决议就是公司内部的“最高指示”。当然，前提是股东会决议不能违反法律和公司章程。

股东会的权力

《公司法》规定，股东会的权力包括：（1）决定公司的经营方针和投资计划；（2）选举和更换非由职工代表担任的董事、监事，决定有关董事、监事的报酬事项；（3）审议批准董事会的报告；（4）审议批准监事会或者监事的报告；（5）审议批准公司的年度财务预算方案、决算方案；（6）审议批准公司的利润分配方案和弥补亏损方案；（7）对公司增加或者减少注册资本作出决议；（8）对发行公司债券作出决议；（9）对公司合并、分立、解散、清算或者变更公司形式作出决议；（10）修改公司章程；（11）公司章程规定的其他职权。

股东会是由公司全体股东组成的，任何股东均可以参加股东会，并在股东会上按照出资比例或者持股比例行使表决权，参与公司事务的决策。“股东会由公司全体股东组成”，是《公司法》条文的表述，很多公司章程中亦照抄法条的规定。在司法实践中，笔者就遇到这样的理解：一家公司有三名股东，其中一名小股东与另外两名股东之间存在矛盾，没有出席股东会议。他对“股东会由全体股东组成”采取咬文嚼字式的理解，即“股东会由全体股东组成”应理解成召开股东会必须全体股东都到场，否则开会作出的决议应当被认定为无效或者撤销。很显然，这样的理解是错误的。如果遵循这样的理解思路，那只要任何一名股东不参加股东会，股东会将无法作出任何决议。当然，最终这名股东提起的公司决议效力确认纠纷案件被法院驳回。

股东会就审议事项实行“资本多数决”，对于一般事项，只要半数以上同意就可以作出决议；对于特别事项，法律要求必须有 2/3 以上的表决权通过，以示慎重。法律授权有限责任公司章程可以设置更高的标准。股东会在审议公司合并、分立、增资、减资、变更公司形式（指将有限责任公司变为股份有限公司或者反过来将股份有限公司变为有限责任公司），需要以特别多数决议（2/3 以上）通过。这里还存在一个计票的问题，半数也好，2/3 也罢，对于有限责任公司来说，基数都是全体股东的总表决权。对于股份公司而言，计算的基准是有效会议出席股东的表决权。

举例说明：甲有限责任公司的注册资本为 1000 万元，某次股东会上，共有 600 万元的股东出席本次会议，450 万元出资的股东投票赞成，该项议案未获通过。因为 450 万元出资未到全部股东表决权（1000 万元）的半数，故未通过。如甲公司为股份有限公司，则 600 万元属于过总股本的半数，会议召开有效；以 600 万股为基数，450 万股赞同票的占比为 75%，过半数也过 2/3，无论是审议普通决议还是特别决议，均可以通过。

对有限责任公司而言，公司章程还可以特别规定不按照出资比例行使表决权。如果公司章程有这种特别规定，应当按照公司章程的规定执行，相关内容在本书第 15 讲“公司章程：创业者自己的‘宪法’”中做了详细介绍。

决议表决权

在提高股东会决策表决权问题上，区分上市公司与非上市公司，法律给予的自治权限并不相同。

对于未上市的股份有限公司和有限责任公司，法律及司法实践中均予以充分授权，只要股东之间就此作出约定或者经过合法股东会决议制定或修改的章程中有相应约定，法院均予以尊重。但上市公司则不然，上市公司中存在大量的中小股东，俗称“散户”，他们往往不参与公司决策，甚至根本不关心股东会的召开等事项。提高上市公司表决权门槛，会成为排除收购的反制措施，如不加以限制，对中小股东保护将极为不利。收购程序的推进会使股价提升，对普通散户股东来说是利好消息。如果上市公司作出决议提高股东会的表决比例，收购人可能望而却步，不再继续收购，中小股东在股价飙升之际抛售股份的机会亦将随之丧失。因此，法律并未明确赋予股份公司章程就此进行自治。

在司法实践中，上市公司如果擅作主张，提高股东会决议的表决比例，必然引发证券交易所的关注和问询，也会引发投资者保护机构的干预。

股东会议程序

股东会开会，涉及会议程序问题。如何进行通知，议题及议程如何确定，都需要予以明确。按照法律的规定，有限公司召开股东会应当提前 15 日书面通知各股东；股份有限公司召开年度股东会应当提前 20 日进行通知，召开临时股东会应当提前 15 日通知。通知的内容应当全面、具体，包括会议的召集方、议题，开会的时间、地点等都应清楚写明。

股东会议的召集人，根据实际情况也有所区别。通常情况下由董事会召集，董事长主持。董事会层面不能履行召集和主持职责的，由监事会召集、监事会主席主持；监事会层面也不能召集和主持的，持股 10%以上的股东可以自行召集和主持。不设董事会、监事会的，相关权力由执行董事、监事行使。

关于股东会议的提案，原则上所有公司股东均可以向股东会提案。董事会 / 监事会履行召集、主持职责之一就是受理、审查相关提案是否应当提交股东会议审议。其中属于股东会审议事项的，一般应当列入股东会审议。对于股份有限公司而言，法律特别规定，在召开股东会时，单独或者合计持股 1%（本次修订草案[①]将这一比例降为 1%）的股东，可以向股东会提出临时提案，董事会在收到该临时提案时必须将其列入股东会审议。法律同时明确，选举、解任董事、监事以及公司合并、分立、增资、减资，修改公司章程，变更公司形式等特别事项，不得以临时

① 根据第十三届全国人大常委会第三十二次会议审议的《公司法（修订草案）》。

提案提出。

关于股东会会议的议题，必须属于股东会能够审议的事项，实践中曾出现过超越股东会职权范围的“奇葩议案”事件。A股上市的广西某科技股份有限公司曾经一次性发布 1001 项股东会议案，这些奇葩议案包括“关于公司建立健全员工恋爱审批制度”“关于第一大股东每年捐赠上市公司不少于100亿元现金”，以及调整双休日为周二、周三等。上海证券交易所发出监管函指出，议案数量极大，前后交叉矛盾，逻辑极其混乱，不属于《公司法》及公司章程规定的职权范围。最终此公司因信息披露违法违规被处以 943 万元罚款，实际控制人也因操纵股价被罚款 34.7 亿元。

例外情形

股东会议的召开通常要求现实召开，也存在例外：有限责任公司或者未上市的股份有限公司全体股东一致同意决议内容，也可以直接作出决议，由股东们在决议上签字，这种方式也称为“传签决议”，在法律上也是有效的。“民不举、官不究”，大家都同意的事情，法律也不能越俎代庖，非要去干涉它的效力。但对于上市公司来说，股东会必须现实召开，而且还需要给不出席会议的小股东开放网络投票。散户股东可以通过交易所的交易系统进行网络投票。换句话说，散户股东可以放弃自己的出席权利和投票权利，但上市公司不能不给他出席和投票的权利。

计票问题

股东会议在表决时还涉及一个计票的问题。在特定的情况下，某些股东是需要回避表决的，这种情况下就不能将回避表决股东的票计算在投票当中。比如，在审议公司关联担保的时候，关联方及关联方所控制的股东不得参加投票。在审议解除股东资格的事项时候，被解除股东资格的人员也不能参加投票。但不能参加投票，并不代表他们不可以发表意见、陈述观点。在具体案件中还可能涉及法院对股东权利采取行为保全的问题。如果法院作出行为保全的裁定，冻结股东的某些权利，自然也就不得再行使这样的权利。

笔者曾代理一起被称为“A股市场首例对赌式买壳”的案件。在这个标的近30亿元的仲裁案件中，应我方申请法院作出行为保全裁定，即禁止被申请人深圳某资产管理有限公司在上海仲裁委员会对案件作出仲裁裁决前，就其所持有的江苏某控股股份有限公司25,360万股股份行使股东权利（包括但不限于提案权、表决权、盈余分配权、股东知情权等股东权利）。根据这一裁定，深圳某资产管理有限公司的股东权利被冻结，在江苏某控股股份有限公司临时股东会上不得行使任何权利，其所持有的股份数亦不计入股东会的出席票及表决票。

股东会临时会议

在特定的情况下还需要召开股东会临时会议。1/3以上的董事认为需要召开或者监事会认为需要召开，以及代表公司表决权 1/10 以上的股东认为需要召开股东会的，公司应当召开股东会临时会议。临时会议的召集和主持程序与股东会定期会议相同。

股东会是不是必须在公司会议室召开，法律没有明确规定。原则上在哪里开会是公司的自治事项，可以规定在公司章程中。如果公司章程没有规定，那么应当在股东会召集通知中明确载明，只要不是恶意排除股东参会投票的权利，都是可以的。另外，股东既可以自己参会，也可以委托其他人代为参会。

提示：股东会的权力边界

本书提醒企业家朋友们注意，任何权力都是有边界的，只有在属于公司事务本身这一特定背景和语境下，股东会才是最高权力机关。超越公司事务这一特定前提和边界，便无所谓权力或权利的存在。

第 24 讲

董事和经理：控制权的核心职位

董事和经理

- 任职资格
  - 消极条件
    - 行为能力考量
    - 犯罪历史考量
    - 信用及道德风险考量
  - 积极条件：胜任该职务
- 高级管理人员的认定：实质重于形式标准
- 董事会运作
  - 委任关系
  - 一人一票，不得设置一票否决权
- 董事责任
  - 勤勉义务
    - 催收注册资本
    - 信息披露
    - 置备公司账册、底簿
    - 签订、履行合同失职被骗罪
    - 其他……
  - 忠实义务
    - 竞业限制
    - 谋取属于公司的商业机会
- 责任追究
  - 直接诉讼
  - 代表诉讼

董事和经理是公司中重要的执行机构，在公司控制权争夺中处于核心地位。公司控制权争夺，在很大程度上争的也是董监事的席位。

任职资格的限制

法律对公司董事、经理的任职作出了限制性规定。

把法律术语翻译一下，大致是以下几种人不能担任公司董事、经理、高级管理人员。

第一种情形是无行为能力人或者限制行为能力人不得担任公司董事、高级管理人员。哪一家公司也不能让一个未成年的孩子或者精神有问题的人担任董事、高级管理人员。顺便提一句，他们不能当董事、高级管理人员，但是可以当老板，作为公司股东是可以的。

第二种情形是刑事犯罪，特别是经济犯罪和职务犯罪或者被剥夺政治权利执行完毕未满 5 年的人，一般也不能担任董事、高级管理人员这一职务。

第三种情形是曾经把公司搞得破产清算，并且负有个人责任，或者设立的公司被吊销营业执照、责令关闭的人。存在这种情况的人，得缓一缓，经过 3 年之后才具备管理公司的资格。

第四种情形是个人负有较大数额债务到期未还的。这种人危险性较高，比较容易实施损害公司利益的行为，也不适合让他们担任公司的高级管理人员。

尽管法律是这么规定的，但司法实践中公司登记部门却无法严格依照上述规定进行审查。比如，你欠我100万元到期不还，你还担任一家公司的董事，我到市场监督管理局举报。市场监督管理局可能给我的回复是："你应该去法院起诉。"或者，市场监督管理局给这家被举报的企业发一个监督函，要求他们自我整改。之所以会这样，是因为选谁担任董事、高级管理人员是公司的自治事项，市场监督管理部门不能越俎代庖自己决定由谁担任公司的董事或是高级管理人员。所以，如果公司内部没有作出改选董事、经理的股东会决议或董事会决议，市场监督管理部门确实鞭长莫及，爱莫能助。在注重社会信用体系建设的大背景下，法院在受理因公司选举、推荐、任命公司董事、高级管理人员所涉及的公司决议纠纷时，对于"负有较大数额的债务"的审核认定有从严审查的趋势。一方面，法律明确规定，如果选任不符合前述任职资格的人员担任董事、高级管理人员，相关选举、任命无效；也就是说，这是法律明确规定的无效事由。另一方面，基于信用惩戒的要求，法院对已经被纳入失信被执行人名单的人员，如果其被选任为公司董事、高级管理人员也会确认相关公司决议无效。

这些规定还有其他方面的用处。比如，公司处于僵局，股东矛盾重重，你作为股东，想起诉解散公司，你就可以将这些作为理由。公司董事、高级管理人员不符合任职资格，是不是公司经营的结构性困难？当然是！如果你作为这家公司的债权人，发现这家公司的管理人没有任职资格，在这种情况下，你以此主张权益，将大大提升公司被否定法律人格的概率。

让什么人担任公司董事、经理、高级管理人员，这个问题的确需要仔细考量。除了上面的情况外，一般还要考虑这个人的职业背景，与老东家的劳动关系有没有解除，是否存在劳动法上的竞业限制，在外面有没有欠钱，是不是被列入过失信“黑名单”等。在上市公司提名董事、高级管理人员时需要充分披露被提名人的过往经历、持股情况以及其他任何与担任董事、高级管理人员相关的信息。

在资本市场竞争充分、信息透明的背景下，还存在职业经理人市场。董事、高级管理人员作为职业经理人，“必须爱惜自己的羽毛，否则以后就不能继续在这个圈里混了”。这是因为，公司提名你担任董事、经理的时候必须要披露你的过往经历、基本情况。因此，你在前东家的表现会被扒拉出来，如果负面情况太多，股东们自然会通过行使投票权解决这个问题。

如何认定高级管理人员？

值得注意的是，哪些人员属于高级管理人员，这个问题法律授权由公司章程进行规定。

《公司法》在具体界定高级管理人员的范畴时是这样规定的——公司的经理、副经理、财务负责人，上市公司董事会秘书和公司章程规定的其他人员，均属于公司的高级管理人员。

至于某某公司中国区销售总监、副厂长、车间二部主任、品牌建设宣传员、银行支行副行长秘书、保险公司苏南区寿险高级销售员等，这些职务是否属于公司高级管理人员？判断的依据在于公司章程有没有规定以及他们是否实际上行使类似于公司董事的管理职责。如果没有，那么通常情况下只能用劳动关系规范和约束他们，而不是用董事、高级管理人员的法律义务约束他们。

高级管理人员的核心特点是负责公司的经营管理，了解公司的商业模式和商业秘密。《公司法》中虽然规定了高级管理人员的主体范围为总经理、副总经理、财务负责人、上市公司董事会秘书，以及公司章程规定的其他人员，但现实中公司高级管理人员的称谓并不仅限于总经理、经理之类的表述，故不能以仅以字面作为界定是不是高级管理人员的标准，而应结合身份和职权范围审查争议人物是否有实质经营决策的权限，是否了解公司的核心商业模式和商业秘密。

换句话说，一个人是不是公司的高级管理人员，在评判的时候是按照实质重于形式的标准进行评价的。有些人虽然没有总经理的名头，但实际上行使总经理的职权，在法律评价上也会要求他承担受信义务。毕竟受信义务是一种职务义务，一旦你事实上行使类似于总经理、董事的职务，你就应当负有这一义务。

在具体的损害公司利益的案件中，侵害公司利益的主体有可能并非单一的，在法律上会把这样的行为评判为共同侵权。即便某些人在法律上不能认定为公司的高级管理人员，但是一旦他与公司的高级管理人员共同实施损害公司利益的行为，基于共同侵权的法律规定，法院依然会判令他们承担共同的侵权责任。

在具体案件中，当事人是否在事实上行使了高级管理人员的职权也会成为法官内心评判的重要考量依据。

董事会的运作模式

有限责任公司如果规模较小或者股东人数较少可以不设董事会，只设一名执行董事。我们讨论设立董事会的公司董事会的运作情况。

董事会得有一个召集人，那就是董事长。董事长一般由董事相互推选产生。董事长与普通董事的职权是一样的，因为董事会按照“一人一票”的方式运作，这是法律的明确规定。

大家都是股东会选举出来的，凭什么你是董事长你就有更多的特权呢？这是不成立的。此前深圳证券交易所一家上市公司就规定董事会讨论问题如果最终平票，即赞成票数与反对票数一样多，董事长可以再多投一票，就等于最终以董事长的意见为准。这种操作被深圳证监局干预批评并责令改正，因为它违反了一人一票的董事会运作规则。股东会上大家按照出资比例或者股份比例行使表决权，每位股东的权重是不一样的，但董事会必须一样。带“长”的董事只不过是会议的召集和主持人，除此之外在董事会上没有其他特权。

一票否决权

我们下面谈一下一票否决权的问题。按照刚才的论述，相信大家已经能够明白，在董事会议事规则中设定一票否决权是违反法律的。但对于有限责任公司而言，在股东会层面设置一票否决权却是有法可依的。法律规定股东会的议事规则可以通过公司章程自治来实现，公司章程可以规定特别的股东会表决机制。

因此，在一票否决权的设置上就有明示设置和默示设置两种处理方式。前者是直接规定创始股东拥有一票否决权，后者则是规定特别多数的表决机制，使小股东在事实上享有一票否决权。

最典型的做法是公司章程规定所有决议事项必须经过全体股东一致同意方可通过，这样的规定就使每一位股东不论持股多少，均可行使一票否决权。我们不建议设置这样的机制，因为它很可能导致公司无法作出任何决议，从而陷入僵局。

委任关系

董事与公司的关系属于委任关系。委任关系是委托关系的一种，任何一方都有权随时终止这种关系。换言之，公司可以随时罢免董事，董事也可以随时辞职。

公司罢免董事不需要理由，董事辞职也不需要理由。罢免也好，辞职也罢，一经送达即为生效。

例外的情况是，当董事辞职导致董事会低于 3 人的（法律规定董事会成员为 3 人以上含 3 人[①]），辞职至下次股东会增选出新董事时才生效。在这种情况下，公司有义务尽快安排召开股东会及时增选新董事。如果公司故意不及时安排召开股东会，辞职的董事可以发公开声明，登报声明，或者到市场监管局反映相关情况寻求公权力介入或干预。

在司法实践中，最高人民法院已经明确公司失信是公司失信，要不要把法定代表人、董事长纳入“黑名单”，要看当事人是不是对公司失信的行为负有责任。如果当事人负有责任，还是需要纳入黑名单进行管控；如果当事人没有责任，纯粹是个“背锅侠”，则不再纳入“黑名单”，不再作为失信被执行人。这体现了善意文明执行的理念，是值得肯定的。

上海曾经发生过这样一起案件：公司董事会以总经理李某挪用公司资金在二级市场上炒股为由，罢免其总经理职务。李某不服，认为公司这一指控毫无事实依据，遂诉至法院，要求撤销这一决议。这是一起公司总经理对罢免决议不服提起的公司决议撤销纠纷案。一审法院审查后认为公司未能提供充分的证据证明李某存在挪用公司资金炒股的事由，遂判决公司败诉。二审法院改变了一审法院的判决结果，认为总经理与公司之间

① 根据第十三届全国人大常委会第三十二次会议审议的《公司法（修订草案）》。

系委任关系，任何一方均可以随时终结这种委任关系，至于公司以何种理由终结这种委任关系以及公司提出的理由是否有事实基础，在公司决议撤销纠纷案件中，均不属于司法审查的内容。

案由的选择

这里我们要强调一下，当事人选择不同的案由进行起诉，可能得到截然不同的裁判结果。这是因为在不同的案由之下，双方的争议焦点及司法审查的内容是有本质的区别的。在前述案件中，总经理李某提起的是公司决议撤销纠纷，请求法院撤销公司对其的罢免决议。总经理职务与公司（董事会）之间系委任关系，任何一方均可以随时主张解除这种委任关系，故而法院对公司解除总经理职务的理由依法无需审查。但假如李某提起的是名誉权侵权纠纷，认为公司捏造自己挪用公款在二级市场上炒股进而解除其总经理职务，构成对其名誉的损害，这也必将导致他在执业经理人市场上后续求职受到重大影响为由起诉至法院。在这起名誉权侵权案件中，是不是捏造事实损害李某的名誉就成了案件审理的核心，此时公司就必须向法院举证李某存在挪用公款炒股的事实，如果举证不能就需要承担名誉权侵权的法律后果，即公司需要向李某赔礼道歉、恢复名誉并赔偿损失。

由此可见，选择不同的诉讼路径将直接影响法庭审理的焦点，影响举证责任的分配，甚至得到迥然不同的裁判结果。

受信义务

董事在公司业务执行中居于核心。董事、经理、高级管理人员对公司及股东的义务是一样的，都应该在遵守法律的前提下，以公司利益及股东利益最大化为行事准则。“欲戴王冠，必承其重”，法律对他们设定了义务要求。这种义务也称为信托义务、受信义务。

所谓信托义务或者受信义务，是指基于受托而对委托人负有的勤勉、忠实的义务。现代公司法是以经营权与所有权相分离作为预设构建整套规则体系的。甚至可以这样说，立法者是鼓励公司所有者（股东）不参与公司的经营管理，而将管理公司的职权委托给公司董事会、管理层行使。为了防止董事会、管理层损害公司股东的利益，股东又选任专门的监督机构（监事会）对董事、高级管理人员的行为进行监督。

法律还特别强调股东的知情权、参与权、表决权等。既然董事会、管理层作为公司股东的受托人，其自然需要以维护委托人——公司股东的利益——作为一切行为的出发点和行事准则。因此，法律要求董事会、管理层不能损公肥私，不能滥权渎职。

受信义务可以分为两个方面：一方面是忠实义务，另一方面是勤勉义务。忠实义务解决的是先后问题，董事、经理、高级管理人员必须先公后私，优先考虑公司利益，这是职务行为的当然要求。

勤勉义务解决的是为与不为的问题，董事、高级管理人员必须勤勉尽职，不得好逸恶劳、懒政懈怠，不能在其位不谋其政、不尽其责。

具体而言，董事、高级管理人员不得挪用公司资金、擅自将公司资金借贷给他人、违反章程规定或者没有经过股东会同意与公司交易、谋取属于公司的商业机会、与公司竞业、收受回扣（佣金）、擅自披露公司商业秘密等，这些都是法律禁止的行为。如果董事、高级管理人员不遵守这些规定，那么公司有权将其所获得的收益收归公司所有。

如果仅没收董事、高级管理人员的收入还不足以弥补公司遭受的损失的，公司有权进一步主张损害赔偿。

受信义务或者受托责任是围绕董事责任展开的，这是由董事在公司运作中的核心地位决定的。历次《公司法》修正以及改革的趋势均表明，我国在不断地提升、加重董事的受托责任。这也是本书开篇所强调的削减公司内部“股东—董事”之间代理成本的有效方式。

董事责任

董事责任的具体展开可以从民事责任、行政责任和刑事责任三个方面进行分析。

民事责任主要是经济责任，由公司、股东、公司债权人追究董事损害公司利益的责任、协助抽逃公司注册资本的责任、不积极催收公司注册资本的责任等。

除了《公司法》规定的民事责任外，《刑法》中还专门针对董事、高级管理人员设置了相关刑事责任。比如，背信损害上市公司利益罪，在上市公司中如果董事、高级管理人员等违背受托义务，实施严重损害上市公司利益的行为，就有可能以这一罪名追究其刑事责任。还有，如签订、履行合同失职被骗罪，在国有企业中，如果董事、高级管理人员没有履行勤勉尽责的义务，对外签订合同被骗导致公司受到严重损失的，司法机关就有可能以这一罪名追究其刑事责任。

此外，如职务侵占罪、挪用资金罪、非国家工作人员受贿罪等都可能成为悬在董事、高级管理人员头上的罪名。

对于国有企业中的国有部门委派的代表等董事、经理、高级管理人员，法律特别规定“以国家工作人员论”，这些人实施损害公司利益行为的，将会以贪污受贿罪等罪名追求其刑事责任。

最后是行政责任，行政机关可能以违反法律规定为由，对董事、高级管理人员进行行政处罚。最典型的如上市公司违规案件中，中国证监会经常对相关董事、独立董事、董事会秘书处以警告、罚款以及采取证券市场禁入等监管、处罚措施。

竞业限制

正如前面已经提到的那样，法律对于竞业限制的规定有两个层面：一个层面是《劳动法》上的竞业限制，另一个层面是《公司法》上的竞业限制。前者限制的是企业的核心员工，后者规制的是公司的董事、高级管理人员，二者在人员和身份上存在一定范围的重叠。

《劳动法》上的竞业限制义务是约定义务，是指用人单位与劳动者签订竞业限制协议，约定竞业限制的期限、补偿标准及违约责任。根据法律规定，竞业限制期限不得超过两年，补偿金通常亦不得低于劳动者月平均工资的 1/3。劳动者在离职后如果入职存在竞争关系的企业，构成对竞业限制协议的违反，用人单位有权要求其停止违约行为、返还已经支付的竞业限制补偿金、继续履行竞业限制协议并支付违约金。如果约定的违约金明显不合理，劳动仲裁部门及法院可以根据实际情况进行调整。

《公司法》上的竞业禁止是指公司董事、高级管理人员未经公司股东会的同意，自营或者为他人经营与所任职公司同类的业务。二者的区别如表 24-1 所示。

表 24-1 《劳动法》与《公司法》竞业限制的区别

区分点	《劳动法》上的竞业限制	《公司法》上的竞业限制
限制对象	与用人单位签订竞业限制协议的人员，如管理岗位、技术岗位的核心人员（未必属于《公司法》意义上的高级管理人员）	《公司法》意义上的董事、高级管理人员，范围比《劳动法》上的竞业限制人员较窄

续表

区分点	《劳动法》上的竞业限制	《公司法》上的竞业限制
限制义务属性	约定义务：竞业限制协议的约定	法定义务：《公司法》的规定
限制期限	具体时间由竞业限制协议约定，但不得超过劳动者离职后两年	董事、高级管理人员任职期间
豁免	用人单位不签订《竞业限制协议》，则不存在竞业限制的问题；用人单位在劳动者离职后未依约支付竞业限制补偿金的，劳动者竞业限制义务得到豁免，可选择不再履行竞业限制协议	公司可豁免董事、高级管理人员的竞业禁止义务，豁免机关为公司股东会或者董事会
有无补偿	用人单位应依约支付竞业限制补偿金	法定义务，无须支付竞业禁止补偿金
违反竞业限制的后果	用人单位有权要求停止违约行为、返还已经支付的竞业限制补偿金、继续履行竞业限制协议并支付违约金	所得收益归公司所有。公司没收竞业行为所得收益尚不足以弥补公司损失的，有权要求董事、高级管理人员赔偿公司损失
是否劳动仲裁前置	属于劳动争议，应当先进行劳动仲裁	不属于劳动争议，无须劳动仲裁前置，直接向法院起诉
责任追究方式	用人单位提起劳动仲裁，以及仲裁前置后提起劳动争议诉讼	《公司法》意义上诉讼：由公司直接起诉，或者监事（会）作为诉讼代表人提起诉讼。特定情况下，股东经过前置程序后，提起股东代表诉讼

需要指出的是：对于公司董事、高级管理人员，《公司法》上的竞业限制义务属于职务义务。在其职务解除后——无论是公司解任还是自行离任——均不再负担《公司法》意义上的竞业限制义务。但公司作为用人单位，完全可以与这些人员签订《竞业限制协议》。按照相关劳动法律规定，在支付竞业限制补偿金的基础上，进一步设置《劳动法》意义上的竞业限制义务，从而有效维护公司的利益。

在认定董事、高级管理人员违反《公司法》上竞业限制义务时还有一个重要的考量依据，那就是竞业限制义务是向后追诉的义务。一个人在成为公司董事、高级管理人员前已经在相同行业担任相关职务，并且在被选任公司职务时依法披露的，不应当认定其违反竞业限制义务。

谋取属于公司的商业机会

以商业机会为例，如果一项“机会”能够被认定为公司的商业机会，一般应当具备下面三个条件。

一是这一机会必与公司现在实际经营的业务有关。公司经营范围中虽然列明但实际并未从事，甚至短期内不可能从事的营业，均不应认定为公司的商业机会。

二是公司具备开发利用该机会的条件，可以以现有的人、财、物现实地开发、利用这种商业机会。如果公司根本不具备开发利用这一商业机会的现实可能性，那就不应当给董事、高级管理人员设置更高的限制，相反应当允许他们利用这一商业机会。

三是交易相对方不排斥与公司交易。如果一项商业机会的相对方明确不与公司发生交易，这自然也就不构成“公司的商业机会”。

如果不满足这三个条件，公司就应当允许高级管理人员利用所谓的“商业机会”。否则，公司不能利用商业机会，又不允许高级管理人员开发利用，将会导致社会资源的浪费，违反经济效益的原则，法律的手不应当伸得那么长。

结语：公司应建立行之有效的董事责任防控、追究体系

在董事责任中，一切违反勤勉、忠实义务的行为都可以并且应当被追究责任。公司能否建立行之有效的董事责任防控、追究体系是衡量公司治理水平高低的重要参考依据。

相对而言，在董事责任追究的司法实践中以前面所说的竞业限制以及谋取属于公司的商业秘密较为典型。

司法实践中还存在其他违背受托义务的情形，如侵占、挪用公司资金，收取佣金据为己有，擅自泄露公司的商业秘密，未经法定程序与公司开展交易等。这些情形与一般的侵权行为没有太多差异，公司直接追究相关人员的责任即可，本书亦不作过多探讨。

第 25 讲

监督机构：对权力滥用的风险控制

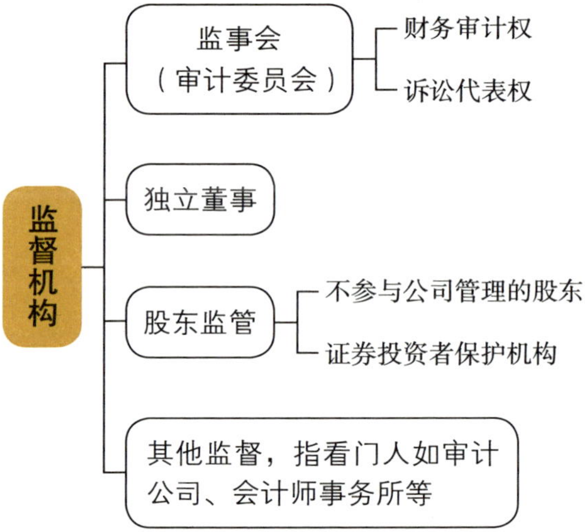
监督机构
监事会（审计委员会）
财务审计权
诉讼代表权
独立董事
股东监管
不参与公司管理的股东
证券投资者保护机构
其他监督，指看门人如审计公司、会计师事务所等

为了保证董事、经理能够以公司和股东利益最大化为行事准则，法律特别设置公司的监督机构——监事会。

从司法实践来看，有些监督机构的监督职能表现得不太理想，存在监督乏力的情况。

笔者曾办理过一家涉及注册资本 3 亿元的小额贷款公司的案件。这家公司有 13 位股东，设置由 3 名监事组成的监事会。

在 2010 ~ 2011 年的两年中，担任监事的两位股东先后去世，小额贷款公司一直未召开股东会补选监事。第三名监事（同时担任公司风控主任）与公司总经理串通一气，大搞体外循环违规担保，最终二人双双被追究刑事责任。

令人啼笑皆非的是：这家小额贷款公司在 2011 ~ 2013 年还能作出股东会决议和监事会决议。如何操作的呢？决议的方式以两名去世的监事（同时也是股东）签字形成，这个签字是由两名去世监事的配偶代劳的，这些决议照样送到公司登记机关备案。直到经侦大队介入，追究总经理和风控主任的刑事责任，才发现了监事签字的问题。

这家小额贷款公司的董事长是苏州一家上市公司的董事长，这家上市公司持股小额贷款公司 40%的股权，是它的第一大股东。由此可见，司法实践中公司监督机构监督乏力和混乱到了何种程度。

监督职权

在监事会（或审计委员会）的监督职权中，最重要的两项是财务审计权和代表公司起诉权。

监事会（或审计委员会）如果发现董事、经理在经营公司的过程中未依照法律和公司章程的规定，导致公司经营状况出现严重问题，可以自行聘请会计师事务所查账，即检查公司账簿，并且法律规定监事会（或审计委员会）行使职权的必要费用（如支付会计师事务所的费用）由公司负担。

监事会（或审计委员会）的另一项职权是对董事、经理、高级管理人员等提起诉讼，并且这种诉讼是以公司名义提出的。换言之，当公司董事、高级管理人员等实施损害公司利益行为的时候，监事会（或审计委员会）有权代表公司进行起诉，这是法律赋予监事会的特权。

此外，监事会在董事会无法履行或拒不履行召集股东会职责的时候，也有权跟进，由监事会履行召集、主持股东会的职责。

在 A 股上市公司的实践中，沪深两市均存在由监事会召集股东会的先例。

独立董事

除了监事会履行监督职责外，资本市场中还存在一类履行监督职责的主体——独立董事。独立董事制度是“舶来品”，起源于英美法律。独立董事必须与上市公司本身及其大股东、实际控制人没有任何利害关系。

在董事会讨论具体事务时，独立董事发表独立意见，与普通董事一样享有相同的投票权。在某些特定的事项上，独立董事的意见还很重要，他们的意见会得到交易所的重点关注，并且上市公司需要将他们的意见单独披露出来，以便投资者谨慎做出决策。

如果一个上市公司独立董事的人数超过了普通董事的人数，这个董事会实际上就带有明显的监事会性质。在国外，这是很普遍的。英美国家不设置监事会，只设置董事会，并且强化董事会中独立董事的数量和组成。其中，公司的重要机构，如董事会的提名委员会、薪酬委员会、诉讼委员会等都规定由独立董事组成或者独立董事人数要占多数。公司通过这样的安排方式监督实际控制人、董事的行为，防止他们损害公司利益，董事会从而可以有效地发挥监督职能。

2021 年 11 月 12 日，广州市中级人民法院就某上市公司证券市场虚假陈述案件作出一审判决，责令该公司因年报等虚假陈述赔偿证券投资者损失 24.59 亿元。其中，5 名独立董事中 3 名独立董事承担 10% 的连带赔偿责任，另两名独立董事承担 5% 的连带赔偿责任。这一案件既暴露出独立董事履职不积极的问题，也引发了过高的责任导致独立董事收益与风险不匹配的现实窘境，引发了独立董事辞任风潮。

股东行使监督权

在公司中行使监督权的还有股东，股东行使监督权在我国《公司法》中并没有特别作出规定。毕竟，公司经营的好坏，与股东投资回报能否实现利害攸关。因此，股东本身也天然具有监督公司经营的动力，这是股东投资所必然附带的监督驱动力。特别是作为小股东，往往在公司章程中加入财务审计的权利，一旦自己认为公司财务出现严重问题，便有权行使单方委托审计的权利，这本身是对董事、高级管理人员履职行为的监督。此外，还有在公司章程中加入某些事项必须经过全体股东的一致同意，这种保留自我否决权（一票否决权）的做法体现的是制衡与监督的理念。

股东知情权也是一种监督权。股东知情权只是一种手段，行使知情权的目的就是制衡控制公司的一方股东。甚至在行使股东知情权之后，收集相关证据材料进而通过税务举报、刑事控告的手段实现自己的诉求。与监事、独立董事等监督主体不同，公司经营状况直接攸关股东利益。甚至可以这样说，股东行使监督的权利是全过程和全天候的。

哪些监督机构是“看门人”？

在制度设计上，监督机构被期望发挥“看门人”的作用。因此，除了监事会（或审计委员会）、不设监事会的有限责任公司监事这一法定监督机构外，在公司司法实践中还存在其他隐性、叠加的监督机构。如投资者保护机构，具体如中证中小投资者服务中心有限责任公司、中国证券投资者保护基金有限责任公司，它们对证券投资及资本市场的违法行为也可以发挥事后监督的作用。有时，它们也会作为所投资上市公司的股东，向上市公司发出《股东监督函》。

律师事务所、会计师事务所、审计评估师事务所等行业中介机构也被期望发挥这样的职能。然而，在现实过程中，基于委托关系、利益关系，中介机构往往与公司的大股东、实际控制人来往过密，“看门人”的角色常常错位。全球金融中心华尔街也常常爆出“监守自盗”的丑闻。肆无忌惮地财务造假与监守自盗最终导致了作为世界 500 强之一的一家公司破产，该案所带来的深远影响至今回忆起来，依然令人心有余悸。

从某种意义上说，所有公司机构的行为最终都可以被概括并希望回归到两个字——合规。需要指出的是，无论制度构建得如何完美，都无法防止有人不计风险地故意作恶。

《刑法》规定故意杀人可判处死刑，恶性案件还是会不时地发生。所以，在公司治理领域同样存在着“法治”和“德治”的问题。法治是制度防范，德治衡量的是企业家个人操守与企业家精神。公平有序的营商环境，加上理性负责的企业家精神，才是公司治理的理想境界。

提示：给小股东的建议

监督机构作为法律规定的公司机关之一，能否有效运作也是评判公司经营是否陷入僵局的依据之一。很多时候大家会去关心董事席位，但对于小股东来说，在无法争取董事席位的时候，争取监事（或审计委员会）的席位，特别是争取不设监事会的有限责任公司监事职务，也是一个不错的选择。如果能在股东协议或者公司章程中进行特别约定，不得随便罢免小股东的监事或审计委员会委员席位将使这种保障更有力度。如果这也争取不到，那么不妨在公司章程中植入股东的监督权限。如果以上这些都做不到，要么你就要充分相信对方会维护你的权利，要么你干脆就不要和他一起开公司。

第 26 讲

决议效力：创业者的决策艺术

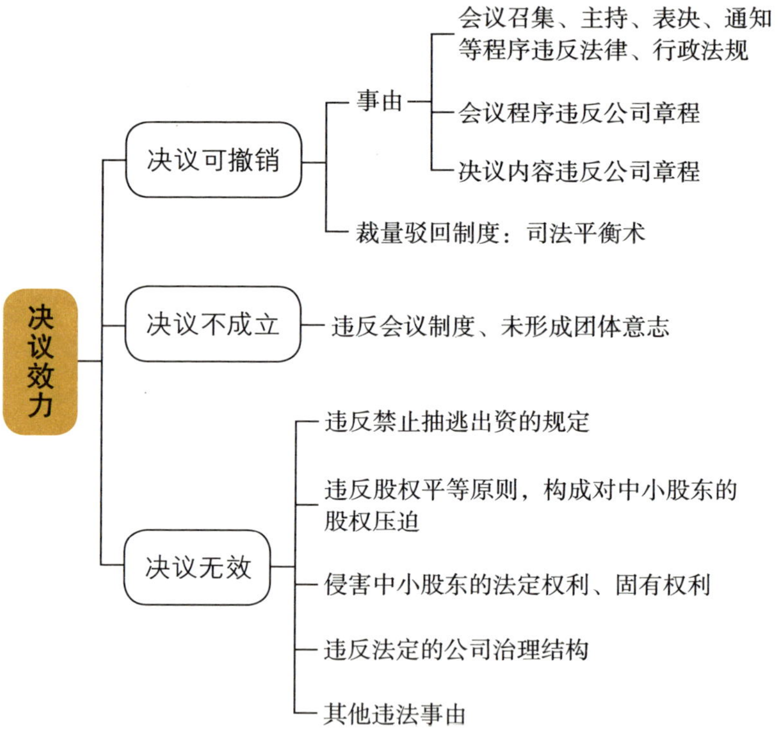
决议效力
决议可撤销
事由
会议召集、主持、表决、通知等程序违反法律、行政法规
会议程序违反公司章程
决议内容违反公司章程
裁量驳回制度：司法平衡术
决议不成立
违反会议制度、未形成团体意志
决议无效
违反禁止抽逃出资的规定
违反股权平等原则，构成对中小股东的股权压迫
侵害中小股东的法定权利、固有权利
违反法定的公司治理结构
其他违法事由

公司机关（股东会、董事会、监事会）作出决议的效力如何评判，是否具有效力，对公司及股东、董事、监事等是否具有强制约束力，是公司治理中常见的问题。

一项有效的决议，应该得到各方的遵守；反之，利害关系人可以拒绝承认，并有权诉请法院确认其无效、不成立或者撤销该项决议。

除了《公司法》规定股东会、董事会决议的效力问题外，《企业破产法》上还规定了债权人会议决议的效力，《合伙企业法》还涉及合伙人会议决议的效力，《民法典》还涉及业主大会决议的效力……所有决议效力纠纷的本质，都是司法对团体意志的审查，是法律对相关组织自治事项的干预。

表决机制

需要明确的是，《公司法》在股东会层面实行的是资本多数决，股东按照出资比例或者所持有的股份比例行使表决权，每位股东根据其表决权重进行表决，除非有限公司的章程另有规定或者全体股东另有约定。

然而，在董事会、监事会层面，则实行一人一票的表决机制。需要明确的是，法律规定属于股东会的职权，就应该由股东会行使，不能由董事会行使。反之，也是一样的。例如，法律规定经理由董事会（执行董事）任免，股东会也不能跳过董事会直接作出任免总经理的决议。

公司法明确董事会是公司的执行机构，行政法律和公司章程规定属于股东会职权之外的职权。换言之，股东会的职权以法律的明确规定或公司章程的明确约定为限。除此之外的一切“剩余权力”均归董事会行使。

任何一项决议，具备法律效力的前提都是程序合法、内容合法，且与公司章程的规定不冲突、不违背。符合上述条件就具备法律效力，也具备强制执行的效力；反之，如果不完全具备上述条件，则该项决议是存在瑕疵的。

根据决议瑕疵的严重程度，法律规定了公司决议可撤销、不成立和无效三种情形。下面分别展开讨论。

可撤销的公司决议

可撤销的公司决议是瑕疵最轻微的。可表现为：公司决议的会议召集方式、表决程序违反法律、行政法规或者公司章程；决议的内容违反公司章程，但该决议不违反法律、行政法规的效力性强制性规定。

如果公司股东、利害关系人主张公司决议应当予以撤销，那么就必须在决议作出之日起60日内提起诉讼，超过这个期间的，法院不再受理，公司决议也就会变为有效的决议。

在公司决议撤销案件中还有一个问题，那就是对于公司决议仅有轻微瑕疵的，法院可以不撤销这项决议。维持公司决议效力，就等于维持公司内部和外部法律关系的稳定。这也是法院考量的价值判断。比如，法律规定召开股东会需要提前 15 日通知各位股东，有家公司开会时仅提前 14 天。一位股东不愿意，起诉到法院要求撤销这份决议。严格按照法律来判这个案件，应当撤销这项决议。但法院没有撤销这份决议，而是驳回了这个股东的诉讼请求。

法院指出，法律规定 15 天的时间，主要是给股东对会议讨论事项有一个比较充分的思考时间。作为一个心智正常的成年人，15 天能够考虑清楚的事情，难道 14 天就不能考虑清楚吗？通知时间少一天影响这位股东出席会议并投票表决吗？答案显而易见。那就维持公司决议的效力吧。

还有的公司在章程中规定会议表决要有监事会主席在场计票，结果开会那天监事会主席没有出席，这也是程序瑕疵。有的股东以公司会议表决程序瑕疵为由起诉到法院，法官会问这位股东："票算错了没？要是没算错，有没有监事会主席现场监票重要吗？"很显然，这样的案件法院通常会驳回当事人请求撤销公司决议的诉讼请求。

这类案件法官在驳回当事人诉讼请求的时候，也会指出公司的错误："你们以后注意点，我驳回原告股东的诉讼请求，不代表公司的行为就是法院鼓励的，今后通知能不能依照法律和章程办，能不能不少一天？开会时让你们监事会主席监票，按照你们章程规定办事不挺好的吗？要是做不到，那就修改章程，删去监事会主席监票的规定……。"所以，有的判决书中，法官会表达这样的愤慨："对此（公司的行为），本院予以批评。"

关于公司决议撤销案件，法院审查什么？只审查会议的召集、通知、主持、议题、回避表决、计票、监票这些程序性事项是不是违反法律、法规和公司章程，以及决议的内容是不是违反公司章程。只要上述情况审查下来没有问题，法院就不会撤销公司决议。

值得注意的是，我国《公司法》及司法解释中对于公司决议效力争议仅明确针对股东会决议、董事会决议，未提及监事会决议。

司法实践中，法院究竟应否审查监事会决议的效力？

不同地区的法院存在迥然不同的裁判结果。

一种意见认为，对于原告起诉要求审查监事会决议效力的，法院应不予受理。如四川省成都市中级人民法院曾明确指出，监事会仅为监督机构，无权处分公司的实体权利。从法律及司法解释的相关规定可以看出，公司决议效力之诉的审查对象仅为股东会、董事会决议，并不包含监事会决议。因此，原告要求确认监事会决议不成立，不属于人民法院受理民事诉讼的范围，其起诉不符合法定条件，应当予以驳回。

对此，山东省高级人民法院、广西壮族自治区南宁市中级人民法院都曾作出相反的判决，在审理之后判决确认监事会决议不成立或者撤销监事会决议。

造成这种分歧的原因是立法供给不足，根本未涉及监事会决议审查的规定所致。

如果公司采取“董、监二元制”治理结构，则由股东会选举出董事会、监事会分别行使对公司事务的执行权、监督权。如果选择设立审计委员会作为监督机构，则无须另外设置监事会。

如果《公司法》继续坚持监事会的团体决策机制，则监事会决议也应当作为一种公司决议，可以从内容和程序两个维度进行法律评价，同样也应该存在监事会决议不成立、撤销及无效的法律评价后果，从而将其纳入司法审理的范畴。如果从强化监事会监督职责的角度，可以考虑改监事会团体监督为监事的个别监督，即单个监事就可以行使完整的监事会职权，对公司董事、高级管理人员的履职行为进行监督，从而强化公司监督约束，提升公司治理水平。

公司决议不成立

公司决议中瑕疵更严重一点的是决议不成立。决议不成立主要是没有遵循会议制度。

比如，在一家公司，你是持股 90%的大股东，如果你没有遵循通知、召集、主持的程序，自行制作一份“公司股东会决议”并签上自己的名字，这在法律上不能构成一份股东会决议。这是因为，这份所谓的“公司股东会决议”没有遵循会议程序，也就不能被评价为一份真正意义上的公司决议。

公司决议不成立主要有以下几种情况。

1. 公司没有开会，直接作出决议的。尽管《公司法》规定股东会遵循资本多数决的原则，但是这一原则适用的前提是正常的会议制度，小股东虽然因为表决权比例不足无法否决大股东的意见，但尊重少数人的意见，保障小股东参与股东会这一固有权利还是必须要遵守的。如果小股东连参与股东会、在股东会上发言表态、提出申辩、阐明主张的权利都被剥夺了的话，那么这种所谓的“决议”是不成立的。

2. 公司开会讨论分歧众多，最后并没有表决。比如，在公司会议上，各方吵得一塌糊涂，最后却冒出一份“公司决议”，这份“公司决议”是不成立的。究其原因，是因为公司没有遵循会议程序，连最起码的投票表决程序都缺失。

3. 开会表决权比例不满足法律规定或者公司章程的约定。笔者曾遇到这样的案件：一家公司有 4 个股东，其中大股东持股 51%，其余 3 名股东持股 49%，双方之间的矛盾对立很严重。3 位小股东提议召开股东会解散公司，但大股东没有参会。最后 3 位小股东一致同意解散公司并作出一份“公司决议”。很显然，这样的决议连半数都没有过，更遑论达到法律规定的解散公司需要 2/3 以上特别多数决议了。毫无疑问，这样的决议肯定是不成立的。

4 . 伪造股东签名。公司决议不成立的情况还经常伴随着伪造股东签名的情形。比如，你作为一家的公司股东，拿着一份公司决议去公司登记部门登记备案，公司登记机关一定要看这份公司决议上是否全部股东都签字了，如果缺少某一股东的签字，就会认为股东内部有矛盾，公司登记部门基于降低行政风险的考量一般会要求全部股东都在公司决议上签字。

因此，在司法实践中存在大量伪造股东签名甚至盖章的情况。对此，如果经过笔迹鉴定股东签名或盖章是伪造的，法院会认定公司决议不成立。笔者就曾多次接触到这样的案件，最终因公司决议上股东的签字被证实系伪造，法院依此判决确认公司决议不成立。

与公司决议可撤销不同，确认公司决议不成立不受诉讼时效的限制，也无须遵循决议作出后 60 日内必须起诉的限制。因为确认公司决议不成立是对一种事实状态的确认，与确认无效一样，都不受时效的限制。而撤销一项公司决议则不同，它涉及公司决议的稳定性，如果超过法律规定的 60 日，就丧失了诉请撤销的权利，公司决议也就变成有效决议了。

公司决议无效

无效是法律最为严厉的评价，是一种严重的违法行为。无效行为必然是违反法律、行政法规禁止性规定的行为。比如，法律规定禁止抽逃出资，一家公司在没有利润的情况下分配利润，或者虽然存在利润但分配超额利润，实际上就是抽逃出资，自然是无效的。再如，公司减少注册资本的时候，公司决定不按照相同比例减资，某一股东坚持要按照相同比例减资，公司以过半数甚至超过 2/3 的多数表决权强行决议按照不同比例减资。在公司经营不好的情况下，股东自然都想“弃船登岸”，都想自己多减少一点损失。据此而言，如果公司未平等对待每一位股东的话，那显然是不公平的。如前所述，股东提出异议（减少的份额较少或者没有被减少）的，按照不同比例减资的决议自然也是无效的。

公司决议无效，往往伴随着侵害部分股东基本权利的情况。这里的基本权利主要指的是股东权利中固有权利的部分。比如，公司作出一项决议，规定持股 10%以上的股东才能向公司主张知情权，又或者规定公司股东的股权只能向现有股东转让，如果现有股东都不同意受让的，股东不得转让股权。上述规定均严重侵害公司股东的基本权利，因而都是无效的决议。

尽管法律认可公司可以对股权转让作出一定的限制，但这种限制如果导致了股东无法转让股权，则与法律的授权宗旨相违背，自然是无效的。

股份有限公司中股份的自由、任意转让是法律的强制性规则。股份有限公司作为纯粹的资合公司，不考虑股东的人员构成。在江苏省常州市就曾经发生过这样一起案件：公司规定如果一个股东持有的股份比例达到公司总股本的 5%后，如想进一步增持公司股份，就必须经过公司董事会的批准。恰恰有一名股东达到5%后在没有经过公司董事会批准的情况下又继续受让其他股东的股权，最后公司对该股东增持股份的行为不予认可。该股东起诉至法院后，常州市中级人民法院和江苏省高级人民法院均认为股份有限公司的股份自由流通是法律强制性规则，公司章程对此不得作出特别约定，因而均判决公司章程的相关规定无效。

本书在“第 1 讲　原则与理念：开启创业之旅的钥匙”中就讲过，《公司法》中有一个内外有别的原则。公司决议瑕疵大多是内部的问题，对内可以追究相关人员的责任，但对于外部与公司从事交易的相对方来说，以内部瑕疵否定交易行为的效力并不公平。因此，通常情况下，公司决议瑕疵不影响公司与外部相对人交易的效力。

在公司内部，公司章程或者公司决议可以对各个机构或者部门的权限作相应的划分或限制，但与公司从事交易行为的相对人并不必然知晓这种限制。从保障交易安全的角度，应当认定公司所发生的外部交易行为是有效的。否则，每一次交易过程中，相对方都需要审查公司有关人员或机构是否有这种代表权或从事磋商、谈判的权力，这将大大增加交易相对方的审查力度，不利于交易的便捷高效。

因此，在这种情况下，法律的价值取向是优先保护交易安全。至于公司因此所受到的损害，应当启动内部追责程序，追究有关行为人的责任。当然，如果交易相对方不是善意，而是明知相关人员没有代表权或者未经充分授权而从事交易的，就不会构成善意相对人，此时法律的价值取向就会倾向于保护公司利益，保障股东的投资安全。

案例：违反法律规定的治理结构，公司章程条款被判无效

案情简介：泸州J公司系深圳J公司的全资子公司。2013年10月25日，M上市公司与深圳J公司签订收购协议，收购深圳J公司70%的股权。深圳J公司法定代表人郑天（化名）在M上市公司收购后对深圳J公司的持股比例降为20.57%。股权收购后，深圳J公司设立5人组成的董事会，其中M上市公司委派三席董事，郑天等原股东委派两席董事，郑天继续担任法定代表人。

M上市公司在收购深圳J公司时，与郑天等原公司股东设定业绩对赌，但郑天等原股东未能达成对赌协议设定的业绩。后M上市公司行使大股东权利，强行接管深圳J公司并通过深圳J公司董事会决议免去郑天的董事长、法定代表人职务。

郑天等人利用掌握深圳J公司公章的便利，于2017年7月17日作出《泸州J公司股东决定》，修改泸州J公司章程。该股东决定修改后的公司章程第26条载明，“股东委派和更换执行董事应出具由深圳J公司80%以上（含80%）股东同意的股东决议”，对于修改泸州J公司章程亦作类似的规定。

深圳J公司作为泸州J公司的股东，以2017年7月17日泸州J公司股东决定及其修改的公司章程无效为由诉至法院。

法院裁判：泸州市纳溪区人民法院经过审理后认为，股东会决议及董事会决议等公司决议作为相应公司机关的意思表示，只有在决议意思表示真实，且决议内容合法、公正的条件下才能发生法律效力；反之，如果决议意思表示不真实、决议内容违反法律、行政法规的规定，就不能认定是正当的团体意思表示，对其效力应作否定性评价。赋予股东对公司决议瑕疵意思表示和公司决议违反法律、行政法规情形下的司法救济权，是保护股东权益的重要手段。

深圳 J 公司系泸州 J 公司的唯一股东，即是其意思表示机关。在案证据能够表明 2017 年 7 月 17 日泸州 J 公司股东决定系郑天等人利用其持有深圳 J 公司公章的便利擅自作出的，该股东决定事前未经深圳 J 公司股东会或董事会讨论表决即形成，不能体现深圳 J 公司的意志。

我国《公司法》对于一人有限公司规定不设股东会。股东作为最高权力机关作出相关决定时，只要采取书面形式，由股东签名（或盖章）置备于公司即可。然而，2017 年 7 月 17 日，泸州 J 公司股东决定及其修改的公司章程规定变更执行董事或者修改公司章程应由深圳 J 公司 80% 以上（含 80%）股东同意的股东决议，该股东决定的内容明显违反了《公司法》的规定。遂判决确认 2017 年 7 月 17 日泸州 J 公司股东决定无效。

四川省泸州市中级人民法院二审认为，泸州 J 公司系深圳J公司的全资子公司，泸州J公司2017年7月17日作出股东决定前，深圳J公司的股东间（体现为M上市公司与郑天等原股东）就深圳J公司的内部管理问题已产生严重分歧，根据在案证据，不能确定2017年7月17日股东决定系深圳J公司的真实意思表示，且该股东决定中关于公司章程的修改内容也与公司法关于一人公司股东是公司最高权力机关的规定相悖。遂驳回泸州J公司的上诉，维持一审判决。

风险提示：股东决定须体现公司真实意志

泸州J公司章程及股东决定之所以被判决无效，固然因为其未体现深圳J公司的真实意志。其实更深层面的原因在于其改变了《公司法》设定的公司治理结构，将泸州J公司的最高权力机构设置成了“股东的股东”，这与法律的规定是冲突的。

如果换一种场景，在深圳J公司章程中规定：“对于本公司所有控股子公司，如果需要变更其法定代表人，由本公司80%以上（含80%）股东同意的股东会决议。”这样的规定则是完全有效的。这是因为，深圳J公司作为泸州J公司的唯一法人股东，其行使股东权利必须由其公司机关行使。究竟由哪一个公司机关来行使？是股东会、董事会，还是公司法定代表人盖章即可，完全可以通过公司自治来解决。因此，如果将这一条款写在深圳J公司的章程中，则属于公司自治。而将这一条款写在泸州J公司章程中，则属于违反《公司法》规定的公司治理结构，应作无效评价。“差之毫厘，谬以千里”，不可不慎。

第 27 讲

股权激励：给员工以选择权

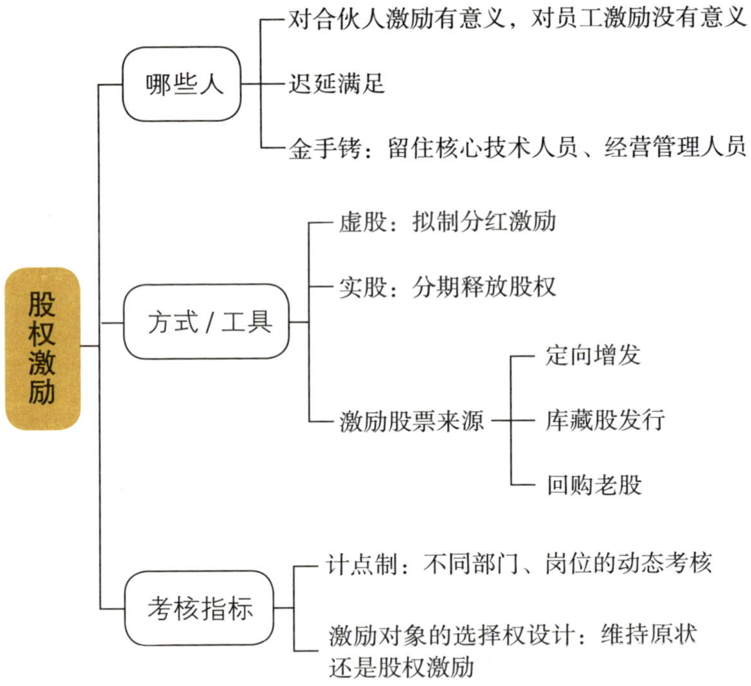
股权激励
哪些人
对合伙人激励有意义，对员工激励没有意义
迟延满足
金手铐：留住核心技术人员、经营管理人员
方式 / 工具
虚股：拟制分红激励
实股：分期释放股权
激励股票来源
定向增发
库藏股发行
回购老股
考核指标
计点制：不同部门、岗位的动态考核
激励对象的选择权设计：维持原状还是股权激励

近年来，股权激励成了一个时髦词汇，一家公司要想做大做强，不搞点股权激励好像显得自己上不了台面似的。在决定是否采取股权激励措施之前，创业者需要首先弄明白股权激励的内涵。

股权激励是一种迟延满足

有人说股权激励是“金手铐”，能够捆绑员工与公司，使二者利益一致，一荣俱荣，激发员工的积极性。这种说法固然不无道理。但需要明确的是，股权激励是一种迟延满足：它是在不确定的将来，通过提前给予员工股权（无论是虚股还是实股）兑现股权所对应的价值。所以，股权激励对象不是立马能够拿到实实在在的好处，而是要取决于未来公司是否真的做大做强。

从这个意义上说，股权激励是谈未来，但不是每个人都愿意和创业者谈未来、谈理想的。“能够与你一起谈未来、谈理想的，是你的合伙人。”因此，只有与合伙人谈理想与未来才有意义。

对于员工而言，他们所关注的内容不是未来的空中楼阁，而在于眼前的“油盐酱醋”。能用绩效奖金满足的，就不要与员工谈未来和理想，因为员工的思维决定他们不会与创始人一起仰望星空、展望未来，“他们不是你的合伙人”。

股权激励不能搞普遍性福利，每个人都给等于每个人都没有给。普遍福利等于无差别地全员加薪，根本起不到激励的作用，有可能还适得其反。

一家企业只要向员工宣布一项福利政策，员工就会当然地将此作为应得的福利。事后，如果公司再宣布削减或者取消这项福利，员工就会认为公司损害了自己的利益，动了自己的奶酪。特别是在一些相对松散的组织架构中，一项细微的调整就有可能引起员工的不满，甚至离职。因此，按照前面说的选对人很重要。识别并圈定你的合伙人，然后一起谈理想才有意义。

给员工以选择权

股权激励面临的一个核心问题是信任和接受的问题。老板与拟激励对象谈理想和未来，对方会认为这是老板在“套路”自己。

“望梅不能止渴，画饼不能充饥。”被激励的员工会本能地想：“老板是不是要变相给我降薪？”

所以，股权激励中解决信任问题很关键。解决信任危机的方法在于在不减损激励对象利益的前提下给予其选择权。将选择权给到激励对象，由对方具体选择按照何种方式执行，才是有意义的。比如，你作为一家公司的老板，你可以与员工约定，“我现在要对你实施股权激励，你接下来的待遇可以在如下两种方式中自行选择：一是维持现在的工资、福利与奖金；二是给你股权，适当调减一部分你的基本工资。到时候你自己选择以何种方式与公司结算”。

给员工以选择权是“制度自信”和“道路自信”的体现，说明作为老板你自己相信公司会经营好，让员工自己选择而不是替他选择，这样他的接受度才能提高，信任危机就可以迎刃而解。

仪式感与业绩目标

股权激励作为公司的重大政策性决定，在计划及落地实施的过程中要有仪式感，以示慎重。这里所说的仪式感不单纯是走公司决策的程序，而是说让员工感受到被公司尊重与重视。比如，公司给员工颁发精美考究的股权认购书，并通过郑重的仪式交付到员工手中。

股权激励过程中还涉及业绩目标的确定问题。老板愿意给核心员工股权，肯定也会对今后业绩作出要求，否则将丧失激励的目的。这是因为，如果让员工躺平就能获得好处，员工会本能地选择躺平，并且躺平之后还不愿意起来。

如何设定业绩标准呢？此事不妨倒过来：与其老板敲定，不如让激励对象自己申报。这很有点“对赌”的意思——“愿赌服输”。激励对象超过申报的业绩，获得超额激励理所当然。完不成当初自己申报的业绩目标，享受不到股权激励，也不会怨天尤人。

电视剧《太平天国》里有一个股权激励的桥段：咸丰皇帝对各地剿匪情况大为光火，声称只要谁能荡平太平天国，封个王爵，甚至铁帽子王也在所不惜。肃顺当时奏对说：“将来要兑现才好。”咸丰皇帝附加一个条件，说道，“只要朕还活着，将来一定兑现”。最后的结局大家都知道，曾国藩的弟弟曾国荃攻克南京，彼时咸丰皇帝已经驾崩，慈禧太后掌权，最终曾氏兄弟也没有被封王。企业搞股权激励，不能随心所欲，朝令夕改，激励政策一定要有可预期性，在一段时间内具有稳定性为好，建议一般要能管 3 年。因此，启动股权激励项目一定要做好充分的评估，在对企业发展战略、未来规划、中长期目标都有比较明确的判断时再上马为宜。

考核指标

股权激励还涉及不同类型人员的考核指标问题。笔者曾经接触这样一个企业集团，该企业集团主要从事建筑工程项目，项目分布中外都有，激励的对象包括派驻国外项目的高级管理人员，也包括境内高级管理人员，还包括在公司多年从事财务、风控工作的主管。不同的人员如何进行考核设置是一个问题，当时我们给出的方案是“计点制”，综合计算被激励对象的贡献点数。

可以参照以下几个指标：工作年限、驻外时间、所负责项目的业绩，最后作为董事长的大股东还保留一定机动的点数。各项考核指标有一定的浮动范围，按照自己申报，董事会考核委员会考评和最终董事长机动加分综合确定各自的点数。在测评点数时，集团财务负责人的工作与驻外项目负责人的工作就无法采用同一标准进行考核，最后用点数的方式测算，就很好地解决了这个问题。

股权形式

股权激励还有一个问题，那就是用什么样的激励工具，是给实实在在的股权还是给虚拟股权。

实实在在的股权是可以变现的，一旦授予，被激励对象就享有股东的权利，该股权也就可以转让流通。虚拟股权只是分红工具，只享有分红的权利而不能行使股东的权利。

还有介于二者之间的限制性股票，在一定时间内对股东的股权进行限制，在限制期间内只能行使部分股东权利。具体选用何种方式，由公司根据实际情况自主选择。一般来说，对于尚在成长期的公司来说，不建议直接给实际股权，因为给出去容易，收回来就难了。并且在初创及成长期，公司股权实际上也并不值钱。给得少，员工不稀罕，起不到激励效果；给得多，老板自己割肉，那种酸痛的感觉在公司业绩提升之后，创业者会自己真切地体会到。

给予被激励对象虚拟股权，只享有分红权，或者同时附带“锁定条款”，约定服务期甚至“人走股留”，分批兑付，细水长流，可以有效地平衡创业者及被激励对象的利益。

如果公司选择给予员工实实在在的股权，那么就要解决激励股权来源的问题。股权不可能凭空产生，来源的方式无外乎以下四种。

一是库藏股，即已经发行但尚未分配给具体人员的股份。

二是股权回购，即公司以一定价格回购本公司股权专门用于股权激励。

三是老股东让渡，即现有股东（创业者）自愿让渡出部分股权，用于股权激励。

四是定向增发股份，即特事特办，在符合股权激励的条件时，专门为被激励对象量身定制发行股票。

结语：股权激励适用的前提

一切股权激励都以公司业绩具有持续向好的预期为前提，这种业绩向好既包括实现上市等可以进行股权套现的宏大目标，也包括公司所在行业前景光明，国家政策支持鼓励，业绩增长预期明显。

在公司实践中，对于中小企业来说，后一种可能是常态。一旦公司在新三板挂牌或者主板、创业板、科创板上市，对于股东激励的实施将有一整套细致完备的监管规则，这就不在本书讨论之列了。

最后，笔者想说的是发展能够解决一切问题，如果公司还有很多重大的问题没有解决，那么肯定也反证了公司没有得到更为充分有效的发展。

一个“人心浮躁、能不能撑过庚子年疫情考验都是个问题”的公司，根本没有必要去考虑股权激励问题。

第 28 讲

关联担保：掌握程序要件至关重要

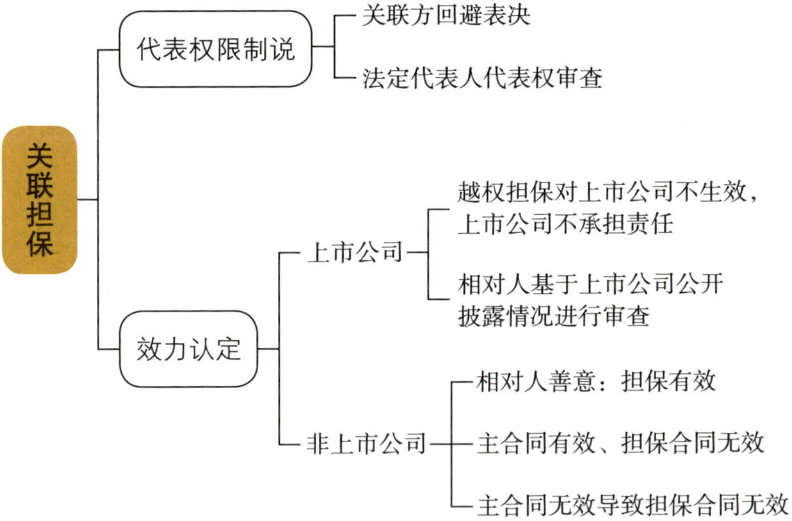
关联担保
代表权限制说
关联方回避表决
法定代表人代表权审查
效力认定
上市公司
越权担保对上市公司不生效，上市公司不承担责任
相对人基于上市公司公开披露情况进行审查
非上市公司
相对人善意：担保有效
主合同有效、担保合同无效
主合同无效导致担保合同无效

担保作为合同履行的增信措施，在司法实践中广泛存在。从某种意义上讲，担保是金融秩序不可或缺的一部分。公司所有财产都是公司对外债务的一般担保，公司在融资过程中，向债权人提供各种各样的担保在所难免。

普通担保与关联担保

公司担保分为普通担保和关联担保，对于二者而言，所要求的公司内部程序以及由此引发的对外效力，是有很大区别的。

对于普通担保而言，没有探讨的必要。公司对外举债，以公司财产设定抵押、质押，按照一般的合同担保理解就可以了。重点需要讨论的是公司提供关联担保，即公司为股东或者实际控制人提供担保。按照法律的规定，如果公司提供关联担保，是需要经过股东会决议的，并且存在关联关系的股东或者实际控制人，以及他们的一致行动人都应该回避表决；关联担保在审议时，由非关联方的股东进行表决。

在理解关联关系的问题上，可以作适当放大，关联人及存在其他可能导致公司利益输送、利益转移的事项，在公司内部决策上，都应该遵循回避的原则，利害关系人不得参与表决。如果没有遵照这样的内部程序，公司擅自对外提供关联担保的，担保合同有可能被法院判定无效，公司无须承担担保责任，或者只承担担保无效的过错赔偿责任。

公司提供关联担保，没有经过内部程序，会造成公司背负或然债务，侵害公司非关联方股东的利益；对于上市公司而言，会使中小股民的利益受到侵害，甚至危及上市公司本身，不可不慎。

2017 ~ 2018 年，资本市场经历了一波熊市，市场不振，股价低迷。上市公司出现了大量违规担保的案例，这种违规担保的背后，大多是通过非金融机构进行操作的，表现为保理（应收账款质押）、民间借贷、地下钱庄等。

证监会早有明文规定，银行接受公司提供的担保，必须要审查公司内部股东会决议，除非银行工作人员与上市公司实际控制人、关联人等内外勾结，否则违规担保在金融系统内部发生风险的可能性极低。即便存在银行工作人员与上市公司实际控制人等内外勾结的情况，金融系统内部也有独立健全的风控体系，违规的关联担保往往难以通过审批。同时，在《刑法》中还有专门一节“破坏金融管理秩序罪”对金融秩序及金融领域从业人员的违法犯罪行为进行规范。

借壳上市与违规担保

在金融系统之外，一般民间借贷案件中，职业放贷人的出现、“套路贷”“校园贷”等乱象也引发了国家的高度关注。在司法实践中，法院更加严格审查民间借贷案件的效力。各地高级人民法院纷纷建立省级层面的职业放贷人名录，严格审查款项发放流程，要求原告到庭接受法庭调查，要求提供借款人名下所有银行卡一年的交易记录等。整体上，国家对民间借贷以及地下钱庄采取严打高压的措施。

举一个例子就很能说明这一问题。在上市公司借壳收购过程中，经常会按照这样的剧本上演。通常一家 A 股上市公司的壳价格为 30 亿元，即投资 30 亿元就可以取得一家 A 股上市公司的控制权。由于大量散户的存在，一般 20%~30% 的持股比例就可以取得上市公司的控制权。一家公司通过逐步成长，股份改造后经过申报 IPO（首次公开募股）途径进入资本市场相对比较漫长，如果企业经营本身还带有硬伤，这条路有可能坎坷重重。此路不通，不妨另辟蹊径，通过收购上市公司控制权实现借壳上市，不失为一条捷径。于是，商人甲就想借壳上市，最终经介绍在市场上选中了 A 公司。要想取得 A 公司的控制权，最直接的方法就是与 A 公司的实际控制人乙商谈股份大宗转让事宜。此时甲想实现借壳上市，乙想套现离手。经过一番磋商，最终以 30 亿元价格成交，甲受让乙持有的 A 公司 25% 的股份取得对 A 公司的控制权，相应地，甲应当向乙支付 30 亿元的股份转让款。很显然，任何一个企业家一次性拿出 30 亿元都是压力重重的。

于是，这项借壳交易被拆分为三个阶段。

第一步：甲先辗转拼凑出 10 亿元交付给乙，然后约定乙将股份先行交割给甲，并将上市公司的控制权进行移交（如由甲或其控制的人员进入董事会、监事会等）。

第二步：在股份交割后，甲将该股权全部质押给银行、信托机构等金融机构，获得一笔质押资金。从规避风险的角度考虑，金融机构在接受上市公司股权质押时通常按照对折支付质押款项，这样甲就可以从金融机构通过质押贷款15亿元。当然，其中5亿元用于偿还第一笔股份转让款的借贷或融资款，毕竟一次性拿出10亿元的自有资金也是很困难的，另外10亿元支付给乙作为偿付的第二期股份转让款。

第三步（最为关键的步骤）：甲将自己经营的企业装到A上市公司里。于是，甲需要向资本市场讲述这样一个故事：为了提升上市公司的竞争力，我们决定吸收合并B公司（甲原先经营的公司），打通产业链上下游，促进产业的协调发展。

如果B公司与A公司的业务关联不大，故事的版本则会变更为：鸡蛋不能都装在一个篮子里，为了提升上市公司抵抗风险的能力，我们决定开启双主营业务模式。由于上市公司本身就是融资平台，为了推动吸收合并，决定增发一部分股份，这就募集到一部分资金。然后，A公司以“现金+股票”的方式吸收合并B公司。既然A公司吸收合并B公司，那么就要向B公司的原股东支付股权转让对价，B公司的原股东就是甲。于是甲就从A公司中光明正大地取得收购B公司的款项。甲再将这笔款项支付给A公司的原实际控制人乙。至此，上市公司借壳收购完美结束。

这样以10亿元撬动30亿元的上市公司壳资源收购是有条件的。条件有二：

一是整个资本市场向上发展，也即往牛市方向上发展。

二是被收购的标的企业 A 公司本身的基本面不能发生大的变化。不幸的是，2017 ~ 2018 年恰恰资本市场遇冷。于是当甲履行到第二步的时候，金融机构发现由于 A 公司的股价下跌，质押标的股权价值缩水，进而要求甲补充抵押物否则将强行平仓。这时甲根本无力再筹措资金往里面填。于是只能以所掌握的上市公司控制权以 A 公司的名义去担保融资，哪怕是借高利贷也在所不惜。否则，一旦金融机构强行平仓，对 A 公司来说将进一步引发股价下跌，甚至跌停，这是甲所无法承受的。于是上市公司违规担保、违规举债便大量出现。

在此过程中，甲作为上市公司董事长就不仅需要面对向乙承担违约责任的问题，还需要面对刑事犯罪的指控。职务侵占罪、挪用资金罪、背信损害上市公司利益罪……

在这种金融严打的大背景下，法院对于违规关联担保也相应地调整了审判思路，从此前只要公司加盖公章就保护交易、保护债权人利益的审判思路，转向严格审查公司内部是否召开并就此作出有效的股东会决议，债权人（担保相对人）是否尽到对公司股东会决议的审查义务等，并就此强化债权人的举证责任。

有效担保需要经历的程序要件

公司为实际控制人、股东等关联方提供担保，已经不是法定代表人个人能够单独代表公司作出的事项。

对于普通担保，是否作出董事会决议或者股东会决议的环节是可以省略的。以公司资产为公司自身的融资（债务）提供担保，这是再正常不过的公司经营行为，法定代表人的职权及代表权是可以被推定的。

关联担保则不然，就必须经过股东会决议。此时，法定代表人对于公司外部担保事项的代表权，必须依附于明确的公司机关即股东会的决议。在这种背景下，法定代表人的代表权是受到限制的。如果没有经过此种内部程序，法院会判决担保无效甚至对公司不发生效力。公司也无须承担担保责任，甚至连对于担保无效的过错责任也可予以豁免。

此前，司法实践中认为法律就关联担保要求公司作出股东会决议的规范属性为管理性规范，这一法律条文旨在引导公司内部对关联担保进行控制与管理。从维护交易安全以及保护交易的视角来看，即便公司没有召开股东会，也应认定担保行为有效。然而，2017 年，最高人民法院提审了一起 200 万元的案件（如今基层法院原则上都可以审理 1 亿元以下的案件），这在往常是难以想象的，最终最高人民法院改判公司无须承担担保责任。这就向市场传达了一个预警性信号：在商事交往中，如果接受一家公司提供的担保，就必须审查公司作出这项担保有没有经过内部决议程序，“如果你不审查，法院可能就不保护你”。最近，很多家上市公司发布公告，公司对上亿元甚至十几亿元的担保，免于承担担保责任。

作为《民法典》施行后的配套规定，最高人民法院专门发布了《关于适用〈中华人民共和国民法典〉有关担保制度的解释》，正式采取代表权限制说认定关联担保的法律效力。在关联担保的效力认定及法律后果评价上，区分相对人善意与否进行综合评判。关联担保必须经过股东会审议，并且关联股东还需要回避表决，这是《公司法》的明文规定。作为一条法律规范，一经颁布，该法律规范就对所有人生效。因此，这一条款不能理解为仅仅属于公司内部管理性的规则，它对接受公司提供担保的相对人也提出了要求。接受公司提供担保的相对人必须履行一定的审查义务，审查公司提供的担保是否属于关联担保，是否依法作出股东会决议，相关关联股东及实际控制人控制的股东是否在股东会议上回避表决。如果相对人履行了这些审查义务，在审查后未发现瑕疵，则担保有效；如果相对人疏于审查，或者虽经审查但对于明显的越权担保并未发现，则担保合同对公司不发生效力。此时，相对人仅可以要求公司承担赔偿责任。作为担保人的公司赔偿责任的范围可以分为以下几种情况。

（1）相对人（担保债权人）与公司均有过错，公司承担的赔偿责任不应超过债务人（关联方，即公司股东、实际控制人）不能清偿部分的 1/2。这里的公司有过错就是指关联担保未经股东会决议的情形。

（2）公司有过错（越权担保），而债权人（相对方）无过错，公司对债务人（股东、实际控制人）不能清偿部分承担赔偿责任。

（3）债权人（相对方）有过错，公司无过错，公司不承担责任。

如果主合同无效导致公司提供的关联担保被认定为无效，公司无过错的，不承担赔偿责任；公司有过错的，其承担的赔偿责任不应超过债务人（股东、实际控制人）不能清偿部分的1/3。

审查义务

在发生关联担保的情况下，相对方的审查义务主要是形式审查的义务，而非实质审查的义务。所谓形式审查义务，就是通过表面证据、表面材料进行审查即可。如公司有几名股东，公司是否作出股东会决议，这些信息通过企业信用信息公示系统公开信息进行查阅即可。至于债务人（股东、实际控制人）提供的公司股东会决议是不是存在伪造签名、是否真实召开，加盖的公章是不是伪造、有无在公安机关备案，股东是否存在代持情形，均不影响相对人审查义务的成立。相反，对于签名是否伪造、公章是否伪造等需要专门鉴定才能得出的结论，法律不要求相对方审查到这个程度。又如，公司是否存在股权代持情形，登记的持股比例是否准确，这些信息均不需要债权人进行进一步审查。

对于上市公司而言，相对人对相关信息的审查应当以上市公司披露的相关信息为依据进行审查。相关司法解释特别规定，相对人如果没有根据上市公司公开披露的关于担保事项已经董事会或者股东会决议通过的信息，与上市公司签订担保合同，上市公司可以主张违规的关联担保对其不发生效力，并且不承担担保责任和赔偿责任。这就是前面我们所说的基于上市公司公众公司的属性，此时优先保护上市公司及中小投资者的利益。

笔者认为，司法调整公司对外担保的审理思路是有着特殊的经济背景的。在经济增速放缓，下行概率增大的情况下，对公司违规担保案件裁判思路进行调整打击的是社会游资。正规的国有企业、银行金融机构接受担保往往会进行严格的合规审查，国资委和银保监会的指引性文件也要求它们这么做。因此，在企业向国企或金融机构融资的情况下，往往需要按照法律和公司合规治理的规则进行，否则会有强大的审计监督甚至刑事责任予以跟进，并进而对相关责任人员问责查处。

在正规渠道难以获得资金的情况下，一些企业高级管理人员会选择铤而走险，以牺牲企业和中小股东的利益为代价，转向社会游资进行融资。由此造成很多上市公司暴雷，带来大量中小投资者维权等群体性事件，同时诱发结构性、系统性风险。因此，国家有必要出手干预，打击以“借贷”为业的职业放贷人和不规范的社会游资。相应地，增大对关联担保的相对方是否为善意的审查力度，让“交易安全”适度让位给“投资安全”，这既符合利益平衡原则，也有利于国家金融秩序的稳定。

同时，需要指出的是，公司即便因违规担保承担担保责任或者赔偿责任，也可以向越权担保的责任人进行追偿。最终法律责任仍应由违法的行为人承担。

第 29 讲

关联交易：无须谈虎色变

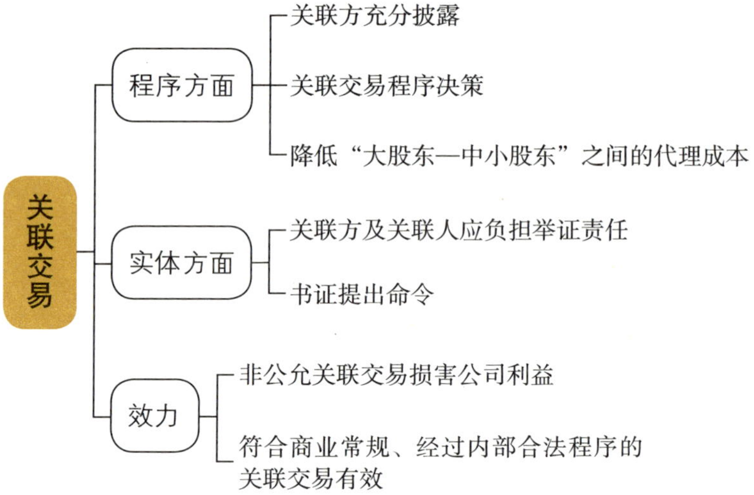
关联交易
程序方面
关联方充分披露
关联交易程序决策
降低“大股东—中小股东”之间的代理成本
实体方面
关联方及关联人应负担举证责任
书证提出命令
效力
非公允关联交易损害公司利益
符合商业常规、经过内部合法程序的关联交易有效

关联交易是公司实践中经常发生的事情。必须声明：法律不禁止关联交易，法律只禁止非公允的关联交易。

公平对待每一位股东不仅是公司的义务，也是公司机关及管理层（指公司三会一层：股东会、董事会、监事会和高级管理层）的义务，甚至也是大股东的义务。在“大股东—小股东”之间，产生公司法上第二对代理成本问题，削减这一代理成本的方法就在于强化大股东的信托义务。

因此，法律规定公司股东不得滥用股东权利，损害公司或者其他股东的利益，当然更不能去损害公司外部债权人的利益。

同时，公司董事、监事、高级管理人员对公司负有忠实和勤勉的义务，不得损害公司、股东及债权人的利益。除此之外，《公司法》还特别规定董事、监事、高级管理人员以及控股股东，不得利用关联关系转移公司利润、损害公司及其他不具有关联关系的股东的权利。

甘肃曾发生这样一起典型案例：2007 年 7 月至 2009 年 7 月，周某在踏雪无痕车辆公司（化名）中担任营销部经理（正科级）、副总经理职务。在任职期间，周某与高某相识并于 2008 年 5 月结婚。高某及其亲属于 2007 年 9 月在兰州注册设立同冲宇公司（化名），两月后同冲宇公司迁址搬入青海西宁。在周某任职期内，踏雪无痕车辆公司与同冲宇公司先后签订 39 份《加工承揽合同》，同冲宇公司拖欠踏雪无痕车辆公司的车款未按时支付。

后经有关部门查明，高某设立同冲宇公司时的注册资本为虚假出资，验资后即全部抽逃。法院经审理后认为：周某作为踏雪无痕车辆公司的高级管理人员，隐瞒同冲宇公司股东系其妻子、岳母、远房表弟的事实，对同冲宇公司与踏雪无痕车辆公司 2008 年 2 月至 2009 年 7 月期间签订的 39 份《加工承揽合同》的履行、货款回收、交易方的财务状况、交易风险不闻不问，造成了同冲宇公司占用踏雪无痕车辆公司巨额车款 8 年有余，且因该公司最终无力偿还导致执行不能，利益输送目标明确、路径清晰，构成关联交易损害公司利益。

二审法院进一步指出，公司高级管理人员应当是执行公司出资人的决策，拥有执行权或一定程度的决策权，掌握公司内部管理或外部业务的核心信息，并决定公司的决策及发展方向的特定人群。周某之妻高某设立同冲宇公司及转让公司股权的行为，与周某任踏雪无痕车辆公司营销部经理及离任具有同步性，事实上就是为了和踏雪无痕车辆公司进行关联交易，但周某对相关事实并未向公司报告。关联交易发生后，周某利用其职权，不及时回收资金，唯独与同冲宇公司的交易给踏雪无痕车辆公司造成巨大损失。周某在同冲宇公司未向踏雪无痕车辆公司支付货款的情况下，利用职权继续与其签订合同和供货，给踏雪无痕车辆公司造成损失，应当承担赔偿责任。最终，二审法院判决周某赔偿踏雪无痕车辆公司近 423 万元。

评判标准

关联交易合法与否在评判上可以在三个维度上进行分析。

一是该项交易有没有披露。当一项交易涉及关联交易的问题时，交易内容和关联关系应当进行充分披露。具有何种关联关系，关联交易的具体内容都是必须进行披露的。只有充分披露了，公司决策机构（董事会或股东会）才能有效进行决议。

二是该项交易有没有讨论表决。关联交易进行表决必然涉及关联方回避的问题。具有关联关系的董事或者股东以及由他控制的董事或股东不得参与关联交易事项的表决。关于关联交易的批准，原则上可以由公司自行按照内部关联交易管理规定决定。如果没有内部规定，就应由股东会决定，毕竟股东会是公司的最高权力机关。

三是该项交易是否符合商业常规。前两个要求是解决合法性的问题，是不是符合商业常规是解决合理性的问题。我们不能要求每一个交易都是成功的，对公司来说都是最优选择，但至少在决策当时要求做到符合商业常规，不能违反商业交易的基本规则。

在实践中，如何界定公司之间存在关联关系呢？以《深圳证券交易所股票上市规则》（2020 年修订）为例，其所规定的关联法人与关联自然人的情形如表 29–1 所示。

表 29-1 关联法人与关联自然人对比

关联法人（第 10.1.3 条）	关联自然人（第 10.1.5 条）
1. 直接或者间接地控制上市公司的法人或者其他组织； 2. 由前项所述法人直接或者间接控制的除上市公司及其控股子公司以外的法人或者其他组织； 3. 由本规则第 10.1.5 条所列上市公司的关联自然人直接或者间接控制的，或者担任董事、高级管理人员的，除上市公司及其控股子公司以外的法人或者其他组织； 4. 持有上市公司 5% 以上股份的法人或者其他组织及其一致行动人； 5. 中国证监会、本所或者上市公司根据实质重于形式的原则认定的其他与上市公司有特殊关系，可能或者已经造成上市公司对其利益倾斜的法人或者其他组织	1. 直接或者间接持有上市公司 5% 以上股份的自然人； 2. 上市公司董事、监事及高级管理人员； 3. 本规则第 10.1.3 条第 1 项所列法人的董事、监事及高级管理人员； 4. 本条第 1 项、第 2 项所述人士的关系密切的家庭成员，包括配偶、父母及配偶的父母、兄弟姐妹及其配偶、年满 18 周岁的子女及其配偶、配偶的兄弟姐妹和子女配偶的父母； 5. 中国证监会、本所或者上市公司根据实质重于形式的原则认定的其他与上市公司有特殊关系，可能造成上市公司对其利益倾斜的自然人

除了上述明确列举的情形外，在过去 12 个月或者未来 12 个月内，具有上述所列情形的，视为上市公司关联人。

由此可见，在司法实践中对于公司关联方的认定采取十分宽松的标准。这也很好理解，关联交易法律制度的出发点就在于预防利用关联关系进行利益输送，损害公司、其他股东或者债权人的利益。具有关联关系的一方在相关交易中掌握着更多的信息，为了避免信息不对称造成对其他相关方的损害，法律要求关联方对关联关系的情况进行充分披露。真是关联方，披露之后自然洗刷嫌疑；即便不能评价为法律上的关联方，披露之后也显得“君子坦荡荡”。

召开股东会或者董事会进行审议讨论的前提是披露，披露过后关联交易还要不要做，这是一个商业决策的问题，完全可以交由公司自行决定。因此，在充分披露解决信息不对称后，完全可以通过公司股东会或者董事会的讨论和表决进行决策。

需要特别指出的是，时至今日，公司治理水平整体上仍不尽如人意，公司在很多情况下披露并不全面，表决也经常流于形式。因此，完全采取形式审查的方式，一概以只要经过披露和表决的程序就认定关联交易合法有效也并不可取，不利于提升公司治理水平。正是因为关联交易的核心在于公允性，虽然经过披露和表决的程序，但如果关联交易显失公允，对部分持反对意见的小股东形成压榨，司法仍应予以干预和矫正。

比如，在某些关联交易损害公司利益的案件中，有关关联交易就有可能在事实上构成抽逃出资，这就违反了公司法的禁止性规定，因而是无效的。青海省一家中级人民法院就审理过这样一起案件：天域矿业公司（化名）的控股股东思华公司（化名）以其享有一块盐田作为出资，入股天域矿业公司；随后天域矿业公司又以该盐田作为实物出资设立子公司天域盐湖开发公司。天域盐湖开发公司设立后，又将其名下的盐田出租给天域矿业公司的控股股东思华公司使用。同一块盐田，经过“思华公司——

天域矿业公司——天域盐湖开发公司——思华公司”一系列表面上符合法律规定的出资、出租行为，最终又流转回了原所有人之手。这显然是名为出资、出租的关联交易，实为股东抽逃出资，违反了法律的强制性规定，因而是无效的。

又如，最高人民法院曾经将一起案件发回湖北省高级人民法院重新审理。在这起案件中，法院认定清羽医化公司（化名）与宇天药业公司（化名）之间构成关联交易。郑辉（化名）在担任宇天药业公司董事长助理、总经理，同时负责清羽医化公司的销售工作期间，采用由南京某国际贸易有限公司作为中间商进行无货无实物交易的方式，共出售清羽医化公司生产的 INT（一种药品）产品 86 吨，造成清羽医化公司损失，应当承担损害赔偿责任。郑辉作为清羽医化公司监事，在其直接操作下，将清羽医化公司的 INT 产品以明显低于合理范围的出厂价格通过南京某国际贸易有限公司出售给予其有关联关系的宇天药业公司，损害清羽医化公司的利益，构成侵权，应当承担共同侵权的法律责任。

笔者也曾办理过这样一起案件。公司经营难以为继，执行董事决定将公司的机器设备变卖，他在微信群里给各位股东发出通知，告知大家如果买这些机器就出 411 万元，“如果不买我就要卖给别人”。大家反馈说价格卖低了，最后执行董事还是自己决定卖掉了。给大家出示的买卖合同是机器最终被卖了 378 万元，其中定金先付了 170 万元，余款 1 年后支付，另外买家还帮这家公司垫付了 20 万元的房租。这就很奇怪了，买家对这些机器真的那么在意，愿意付如此高额的定金吗？剩余款项一年后支付却愿意支付远远超过法律规定的定金（总价款 20%），还帮忙付房租，这些显然都是不符合商业逻辑的。

最后经过调查，我们认为这是执行董事操纵下实施损害公司及其他股东利益的交易。执行董事与买受人一起合作开设另一家公司，但在交易时却根本没有进行任何披露。

举证

最后，我们来谈一谈关联交易引发诉讼的举证问题。打官司就是打证据，无论是公司提起直接诉讼还是股东提起代表诉讼追究关联交易损害公司利益的责任，都需要向法院提交相应的证据。在这类案件中，原告公司或者股东提交初步证据就可以了，被控实施关联交易损害公司利益的高级管理人员、关联方则需要自证清白：证明的内容包括没有故意隐瞒关联交易情况，已经进行充分披露并依照公司章程的规定作出决策、交易符合商业常规并不损害公司利益等。

在举证上，法律还有两项特殊规则，原告公司或者股东可以运用。

一是申请法院责令对方举证，由法院要求关联关系人及其控制的企业举证，以便法院查明案件事实。因为，基于诉讼诚信的原则，任何诉讼参与人都有配合法院查明案件事实的义务。

二是申请书证提出命令。依照证据规则的规定，如果有初步证据表明相关证据材料在被告（关联方及其控制的关联企业）的掌握下，原告公司或股东还可以向法院申请书证提出命令。由法院作出裁定，强令关联方提交证据；如经法院作出裁定后仍不提交，可以直接认定原告公司或股东主张的书证内容真实。在关联交易损害责任纠纷案件中，对于关联方损害公司利益所造成的损失或者关联方获利情况的审查，就往往需要查阅关联方账簿、原始记账凭证等书证资料，这些资料肯定在关联方控制下。一旦原告公司或股东申请书证提出命令，法院因此作出裁定的，对于案件诉讼结果也就有了相对清晰的预期。

当然，关联交易不是洪水猛兽，法律不是一概禁止关联交易，所以也并没有达到谈虎色变的程度。例如，我们也曾经接触到这样的案件，关联公司中一家企业因失火损失惨重，就可以通过关联交易的方式将另外一家企业的利润适当转移至遭受火灾的企业，以减少企业所得税的缴纳，这也是合理税务筹划的方式。可见，关联交易运用得好是可以起到合法节税、减少中间环节、降低企业运营成本等多方面的作用的。运作得不好就变成利益输送、职务侵占、损害公司利益的违法行为。这“好”与“不好”的边界就在于有无充分披露，是否经过决策，是否损害公司、股东、债权人等相关方的利益。

第 30 讲

公司融资：创业者解决资金问题的规范途径

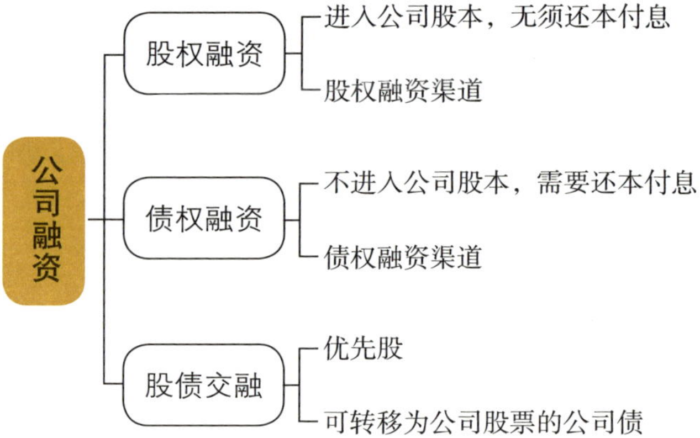
公司融资
股权融资
进入公司股本，无须还本付息
股权融资渠道
债权融资
不进入公司股本，需要还本付息
债权融资渠道
股债交融
优先股
可转移为公司股票的公司债

公司要想做大做强，必须解决发展中的资金问题。融资是公司发展过程中经常需要面对的问题。

公司融资的方式总体上有两类：一是股权融资，二是债权融资。

股权融资，获得的资金会变为公司股本，所付出的代价是稀释原有股东的股权，好处是融进来的钱不需要偿还。

债权融资，获得的资金同样可以补充企业的流动资金，好处是无须稀释原有股东的股权，弊端是必须还本付息。

二者利弊一目了然。

股债交融

随着时代的发展，股与债这两种截然不同的融资工具发生着微妙的变化。投融资市场上出现了股与债两种融资工具交互融合的情况，即股债交融的趋势。

拿优先股来说吧，其本质上是一种股权，但与普通股不同的是，优先股股东是以放弃对公司的经营管理权，获得优先于普通股股东分取公司红利的权利。并且根据优先股股东是否二次参与普通股股东的分红，又可进一步细分为可参与优先股与不可参与优先股。

举例而言，甲公司的股本为 1000 股，其中普通股 800 股，优先股 200 股。公司可分配的利润是 1000 元，如果不区分普通股与优先股，每一股分得的利润是1元。现公司章程规定，可分配利润中的40%用于优先股股东分配，优先股股东不参与剩余普通股股东的分配。

这样一来，全体优先股股东可以分取的利润为1000元×40%＝400元。由于优先股总计有200股，则每一优先股股东分得的红利为400元÷200股＝2元。每一普通股股东分得的利润则为（1000－400）÷800＝0.75元。

如果上述优先股是可参与优先股，则其分得的利润情况将会是这样：

步骤1：优先股股东先分红：可分配利润1000元×40%÷优先股股数200股＝2元/股。

步骤2：优先股股东参与分红：剩余利润（1000元－400元）÷总股数（优先股股数200股＋普通股股数800股）＝0.6元/股。

合并计算每一股优先股获得的分红为：2元/股＋0.6元/股＝2.6元/股。每一股普通股股东可分得的红利为：0.6元。

这就是优先股的操作方式。在我国公司司法实践中，上市的股份有限公司可以公开发行优先股，非上市的股份有限公司可以非公开发行优先股。证监会还专门发布《优先股试点管理办法》对相关事项予以明确。

固定分红

对于有限责任公司来说，完全可以通过公司章程的设计或者全体股东的约定设定优先股，在章程及股东协议中约定“固定分红”即属于这种情形。

“固定分红”是部分股东与其他股东作出约定，将公司委托给其他股东经营，不参与公司经营管理的股东从公司中获得固定分红的盈余分配模式。此时，不参与公司经营管理的股东就处于类似于优先股股东的地位。

只要公司盈利状况良好，按照固定分红执行不伤及股本，不影响依法提留法定公积金，不妨碍公司依法纳税，这样的约定就是有效的。反之，如果公司不符合分红的条件，强行按照事先约定的“固定分红”执行，则违反资本维持原则，构成变相抽逃出资，属于违法分红，应属无效。依照法律的规定，股东必须将违法分得的盈余返还公司。

另外，也不是每一次优先股股东和普通股股东都能够享受分红的，这要取决于公司的经营业绩和有优先股的具体设计方案。如优先股的设计方案是：公司盈利中先拿出 1000 元向优先股股东分配，剩余利润再向普通股股东分配，在上述案件中，优先股每股可分得 5 元，而普通股则没有利润可供分配。

优先股：股中含“债”

由此可见，优先股是“股”中含有“债”的因素，债的因素是相较于普通股股东而言，具有优先获得清偿和满足（优先分红）的效力。归根结底，优先股本质上是股权，优先股股东的出资计入公司股本，是公司发行的特别股份。但在功能上，优先股股东则又享有类似于债权人的地位，相较于普通股股东来说，可以优先分得股息、红利。

当然，从某种意义上说，优先股股东分得的股息、红利，也可以与借款的利息相类比。需要注意的是，优先股股东优先分得股息的前提是公司存在可分配的税后利润，如果公司不具备盈余分配的条件，则不得向优先股派发股息。

纯粹的借贷则不然，无论公司经营盈亏状况如何，都必须按照借贷合同的约定向债权人还本付息。因此，优先股是介于“股”与“债”之间，“股”的属性没变，但“债”的功能已经显现出来，实现了从“股”向“债”迈出了一小步。

可转债：债 + 认股权

可转债则相反，它是“债”中带有“股”的因素。可转债的全称叫“可转换为公司股票的公司债”。可转债的持有人享有选择权，可以选择当债权人，即被动地享受还本付息；还可以选择将其所持有的债券按照相应的价格转换为公司股权。

发行可转债的公司一般每年年中和年末会开放两个窗口期，在此期间内可转债的持有人有权按照公司公布的转换办法，选择将债权转换为公司股权。公司可以用库藏股或者定向增发一部分新股来回购这种债券。可转债的功能是债权附加认股权，持有人是享有认股权的债权人。当然行不行使这种选择权，由债券持有人决定，而不是公司决定。

如果公司业绩蒸蒸日上，可转债持有人通常会选择转换为公司股份，获得迟延满足；如果公司业绩平平，持有人更倾向于立即兑付，获得现实满足。

比如，某上市公司发行可转债，你以 1 元 / 份的价格认购 1000 份，出资 1000 元。这 1000 元在会计处理上会计入公司资产，但不计入公司股本，公司不因你出资 1000 元而增加任何注册资本。可转债的票面利息是年化 4%。公司在发行可转债的公告中明确，每年 6 月 15~30 日、12 月 15~30 日为窗口期，可转债持有人在窗口期可以按照当月 1~15 日股票的平均收盘价转换为公司股份。

举例而言，假定你从当年 1 月 1 日出资 1000 元购入 1000 份上市公司可转债，当年 12 月 1~15 日上市公司股票的平均收盘价为 2.5 元 / 股。此时，你可以有两种选择：一是你作为可转债的持有人，不进行选择，则你仍是债权人，公司应付你 1000 份 × 年化 4%＝ 40 元的可转债债券利息。

当然如果你对这家上市公司的前景十分看好的话，也可以选择在窗口期将所持有的可转债转换为上市公司股票。此时，你所持有的可转债本息 1000 元＋ 40 元＝ 1040 元。按照 2.5 元 / 股折算，你可以将所持有的可转债转换为 1040 元 ÷2.5 元 / 股＝

416股的股份。在你选择转换为公司股份后，对公司而言，这是一次典型的债转股，公司相应增加股本1040元。你成为公司416股的股份持有人后，则不受可转债窗口期的约束，可以将所持有的416股的股份在资本市场上自由买卖。

因此，可转债虽然在持有期间是“债”，但一旦持有人选择转换为“股”，则实现从“债”到“股”的质变。

股权融资

接下来我们分别探讨一下股权市场和债权市场，这是公司融资话题中的重要内容。

股权融资分为这样几个层面。

一是向现有股东融资，即现有股东追加投资。这涉及股东对于新增资本的优先认购权的问题。为了保证股东的股权不被稀释，法律规定股东对于新增加的公司股本，有按照现有持股比例优先认缴新增注册资本的权利。

二是引进特定外部投资人，增加新的股东。这会涉及新股东介入引发原股东持股比例降低和稀释的问题。

三是引进风投。引进风险投资人，涉及公司估值和业绩对赌的问题，我们将在下一讲进行专题讨论。

四是在资本市场发行股份。这是上市公司惯常的操作方式，因为上市公司自身就是一个融资平台。但非上市公司则无法利用资本市场直接向不特定的多数人募集股权、兜售原始股，否则将构成擅自发行股票罪，要被追究刑事责任。

债权融资的“四驾马车”

债权融资在我国一直是“四驾马车”，即交易所债权市场、银行间债权市场、金融机构借贷以及民间债权市场。

交易所债权市场是公司债权的上市交易，即便企业本身不是上市公司，甚至不是股份有限公司，但如果其符合债券上市交易的条件和程序，也可以在上海证券交易所、深圳证券交易所以及其他证交所上市交易。现行《证券法》已经全面采取注册制，债权上市亦同样遵循向证券交易所提出申请，由证券交易所依法审核同意，并由双方签订上市协议的流程。

证券交易所根据国务院授权的部门决定安排政府债券上市交易。并且公开发行公司债券筹集的资金，必须按照公司债券募集办法所列资金用途使用。如果改变募集的资金用途，必须经债券持有人会议作出决议。此外，公开发行公司债券筹集的资金，不得用于公司弥补亏损和非生产性支出。

银行间债券市场在实践中早就实现了注册制。银行间交易市场的参与者主要是银行、保险、基金等金融机构，它们具有非常强的专业知识和专业能力，完全可以实行注册制。

银行间债权市场的操作方式是这样的：某企业需要融资 1 亿元，它可以找到一家银行，这家银行我们简称为 A 银行。A

银行经过评估承接了这项业务，但不想单独向这家企业放贷，于是它可以在银行间债权市场上发出一个标的，分出一部分额度由其他银行或者基金认购。比如，B 银行认购 2000 万元，C 基金认购 1000 万元等。B 银行认购的 2000 万元的操作就可能是多种多样的了，既可以是自有资金，也可能是归集的公众理财资金——如 5 万元起售年化收益率为 4%。这样经过 B 银行的理财、B 银行购买 A 银行的债权标的，公众的资金就间接地参与到企业融资中去了。最后，这家企业付给 A 银行利息及手续费，A 银行付给 B 银行利息，B 银行再根据客户购买的理财产品的属性（如固收、浮动收益、组合型基金）等方式向客户兑付理财收益。基金的操作也是一样，可以进行各种交叉配置，实现投资收益。

金融机构借贷无须多说。企业向银行、信托、保险、保理等金融机构质押融资、借款融资是经常发生的。符合条件的也可以无需抵押、质押等担保措施，金融机构即可直接发放信用贷款。国家鼓励金融机构面向中小微企业发放融资贷款。

最后一种融资渠道便是民间借贷了。现在这种借贷方式是予以严格规制的，只能限缩在偶发的场所和情形。比如，法院在审理民间借贷案件时会进行职业放贷人筛查，会要求原告提供名下所有银行卡 1 年内的交易记录，在审理案件时会要求借贷双方本人必须到庭。同时，多地法院与税务部门还建立了联动机制，要求民间借贷的贷款人对收取的利息依法缴纳个人所得税。

《民法典》合同编“借款合同”一章明确规定，禁止高利放贷，借款的利息不得违反国家有关规定。借款合同对支付利息没有约定的，视为没有利息。根据最高人民法院最新发布的关于民间借贷的司法解释，双方约定的利息超过合同成立时一年期贷款市场报价利率 4 倍的，则不受法律保护。

锦囊：掌握 LPR

自 2019 年 8 月 20 日起，全国银行间同业拆借中心根据中国人民银行的授权每月发布贷款市场报价利率（LPR）。LPR 每月 20 日（遇节假日顺延）9 时 30 分公布，可通过全国银行间同业拆借中心或中国人民银行官网查询。

第 31 讲

风投对赌：创业者如何看待风险投资的引入

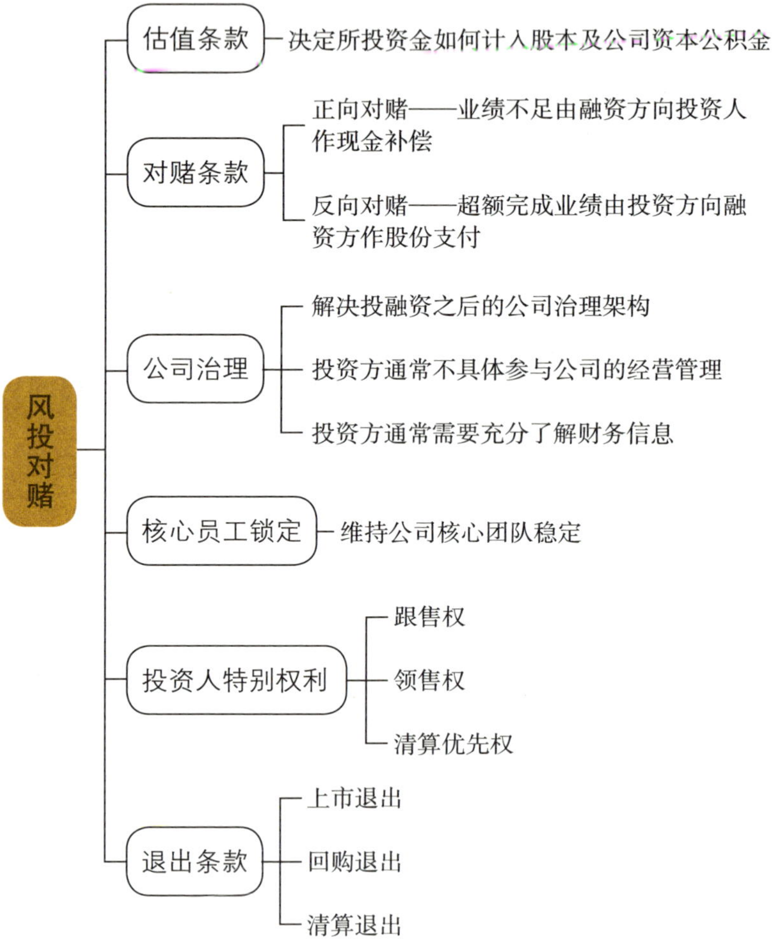
风投对赌
估值条款
决定所投资金如何计入股本及公司资本公积金
对赌条款
正向对赌——业绩不足由融资方向投资人作现金补偿
反向对赌——超额完成业绩由投资方向融资方作股份支付
公司治理
解决投融资之后的公司治理架构
投资方通常不具体参与公司的经营管理
投资方通常需要充分了解财务信息
核心员工锁定
维持公司核心团队稳定
投资人特别权利
跟售权
领售权
清算优先权
退出条款
上市退出
回购退出
清算退出

引进风险投资者是公司实现飞跃发展的捷径。用得好，可以振翅翱翔，如某家乳品企业曾经就是如此；用得不好，也可能折戟沉沙，如某餐饮企业创始人的黯然离场。

对赌协议（Valuation Adjustment Mechanism，VAM 估值调整协议）是投资方与融资方在达成协议时，双方对于未来不确定情况的一种约定。如果约定的条件出现，投资方可以行使一种估值调整协议权利。如果约定的条件不出现，融资方则行使一种权利。所以，对赌协议实际上就是期权的一种形式。

按部就班地做传统企业是不涉及引进风投和对赌的。但是当企业与流量联系到一起，与高新技术联系到一起，与资本市场联系到一起的时候，引进风险投资就变得十分普遍，对赌也就应运而生。如果某餐饮企业只开一家餐饮店，自然不涉及风投和对赌的问题；但当这个企业在酝酿上市计划的时候，风投介入则成为实现“弯道超车”的优选方案。

公司估值

风投介入的第一个大问题是公司估值问题。尽管有着各种各样的定价模型，但大多数对于估值的确定还是靠拍脑袋。在你看来一钱不名的东西，在我看来可能是敝帚自珍，价值连城。

融资方（企业）对于选择投资人也是货比三家，这涉及将自己辛辛苦苦创下的家业分出一部分“股权”给别人，割肉是痛苦的，也是需要勇气的。

因此，理想的投资人既要能够投下实实在在的真金白银，又要能够包装这家公司，策划它实现“弯道超车”，导入流量或者资源；融资方还希望付出的代价最小，肉割得少一点。为了迅速将企业做大做强，实现“弯道超车”甚至直接转换赛道，有时也需要企业家有一定的冒险精神，需要有放手一搏的勇气。

梦想总是要有的，万一实现了呢？对于投资人来说，大多是久经沙场的老手，对于估值问题自然也十分关注。这就涉及一个选择的问题：把公司估值做得很高，投资人会要求高额的对赌业绩。然而，一旦完不成，融资人必须按照相关条款执行，公司可能就会遭受重创。

那不妨采取反向对赌的方式，把公司估值设定得低一点，这样对赌业绩完成的可能性是非常大的，同时设定这样一种机制：一旦超额完成对赌业绩，投资方要给融资方股权奖励，将投资方手中的股权交还一部分给融资方。

一份完整的投融资协议动辄20几页甚至30来页，涉及的内容十分广泛。由于风险投资本身是“舶来品”，因此，合同文本也大多带有引进合同的味道，有很多条款其实是可有可无的或者说虽有一定的意义，但作用并不是很大，诸如定义、陈述与保证、通知、授权、保密、附则等。

投融资协议

接下来，我们重点分析一下投融资协议的核心条款。

1. 估值条款

投后估值涉及各方股权结构的再分配，自然是投融资协议的首要条款。比如，甲公司注册资本 1000 万元，投资人拟投入 2000 万元，以投后估值 5000 万元为基准，占公司股权的 40%。

在这个案件中，显然不能简单地将资金相加计算公司增资后的注册资本。对于投资人资金的处理应当分为两部分：一部分计入注册资本，并据此测算投资人的持股比例；另一部分列入甲公司的资本公积金。计入公司注册资本的金额可设定为 x，我们需要解一个方程式就可以算出 x 的具体数额：

$$\frac{x}{1000+x}\times 100\% = 40\%$$

方程式左边表示的投资人计入注册资本的金额 x 与投资后总的注册资本（$1000+x$）的比例与右边 40% 这一比例是相等的。由此可以计算出 $x=666.67$ 万元。

那么投资人的 2000 万元中有 666.67 万元计入注册资本，增资后甲公司的注册资本增加至 1666.67 万元。这也是为什么很多引入风投的公司，其注册资本数额精确到小数点之后。剩余的金额 1333.33 万元（2000 万元 –666.67 万元）则列入甲公司的资本公积金。如果甲公司今后经营得好，业绩对赌指标完全达到，则列入资本公积金的金额将用来转增注册资本，转增之时甲公司所有股东的股权价值将得到同比例提升，包括原股东和投资人在内的所有股东将按照股权比例同等受益。

2. 业绩承诺与补偿条款

投资人自然不愿意做冤大头，2000 万元投进来只做个小股东，仅持股 40%。所以投资人一定会要求原有股东在今后三年内承诺业绩。比如，设定 2020 年、2021 年、2022 年三年为对赌期，在这三年内甲公司的业绩应不低于 3000 万元、5000 万元、8000 万元。当业绩较高时，即便只有 40% 的股权，其所能获得的收益也是可观的。这样一来，投资自然是值得的。

这是一个数学模型，理论上，你可以把公司估值定得很大很大，这样投资人的持股比例可能非常小，但只要对赌业绩设置得足够大，投资人还是有利可图的。

既然有业绩对赌，那就有完不成怎么办的问题，这就涉及原股东对投资人的补偿问题。比如，设定补偿机制为：如果 2020 年实际净利润数小于 3000 万元，融资方（原股东）应对投资方进行现金补偿，现金补偿的金额如图 31-1 所示。

现金补偿金额＝［（2020 年预测净利润数 3000 万元 -2020 年实际净利润数）÷2020 年预测净利润数］× 目标公司 40% 股权融资价格 2000 万元

图 31-1　现金补偿金额计算公式

比如，2020 年目标公司的实际业绩为 2500 万元，按照上述业绩补偿标准，可以计算出现金补偿额为：

[（3000 万元 −2500 万元）÷3000 万元]×2000 万元 = 333.3 万元

此时，融资方原股东应当将 333.3 万元以现金方式支付给投资方。相应地 2021 年与 2022 年的业绩补偿也可以类似设定。通过上述业绩补偿机制，就可以很好地维护投资人的利益。

投资方与融资方在具体对赌的设计上是各有心思的。

作为财务投资人，投资方肯定想着“稳赚不赔”，而且最好能赚大钱、快钱。业绩对赌成功自然皆大欢喜；业绩对赌失败，也可以要求融资方的实际控制人回购股权从而退出。

融资方通常这么想：赌赢了大赚一把，赌输了最好也别输得一无所有。因此，对于目标公司的原股东来说，特别不想让自己背负股权回购的义务。很多时候，看这个项目的主导权或者决定权在谁那里，是融资方市场还是投资方市场，说到底就是谁求谁，有没有选择空间的问题。

笔者就接触过这样一起融资需求，最后给融资方设计三套对赌方案。

一是上市对赌，约定 2025 年在 A 股或 H 股或创业板、科创板上市，以此作为对赌条件。

二是业绩对赌，这家企业是医药行业，我们细化为 2022 年、

2023年、2024年新药申请的数量。

三是估值对赌，即在2025年前下一轮融资时估值从本次融资时估值1.5亿元跃升至估值8亿元。

并且，这三个方面的业绩对赌是独立的，只要满足一项就视为整个项目完成了业绩对赌，投资方就不得主张回购股权。

在研发团队确定新药申请能够顺利实现的前提下，如此对赌设计就很好地解决了融资方实际控制人（海归博士团队）的后顾之忧，使他们可以放开手脚专心致力于研发。

顺便提一句，在科技含量很高的领域，如医药、纳米技术、量子科技等领域，前期注定是要烧钱了，没有资本的孵化就没有后来的现象级（意指卓越）企业。如果动辄让融资方的实际控制人，主要是技术人才背负投资失败的回购义务，科技创新就无从谈起。

所以，现在也流传这样一句话："硅谷无对赌。"目前，各地政府大力推动科技创新，对于引进海归博士，特别是医疗、纳米等高新技术企业，往往有很多政府类引导基金投入，对于这些技术人员来说，如果需要背负个人回购义务，则是一种不可承受之重，他们往往不会接受个人回购义务。

3. 公司治理

在对赌问题中，最容易扯皮的是公司治理问题。一旦没有完成对赌业绩承诺，双方就会相互指责。

投资人会说："你完不成业绩对赌，你要给我补偿。"

融资方则会这样讲："之所以没有完成业绩对赌，完全是你方对公司事务干涉过多，造成公司没有按照我们预定的方向经营。你方在这个过程中是有责任的。"

据此而言，投融资协议中需要明确公司治理条款，即由谁管理公司事务。投资人如果仅仅是财务投资人，他对于公司事务通常是不感兴趣的，即不会掺和到公司的具体经营事务中去。

投资人往往关心所投资金的用途，关心公司的财务状况等。因此，在投融资协议中，融资方往往需要掌握公司事务的经营权力，这样才能在无法完成业绩承诺时"愿赌服输"。

投资方虽不具体管理公司的经营事务，但基于对投资安全性的考虑，往往需要派驻一名财务总监，监督所投资金的用途，了解企业的财务信息，实时掌控企业的财务状况。对于专业的财务投资人来说，不同项目的财务总监还需要定期轮换，以防止自己委派到目标公司的财务总监被融资方收买。

4. 核心员工锁定条款

投资人投资一家具有一定技术要求的企业，往往会设定核心员工锁定条款；规定相关的核心员工在业绩对赌期内不得离职，并且负有竞业禁止及保密义务。目标公司与相关核心员工签订覆盖业绩对赌期间的劳动合同、竞业限制协议及保密协议是作为投资方投资目标公司的先决条件。

核心员工的范围、核心员工变动的人数都会被限定在一定的范围，否则便会触发回购条款。

5. 投资人的特别权利

在投融资协议中，投资人的特别权利往往会约定反稀释权、领售权、跟售权、清算优先权。

反稀释权一般是这样约定的：目标公司如果进行新的股权融资，其估值不得低于本次投资的投后估值价格，其投资条件不得低于本次投资条件。如果进行新的股权融资时，其价格及条件低于本次投资，则实际控制人必须以现金或转股的方式给予投资方补偿，使得投资方已投权益不低于新的股权投资者。

跟售权条款的功能是“你卖我也卖”，如果融资方的控股股东对外转让股权，投资人有权按照相同配比一并出售。其条款设计大致是这样的：

如控股股东向第三方（拟议受让人）转让其持有的乙方（目标公司）的股权，其应就其股权转让事项分别书面通知（转让通知）投资人，转让通知中应列明拟转让股权的数量、总价款和每股价格、受让方的身份，以及其他与该等拟进行的出售有关的条款和条件。投资人在收到转让通知后的十个工作日内未答复的，视为同意出售。在同等条件下，投资人享有优先购买权。如果投资人不行使其优先购买权，则投资方有权但无义务要求与控股股东共同以相同的条款和条件并以相同的每个股权百分比的相同对价向拟议受让人出售一定数量的乙方的股权（跟售权），该数量的最高值可由控股股东拟转让的乙方的股权总额乘以投资人在乙方的持股比例得出。甲方（投资方）有权在收到转让通知后的十个工作日内，向转让方递交书面通知，行使其跟售权。

领售权是这样一种机制，在投资方没有行使回赎权利时，有权要求目标公司全体股东与投资方一起以相同比例及同等的价格和条件向任何第三方出售其持有的公司股权，如目标公司任何股东不同意该出售，则其应按照第三方提出的价格收购甲方的全部股权，不收购的视为同意。

跟售权是“你卖我也卖”，领售权是“我卖你也卖”。

清算优先权是这样一种机制，如果目标公司在对赌期内发生破产、解散等清算事由的，投资方有权在清算利益中优先得到满足。只有在投资方满足后，目标公司原股东才可以获得清算收益。清算优先权的设置，使投资人有权优先分得目标公司清算后的剩余财产，本质上是优先股的一种。

6. 退出条款

风险投资人把“企业当猪养，也把企业当猪卖”。

风投获得的是财务投资人的投资收益，而不是追求公司的产业利润。风投成为股东是暂时的，除非被“套牢”，对赌业绩没有实现且追索目标公司原股东没有意义，它不追求行业利润。所以，投融资协议中一定会涉及风投退出机制。退出机制大致有以下几种类型。

（1）上市退出。目标公司上市且原股东禁售期结束后，风投抛售股权后退出目标公司。

（2）股权回购。风投行使退出权，由目标公司原股东按照退出安排回购风投持有的股权。

（3）管理层收购（MBO）。管理层收购，主要是指创业公司发展到一定规模后，公司管理层利用银行、信托等融资方式回购风投持有的股权，从而清退风险投资人，改变公司的股权结构。管理层收购也是股权回购的一种方式，只不过这种回购是公司管理层主动发起的。

（4）清算退出。目标公司经营不善，风投及时清算逃离，也不失为一种次优选择。

风投对赌多少带有“赌”一把的成分。对于风投来说，在做任何一次投资前都是要进行财务、法律的尽职调查。尽职调查中发现的问题会作为投资的前提条件或先决条件，在投融资协议中还会要求目标公司及现有股东做各种各样的陈述与保证，这些约定从融资方的角度来看，大多带有“城下之盟”的意味，往往也会被写进投资协议中。作为投资方解除合同的条件，这些条件要么不启动，一旦启动在法律上都可能成为压垮融资方的最后一根稻草。

从投资方的角度来看，还需要明确一个问题——和谁对赌？现有的司法实践极其有限度地支持与目标公司对赌。换句话说，与目标公司进行对赌，十有八九难以得到法院支持。目标公司赌输了，需要回购或者补偿的时候，涉及投资人股东从公司中抽回出资的问题，这就涉嫌抽逃出资，违反法律的规定。

司法实践中，在审理与目标公司对赌的问题上，可以判决与目标公司的对赌约定有效。但是，如果目标公司没有履行减资手续，法院则不支持投资人实际执行对赌的内容。一旦目标公司通过减资手续减少公司注册资本，则涉及需要书面通知全体公司已知债权人并且在报纸上进行公告。债权人因此获得要求目标公司提供担保或者提前清偿债务的权利，干涉公司的减资行为。

在对赌失败的情况下，目标公司通过减资回购投资方的股权，往往仅具有理论上的意义，司法实践中很少能够落地。因为在大多数情况下，此时目标公司已经无资可减，公司登记的注册资本此时仅仅是一个数字而已。

因此，最有效的对赌是与目标公司原股东及实际控制人进行对赌，这样赌输了由他们“放血”，不伤及目标公司的股本。要想把目标公司也牵扯进来，最好的办法是在投资协议中约定，目标公司对原股东及实际控制人的回购义务提供担保。按照法律规定，这也属于公司为股东或者实际控制人提供担保，属于关联担保的一种。关联担保需要经过没有关联关系的其他股东作出股东会决议。在投资协议中，所有股东都签字了，可视为作出股东会决议，这样的操作在一些案件的审理中是得到法院认可的。

对赌失败的风险

一段时间以来，餐饮企业要想上市是很难的，因为它的成本、收入、支出都很难进行精准审计。大师傅采购食材，到菜市场现金交易就行了，客人吃饭付款采用现金交易且不开发票也很正常。因此，餐饮企业似乎没有必要上市融资，也很难得到资本市场的青睐。

有段时间风向变了，经济下行的时候，餐饮企业反倒成了“香饽饽”。因为吃饭大部分还得采用现金结算，赊账挂账的是少数。这样一来，餐饮企业的现金流充沛，有一家火锅企业就是在这种背景之下上市的。此时，一家知名餐饮公司的创始人也在谋划企业上市，最终敲定一家资产管理机构作为风投，对赌约定以上市为条件。

资本市场就是这样，寒潮来得快，去得也快，风云变幻，波谲云诡。眼瞅着对赌期限即将到期，A股上市似乎没有希望了，资本市场“堰塞湖”与上市排队成了这家知名餐饮公司上市的障碍，时间上等不起了。

关键时刻，只能另辟蹊径，在 A 股上市走不通，只好把眼光放到香港或者国际资本市场。要想到境外上市，就必须经过商务部的批准，这个批准程序也是耗时颇久的，知名餐饮公司同样等不起。

要想绕开商务部的批准程序，那就只有把知名餐饮公司变成外资企业，让它的核心股东是外国人。换言之，创始人得移民。时间紧迫也就只好如此了，于是创始人移民至太平洋的某一岛国。

事情似乎就此解决，不承想半路杀出个“程咬金”。正是：为上市实控人移民，起风云北京城诉讼。知名餐饮公司的一位高级管理人员与公司发生纠纷，据说当时公司曾答应给该高级管理人员一套房子，不管怎样，纠纷出来了。当这位高级管理人员提起诉讼时，经过查询，发现创始人居然已经是外国人了。

一个外国人怎么能够成为国家政协委员？媒体记者追问连连，知名餐饮公司一方无法接招，一拖再拖，对赌期到了，对赌失败已是不争的事实。

三个条款，即股份回购条款、领售权条款、清算优先权条款，使得知名餐饮公司的创始人黯然出局。

投资方提出对赌失败，创始人一方应按照合约价格回购其股权，此时创始人自然没有回购能力。既然如此，投资方行使领售权，将所持有的知名餐饮公司的股权公开出卖。既然是领售，那就是“我卖你也卖”，创始人一方必须跟着一起卖，直到能够赔偿投资方的损失，最后由一家国际风投对此进行收购。因所出售的股权达到50%，这就构成投资合同约定的知名餐饮公司公司的清算事件，触发清算优先权条款，投资方在清算中优先获得清算利益。至此，知名餐饮公司完全易主，创始人黯然出局。

总而言之，企业在对待风投的态度上，既没有必要“谈风投色变”而划清楚河汉界，也没有必要为了融资而融资，不切实际地抬高估值。一切从企业的基本面出发，善于利用风投，合理确定估值并设定务实、可控的对赌业绩承诺。唯有如此，才能行稳致远，实现融资目的。

第 32 讲

公司增资：如何防止股东股权被稀释

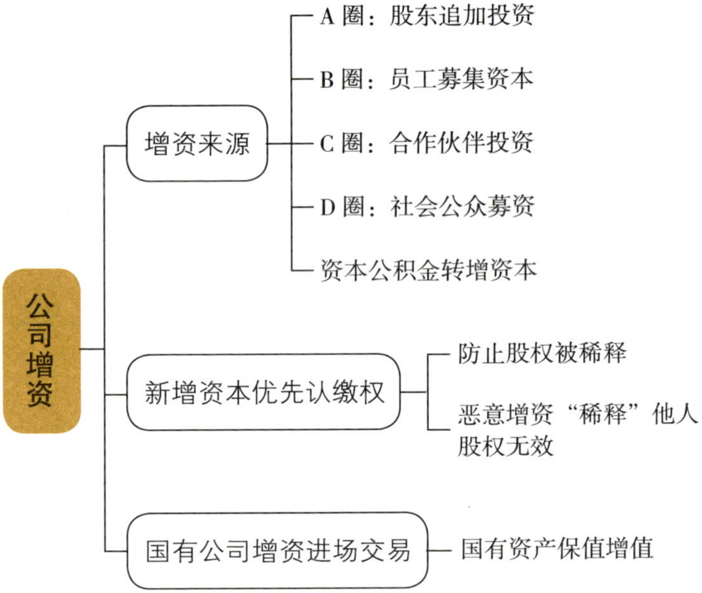
公司增资
增资来源
A 圈：股东追加投资
B 圈：员工募集资本
C 圈：合作伙伴投资
D 圈：社会公众募资
资本公积金转增资本
新增资本优先认缴权
防止股权被稀释
恶意增资“稀释”他人股权无效
国有公司增资进场交易
国有资产保值增值

企业要做大做强，经常会涉及增加注册资本的问题。简单来说，公司增资主要有以下三种方式。

一是现有股东追加投资。现有股东追加投资比较简单，大家一起商量一个办法就可以了。

二是公司资本公积金转增资本。公司资本公积金转增注册资本也比较容易理解，即股东会通过增资决议，将资本公积金中的一部分用来增加注册资本，这样全体股东都无须额外出资，就可以享受股权增值的好处。

三是外部投资人增资扩股。外部投资人增资入股，则是引进外部力量，把公司做大做强，典型的如引入风投。外部投资人增资扩股不限于风投，很多情况下也可以寻找到另外愿意投资入股的其他人员。

防止股东的股权被稀释

增资过程中的一个问题是如何防止现有股东的股权被稀释。为此，法律给每一位股东一个权利，法律术语叫“新增资本优先认缴权”。每一位股东都可以按照自己现有的持股比例，认缴公司新增的注册资本，这样做就可以保证注册资本增加后股东的股权比例至少保持不变，股权不会被稀释。

新增资本优先认缴权是很有威慑力的，假如你是一家公司的股东，如果你坚持行使新增资本优先认缴权，公司就必须满足你的要求，任何人无权稀释你的持股比例，从而导致你在公司中的话语权和控制力减弱，否则就构成对你新增资本优先认缴权利的侵害，相关决议就应当被认定为无效。

公司增资是法定的重大事项，必须经代表股东表决权 2/3 以上股东同意，方为有效。但如果公司决定取消现有股东新增资本优先认缴权，对于新增资本在股东之间按照不同比例增资，仅仅经过 2/3 以上表决权通过还不行，必须全体股东对此均无异议，或者说至少不存在对此议案提出反对的股东。

如前所述，新增资本优先认缴权是股东法定的权利，如果予以排除，必须征得该股东的同意。否则，相关股东会决议将会被认定为无效，至少对反对的股东无效。

因此，如果公司在增资时决定不按照现有出资比例增资，原则上应得到全体股东的同意。当然，这种同意既可以是当时同意，也可以事后追认同意。

笔者就曾办理过这样一起案件。江苏常州的一家化工公司，登记的股东为夫妻二人，注册资本为 100 万元。后基于合作关系，公司股东一起签署一份《股东合作协议书》，原股东约定将公司 30%的股权转让给笔者的委托人，委托人支付 15 万元股权转让款并承诺将为公司开拓相关市场。尽管委托人并未在公司登记机关登记为股东，但多年来公司股东一直按照《股东合作协议》的约定，每年对账分红。后双方因公司账目是否清晰、规范产生争议，经过调查发现在两年前这家化工公司的注册资本已经从 100 万元增加至 1000 万元。

由于我方委托人并非公司登记的股东，增资决议由原股东夫妻二人作出决议即可。最后，我方在常州市某区人民法院提起股东资格确认之诉。法院审理后认为，我方委托人的股权比例已经在《股东合作协议书》中书面确认，虽然原股东夫妻二人决定增加注册资本，但该增资事实并未通知《股东合作协议》中已经确认的股东（委托人）。根据法律的规定，公司登记事项发生变化的，应当办理变更登记。委托人经过书面协议确认为公司股东，且每年实际行使股东盈余分配权等股东权利。化工公司如需进行增资，应当通知全体股东，包括已经全体股东确认的新股东。

在案事实表明，所谓公司增资系认缴增资，增资款项并未实际缴付，且存在恶意增资以稀释未经登记股东股权的情形，故这一“增资”行为对新股东并不生效，仍应按照《股东合作协议》确认的股权比例确认委托人的持股比例。

最终，法院判决确认委托人自《股东合作协议》签订之日起享有化工公司的股东权利，持股比例为 30%；化工公司及原股东夫妻二人应在判决生效之日起 10 日内协助委托人办理上述股权变更登记手续。

由于《公司法》对公司注册资本采取认缴登记制，因此，对于新增注册资本，股东具体出资的方式、出资期限等均可以由公司及新增注册资本的股东进行商定，并作出相应的增资决议。与公司设立时通过认缴出资取得股东资格相同，通过向公司增加注册资本取得股东资格，都属于股东资格的原始取得。

因此，股东如何缴付增资的问题，与公司设立时股东如何认缴出资、如何实际缴付出资在本质上并无不同。

唯一区别的地方在于，公司新增注册资本时，公司法人主体资格以及董事会、经理层等组织架构已经存在。

故而，法律强化董事、高级管理人员对于新增注册资本的催收义务。同时明确，如果董事、高级管理人员不履行催收注册资本的义务，导致公司未能及时收到股东认缴的增资款，损害公司及债权人利益的，应当与瑕疵增资的股东连带承担资本充实责任。

选择路径

当然，绝大部分公司战略调整时都会面临原有股东的股权被稀释的问题，如果不稀释原有股东的股权，那么外部战略投资者就无法引进来。很多知名企业家，他们在公司的股份不足10%，但这并不影响他们对公司的绝对控制。

所以，对企业家而言，选择100%持有一家小公司的股权，要么这家小公司要缓慢发展小富即安，要么濒临倒闭前景黯淡。选择持有一家大公司20%的股权，盘子很大前景光明。理性的创业者当然选择的是后者。

然而，我们也不能小瞧这个新增资本优先认缴权，有时候争议就是因此而引起的。有这样一起案件就很有意思：一家电子商务公司的注册资本为 620 万元，做的业务是电子数据安全认证。后来国家颁布的《电子签名法》，对这类公司注册资本规定的最低限额为 3000 万元。这家公司原有三位股东：吴辉（化名）出资 200 万元、启明中心（化名）出资 200 万元、数据化发展（化名）出资 220 万元。如果同比例增加注册资本到 3000 万元，那么，吴辉与启明中心需要增资 767.5 万元，数据化发展需要增资 845 万元。

然而，由于当时国资审批等原因，两家法人股东无法完成增资。吴辉表示自己有能力出资，如果其他两家不出资，她一人可以将注册资本增加到 3000 万元。然而，国有资本当时要求占有绝对优势。

这就陷入了两难的境地：不能既让马儿跑（国有资产占优势），又让马儿不吃草（解决不了国有资本追加出资的问题）。最后，有人想到，既然增资和公司合并都是需要 2/3 以上表决通过就可以了，那么不妨采取这样一种解决方式：数据化发展找来两家公司——明迪公司（化名）与互联网公司，三家凑足电子商务公司的增资差额 2380 万元，设立雅宇公司（化名）。雅宇公司设立后与电子商务公司合并，这个决议需要电子商务公司 2/3 以上股东表决权通过。启明中心与数据化公司合计表决权为 67.74%，恰好过了 2/3。

于是两家公司决议合并后，注册资本正好凑足 3000 万元，既解决了国有资产控股的问题，又解决了注册资本增加的问题。这起案件详细情况如图 32-1 所示。

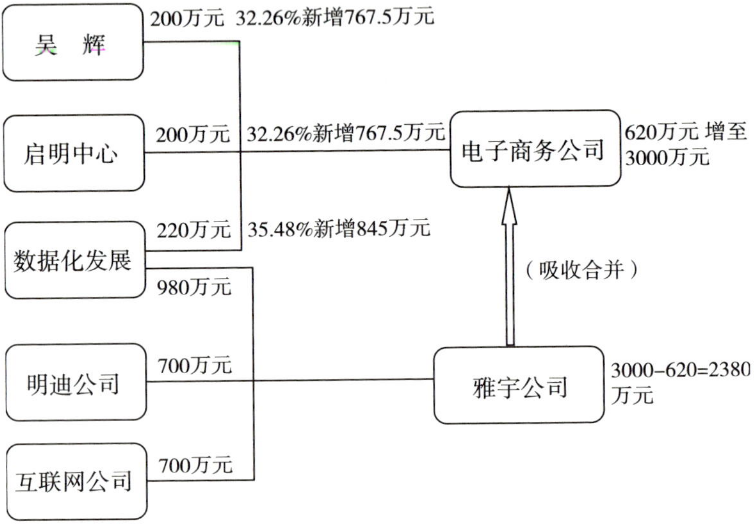

图 32-1　增资案件示意

对该案而言，在公司合并事项上吴辉投了反对票。吴辉最后起诉到法院，法院经过审理后认为雅宇公司被电子商务公司吸收合并，本质上是解决电子商务公司增资的问题。况且两家公司合并，并不是简单注册资本数字相加，还需要考虑合并各方的债权债务问题。这样的合并侵害了吴辉对于新增注册资本的优先认缴权。换句话说，吴辉有权要求增资过程中保证自己的持股比例不被稀释，不因增资行为导致自己对于公司的控制能力减弱。

最终，法院判决电子商务公司吸收合并雅宇公司的股东会决议无效，确认吴辉有权按照出资比例对电子商务公司新增的注册资本享有优先缴纳的权利。

有时候，公司想做大做强，需要找资金。按照出资人员的远近来划分，肯定是由内向外，这样磋商成本最低。最近的是原来股东追加出资（称为 A 圈），然后是向公司的员工集资（称为 B 圈），再往外扩展至公司上下游的业务合作伙伴（称为 C 圈），再到外部社会公众（称为 D 圈）。如图 32–2 所示。

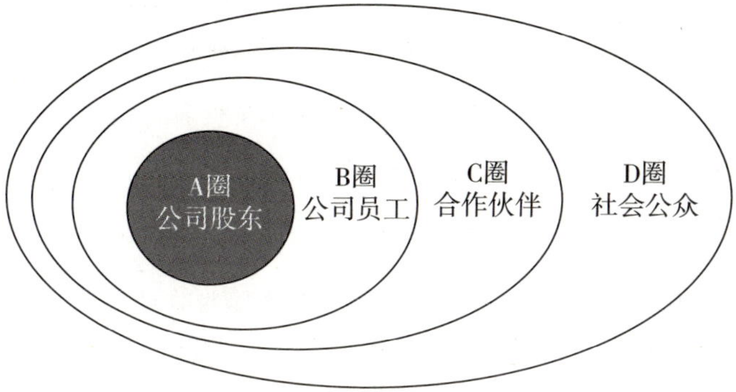

图 32–2　出资人员分布

通常来说，公司按照由近及远，从 A 圈到 D 圈进行融资，符合磋商成本最低，也符合由易到难的正常认知逻辑。从 A 圈融资，实际上就是公司原股东追加投资；从 B 圈融资，一定程度上带有股权激励的味道，有利于将员工与公司利益捆绑；从 C 圈融资，则涉及整合上下游资金，有利于整合上下游产业链，最后才是面向社会融资。

增资过程中引进风险投资者是十分常见的，有关风投进入后估值、对赌、退出等环节，详见“第31讲：风投对赌：创业者如何看待风险投资的引入”。

进场交易

基于国有资产保值增值的考虑，国有公司增资也涉及进场交易的问题。

2005年12月19日施行的《关于进一步规范国有企业改制工作实施意见的通知》中提出：“拟通过增资扩股实施改制的企业，应当通过产权交易市场、媒体或网络等公开企业改制有关情况、投资者条件等信息，择优选择投资者；情况特殊的，经国有资产监督管理机构批准，可通过向多个具备相关资质条件的潜在投资者提供信息等方式，选定投资者。”

2016年6月24日，国务院国有资产监督管理委员会、财政部发布实施《企业国有资产交易监督管理办法》就企业国有资产交易用专门章节对企业增资进行规范。《企业国有资产交易监督管理办法》将增资作为国有资产交易的范畴，并细化了规则，将公开交易的范围由增资扩股实施改制情形扩大到符合条件的所有类型增资。

以上海联合产权交易所为例，就公司进场增资事项，上海联合产权交易所于2019年8月14日发布《企业增资业务规则（试行）》《有限公司企业增资业务择优确定投资人操作流程》《有限公司企业非公开协议增资操作流程》等规范性文件予以专门规定。通过发布增资信息、登记投资意向、确定合格意向投资人后，在合格意向投资人之间选用竞价、竞争性谈判、综合评议等投资人择优确定方式，最终确定正式增资人。

提示：擅自兜售“原始股”涉及犯罪

《刑法》里有一个罪名叫擅自发行股票罪，有些公司老板因此身陷囹圄。

根据法律的规定，公司要公开发行股票，此前需要证监会的批准，现在《证券法》将证券发行改为注册制，审核权限下放到证券交易所。

法律特别规定，股票的公开交易只能在交易所进行挂牌交易或者在全国股权系统等场所进行交易。如果公司自己到处兜售所谓“原始股”，则有可能触犯擅自发行股票罪。

上海一家公司就让其员工及相关中介机构对外擅自出售原始股募集资本，最终被法院判决构成擅自发行股票罪。

换言之，个人从场外取得的股票不具有法律效力，其股东权利也不受保护。擅自发行股份的公司及其直接负责的主管人员还应被追究刑事责任。即便不构成擅自发行股票罪，也有可能涉嫌非法集资罪，不可不慎。

第 33 讲

公司减资：如何规范地实现体量“瘦身”

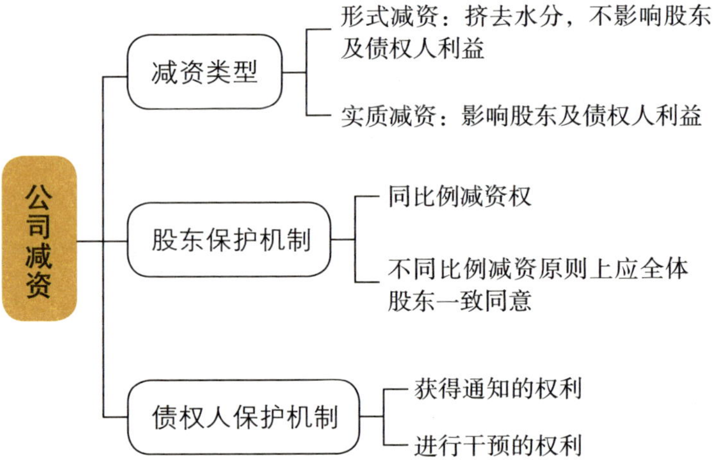
公司减资
减资类型
形式减资：挤去水分，不影响股东及债权人利益
实质减资：影响股东及债权人利益
股东保护机制
同比例减资权
不同比例减资原则上应全体股东一致同意
债权人保护机制
获得通知的权利
进行干预的权利

早期公司法遵循严格的资本维持原则，即公司运营中的动态资本与公司注册登记上的静态资本必须保持一致，它强调的是公司登记资本的公示性、权威性，不允许公司登记机关登记公示的注册资本受到任何挑战和质疑。在严格的资本维持原则下，如果公司运营中的动态资本小于公司登记注册的静态资本，公司就应当办理减资手续。

现在，《公司法》原则上采取的是注册资本认缴登记制。在认缴制下，设立公司变得异常简单，加之商事登记制度改革和“放管服”改革，注册公司当老板，领取营业执照几乎成了“立等可取”的事情。

现实中，公司也存在大量地减少注册资本的需求。比如，通过减少注册资本实现公司体量“瘦身”，通过减少注册资本豁免股东的后续出资义务，通过公司减少注册资本实现中小股东的退出等。

需要注意的是，减少公司注册资本属于公司重大事项，需要经过股东会特别多数决议，即需要股东会 2/3 以上表决权通过。同时，减少注册资本意味着公司责任财产减少，这将有可能损害公司债权人的利益。

因此，法律赋予债权人对公司减少注册资本的干预权，即债权人有权要求公司提前清偿债务或者提供担保。这种权利对于债权人而言是一种选择权，可以选择要求公司提前清偿。如果债权人选择这种方式，将成立法定的债权提前到期。当然，债权人也可以要求公司提供担保，以保障自己的债权不因公司减资而受到影响，将来通过行使担保权的方式保障自身利益。

减资应通知债权人

问题是债权人如何知晓公司在减资？法律在责任分配上不可能将关注债务人公司是不是减少资本设定为债权人的义务，如果这样做，那将极度增加社会成本，也必然是无效率的。关注债务人公司是不是减资，是债权人对自身权利的关注与考量，而不应成为债权人的义务，否则违反这一“义务”导致债权无法清偿的后果将由债权人自负，这是不合逻辑的。因此，法律将减少注册资本时通知债权人设定为减资公司的义务。

在减少注册资本时，公司有义务编制资产负债表和财产清单，并通知所有的债权人。哪些人是债权人，这也可能成为问题。有些债权人是公司已经知晓的，比如，存在交易关系且签订书面合同的债权人。有些债权人则属于潜在或暂时未知的债权人。比如，环境污染所引发的受害人、产品质量存在瑕疵或者缺陷所引发的人身伤害事件中的受害人、因证券市场虚假陈述而蒙受损失的投资人等，则属于未知、潜在的债权人。

对于通知方式，法律要求减资公司应当对已知债权人进行书面通知，对未知、潜在的债权人以登报公告的方式进行通知。

登报公告难免责

司法实践中，很多公司减资引发的纠纷都在于没有精准通知到位。江苏的公司减资时仅仅在《江苏法制报》上刊登减资公告，位于四川的债权人可能就看不到。实际上，就算是将减资信息刊登到四川的报纸上，位于四川的债权人也未必看得到。毕竟以登报公告的方式进行减资通知是下下策。

对于减资这种信息，现在又有多少人是通过阅读报纸的方式获知社会信息的？在很多人家电视都成了摆设。通过手机、电脑看新闻获取信息已经成为常态。因此，一旦债权人拿出与减资公司之间的合同，无论是书面合同还是电子邮件订单、微信聊天记录等电子合同，减资公司没有对该债权人进行书面通知，都会面临败诉的风险。

背后的原因在于：书面通知已知债权人是减资公司的义务，法律的默认规则是要求减资公司对于债权人穷尽一切通知手段后才能进行公告通知，法律鼓励的是有效通知。

因此，那种简单以登报声明就希望免责的做法，在司法实践中是行不通的！

减谁的出资？

减资引发的纠纷在股东之间则表现为：减少注册资本后，谁可以弃船登岸？

江苏宜兴发生过这样一起案件：公司股东会 90% 以上的股东决议减少公司注册资本，但减资后让部分股东全部减资退出，其余股东出资则未作减少，这其中就包含提起诉讼的原告股东。

原告股东起诉到法院要求确认公司作出的减资决议无效，得到法院的支持。

终审判决认为，法律规定的减资与减少的注册资本如何在股东之间进行分配，即每个股东应该“减去”多少出资责任是两个不同的法律问题。减少注册资本可以由公司股东会以特别多数决议通过，但减少的注册资本如何在股东之间进行分配，则涉及每一位股东的切身利益。

在公司经营不善的情况下，每个股东都希望自己能够多减少一些，从而减轻自己的出资责任，减少自己的法律风险。如同公司增加注册资本一样，股东有权按照出资比例对新增资本优先认购，以保障自己的股权不被稀释。在减少注册资本时，股东也有权按照自己的出资比例，要求同等比例减资，以体现风险共担的原则。除非全体股东协商一致约定不按照同等比例减资，否则公司不得有差别地对待不同股东。最终，法院判决确认未经全体股东一致同意的不同比例减资无效。

形式减资

还有一种特殊的减资叫形式减资。所谓形式减资，是指仅在形式上减少了公司的注册资本，股东并未从公司中“抽回”出资，也没有豁免股东的后续出资义务。

这种形式上减少注册资本的方式，不损害公司及债权人的利益，不构成抽逃出资。在与公司债权人发生因减少注册资本而引起的争议时，公司以及股东如果能够向法院充分证明公司的减资仅仅是形式上的减资，不损害债权人的利益，那么，司法对这种减资的审查是可以从宽认定的。

比如，公司原先注册资本为 5000 万元，全体股东都已经实际出资到位，后来由于经营不善公司实际资产远远低于 5000 万元。股东会作出决议，将公司注册资本从 5000 万元减少至 3000 万元。在这个过程中，没有任何股东从公司中抽回出资。即便最终某债权人的债权未能得到足额清偿，也是由于公司自身责任财产不足所引发的，而不是违法、不当减资行为所引发。在此种情况下，司法不应当苛求公司股东承担更多的责任。

形式上的减资，即公司登记的注册资本减少，但公司的责任财产并未发生变化。这种情形下，虽然公司减资存在程序上的违法行为，应由相关管理机关（如市场监督管理部门、公司登记部门）对其实施一定的处罚，但股东并未利用公司减资程序实际抽回出资、侵犯公司财产权，亦未损害债权人的利益，因此不能因公司减资程序不合法就认定股东构成抽逃出资。在一起未履行书面通知已知债权人的形式减资案件中，法院经过审查认定形式减资成立，由于形式减资股东并未从公司中抽逃出资，因此仍应受有限责任保护。

同样，在形式减资的情况下，公司债权人也不能要求该公司提供担保或者提前清偿债务。公司形式减资存在程序上瑕疵的，应当承担行政法上的责任，由公司登记机关责令改正，对公司处以 1 万元以上 10 万元以下的罚款即可，而无须在形式减资范围内对债权人承担赔偿责任。

先减资再增资

司法实践中，还存在通过先减资再增资的操作，将注册资本又恢复到减资前的规模。这种情形下，减资后有部分股东退出，后虽经过增资“恢复”到减资前公司注册资本的规模，但出资期限，股东结构都可能发生变化。

这种操作的背后往往涉及某些股东“金蝉脱壳”，引起公司对外偿债能力的变化，此种情形下债权人是享有干预权利的，即有权要求公司提前清偿债务或者提供担保。公司以减资的瑕疵已经消除，注册资本已经“恢复”到减资前的规模进行抗辩的，法院不予支持。

在极其例外的情况下，减资还可能由法院作出裁定，责令公司减资。江苏无锡曾经发生这样一起案件：思羽股份有限公司（化名）的控股股东衡充集团（化名）和它发生关联交易，衡充集团结欠思羽股份有限公司几千万元。衡充集团就用它在海南、深圳的房产向思羽股份有限公司以物抵债。

思羽股份有限公司的小股东认为衡充集团用于抵债的房产根本不值这么多钱，无法抵充其结欠思羽股份有限公司的债务，要求对其进行评估。最终，双方存在分歧，继而起诉到法院，由法院组织评估。案件审理过程中发现衡充集团在海南、深圳的房产已经被海南省高级人民法院查封了，而且房产价格确实不值这么多钱，并且还在进一步缩水，所以法院判决这个以物抵债的协议无效。协议无效后，衡充集团应当偿还结欠思羽股份有限公司的几千万元债务。因其没有实际履行，小股东向法院申请强制执行。

执行过程中，法院发现此时衡充集团已经没有其他资产可供还债，其名下的资产只有对思羽股份有限公司所持有的股份。在对衡充集团所持股份拍卖过程中，因没有买受人而流拍。最后，只能将衡充集团所持有的思羽股份有限公司股份拿来抵偿债务。而一旦以衡充集团所持股份抵债，则思羽股份有限公司必然要进行减资。

要实现思羽股份有限公司的减资，必须得到股东会 2/3 以上多数同意。由于衡充集团自身是思羽股份有限公司第一大股东，持有 80%左右的份额，因此思羽股份有限公司无法自行作出减少注册资本的决议。

在公司内部自治失灵的情况下，只能通过司法的外力介入进行干预。法院指出：为了制止股份有限公司内部发生的侵权行为，只能以司法裁定的方式强制思羽股份有限公司进行减资。最终以法院裁定减资的方式注销了衡充集团的大部分股份从而解决了这一问题。减资之后，衡充集团成了思羽股份有限公司的小股东。

提示：承诺的效力

“放管服”改革与加强事中事后监管的一项重大举措就是推进商事登记的简化处理。比如，公司减资在进行登记时，公司登记部门会要求股东提交一份承诺，承诺载明的内容包括：减资事项已经在公司内部达成一致意见，对于全部债权人已经进行通知或者根据债权人的要求提供了有效担保等。

向公司登记机关提交的这份承诺或声明，可以成为追究虚假减资法律责任的依据。因此，笔者在此善意地提醒各位创业者：减资有风险，依法并谨慎！

第 34 讲

公司并购：控制权是关键

- 公司并购
  - 并购类型
    - 吸收合并与新设合并
    - 善意收购与敌意收购
    - 资产收购与股权收购
    - 直接收购与间接收购
  - 反垄断审查
    - 经营者集中审查
  - 中小股东保护
    - 异议股东有权要求公司以公允价格回购股权
  - 债权人保护
    - 获得通知权
    - 干预权

公司并购即公司合并与收购，是商学院开设的必修课程，大型公司并购往往阵容强大，并购主体及中介参与方人员众多，跨国并购更是波谲云诡，栩栩如生的场景，在资本市场上无时无刻不在上演。

笔者也曾经参与过这样的事件，在办理一起上市公司收购案件中，往往第一件要紧的事情就是把各方中介机构及参与人员集中在一起开一次风险警示会议，宣布从现在起各方都是内幕信息知情人员，按照《证券法》的规定，不得买卖收并购方的股票，也不得泄露交易相关信息，否则就是内幕交易，要面临不可承受的法律责任。

资本市场上的收购根据被收购公司（主要是指公司的董事会）是否欢迎收购方发起的收购，分为善意收购与敌意收购。前者是收购行为得到被收购方的配合，后者可谓“霸王硬上弓”的野蛮入侵。

这两种收购方式在资本市场上都在不断重复，让人眼花缭乱。细细分析，公司并购，实际上是指公司控制权的收购，收购的对象既不是那个被称为“公司”的对象，也不是收购那家“公司”机器设备等资产，而是那家公司的控制权。控制权才是公司并购的真正标的或对象。

严格来说，只有收购标的公司的控制权才是我们所称的公司收购。如果收购目标公司的资产，与普通的财产权转让方式并无本质的区别。只不过有时会在资产转让中加入“股权”“特殊目的公司”等相关中间环节，通过“股权转让”实现对所承载“资产” 的收购。

资产收购

在公司收购过程中，具体选择以控制权收购还是资产收购的方式推进，也是有讲究的。与控制权收购不同的是，资产收购的目的很纯粹，就在于取得被收购公司名下的资产，如土地、厂房、机器、设备等。

通过持股收购目标公司的控制权成为目标公司股东，需要面对目标公司的经营状况，承受目标公司的经营风险。如果经过尽职调查发现目标公司的或然债务、未披露债务情况非常糟糕，收购方对目标公司名下的资产又非常感兴趣的，则不妨采取资产收购，直接购买目标公司的相关资产。

资产收购的好处是收购方与目标公司之间仅仅是具体公司资产买卖合同的关系，双方的权利义务非常明确：收购方支付对价，目标公司出售资产，一方出钱，一方卖货。资产收购的弊端是涉及资产的权属变动，如涉及土地、厂房的变动，税务成本相对较高。

股权收购的好处是可以进行相应的税务筹划，合理节税，弊端是必须进行充分的尽职调查，能够承受目标公司的经营过往及或然债务风险。

公司合并中的债权清偿

前面谈论的是公司收购，接下来我们分析一下公司合并的相关问题。两家公司合并，又分为存续式合并和新设合并。

存续式合并是合并之后，有一家公司存在，另一家公司被吸收合并。如 a 公司合并 b 公司之后变为 A 公司，即有一家公司名字没有变化，被完整地保留下来，只是体量变大（从 a 到 A）。

新设合并是原来的两个公司都注销，重新设立一家公司，即 a 公司与 b 公司合并后变成新的 C 公司。

公司合并过程中涉及对于债权人的保护问题。并不是两家公司合并之后一定做大做强，对债权人更有利。公司合并后，可能导致某一参与合并方债权人的清偿比例降低，损害他们的利益。比如，甲公司现有资产 100 万元，现有负债 100 万元，它的债权清偿比例为 100%。乙公司现有资产 1 万元，现有负债 100 万元，债权人的清产比例为 1%。如果两家公司合并，合并后新公司的总资产为 101 万元，总负债为 200 万元，公平清偿债权人的话，全部债权人的清偿比例将会是 50.5%（101 ÷ 200 × 100%）。这样就导致了合并前甲公司债权人的清偿比例大大降低，损害了他们的利益。

因此，法律规定，公司合并时债权人有干预的权利。公司在签署合并协议后必须书面通知债权人并进行公告，债权人可以要求公司提前清偿债务或者提供担保，以此来保障债权人的权利。这里书面通知已知债权人、公告通知未知债权人的规则与前面讨论的公司减资时对债权人的通知规则是一样的。

反垄断审查

公司合并还涉及一个问题，那就是反垄断审查的问题。

2021 年 7 月 10 日，国家市场监督管理总局作出《关于禁止虎牙公司与斗鱼国际控股有限公司合并案反垄断审查决定的公告》，对腾讯控股有限公司（以下简称腾讯）申报的虎牙公司（以下简称虎牙）与斗鱼国际控股有限公司（以下简称斗鱼）合并案，依法进行经营者集中反垄断审查并作出禁止此项经营者集中的决定。

国家市场监督管理总局指出，本案相关市场为中国境内网络游戏运营服务市场和游戏直播市场。腾讯在上游网络游戏运营服务市场的份额超过 40%，排名第一；虎牙和斗鱼在下游游戏直播市场的份额分别超过 40%和 30%，排名第一、第二，合计超过 70%。目前，腾讯已具有对虎牙的单独控制权和对斗鱼的共同控制权。如虎牙与斗鱼合并，将使腾讯单独控制合并后的实体，进一步强化腾讯在游戏直播市场的支配地位，同时使腾讯有能力和动机在上下游市场实施闭环管理和双向纵向封锁，具有或者可能具有排除、限制竞争效果，既不利于市场的公平竞争、可能减损消费者利益，也不利于网络游戏和游戏直播市场规范健康的持续发展。

信息披露

如果在资本市场上收购一家公司的控制权，还需要遵守一些特殊的规则，强化全过程的信息披露。

比如，有一条规则被行业称为“慢走规则”或者“爬坡规则”。具体规定是指如果你通过股票交易持有一家上市公司的股权达到 5%的话，就必须公开披露并向证监会报告，表明你成为这家公司的大股东。如果你继续增持股票的话，每增持达到 5%时就要暂停交易并继续报告。

如果你一直增持，那你就是收购方，你的收购行为会拉升这家公司的股价。相应地资本市场上也将反映出这家公司的股价存在异常变化，甚至直接触及涨停以及强制邀约收购的条件。

如果你收购一家上市公司，并且你持有的股份已经达到 30%时，还要继续进行收购的话，你必须向这家上市公司的所有股东发出收购上市公司全部或者部分股份的要约，除非你取得证监会的豁免。

公司并购之中还涉及对小股东的保护问题，那就是当股东会决议公司合并时，投反对票的股东有权要求公司以合理的价格回购其所持有的公司股份。这部分相关内容可以见本书第 12 讲股份回购部分的内容。

另外，公司合并属于公司重大事项，必须经合并各方股东会分别以 2/3 以上多数表决权通过方为有效。

第 35 讲

公司分立：
模式、内外关系和操作方案

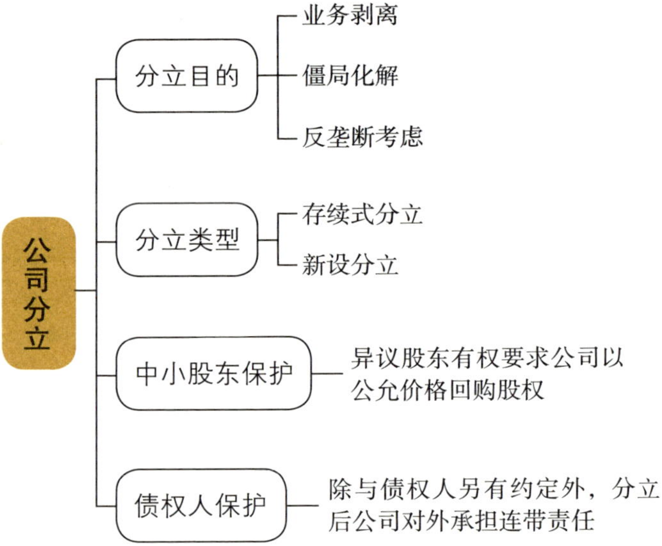
公司分立
分立目的
业务剥离
僵局化解
反垄断考虑
分立类型
存续式分立
新设分立
中小股东保护
异议股东有权要求公司以公允价格回购股权
债权人保护
除与债权人另有约定外，分立后公司对外承担连带责任

《三国演义》开篇第一句，“话说天下大势，分久必合，合久必分”。公司经营中分分合合也是常态，公司分立也不足为奇。

公司为什么分立？至少可以概括出以下几种情况。

一是业务剥离。公司经营好几块业务，有的业务赚钱，有的板块则业绩平平甚至经营惨淡。公司为了将优质业务剥离出来，轻装上阵，需要进行分立。

二是团队分家。当初创业时豪情万丈，公司有所起色后，股东矛盾加深，创业团队不再“齐心协力”。为了避免公司解散，不如拆开各领一块。不仅企业是这样，连笔者所在的法律服务行业——律所也是分分合合，几乎也无时无刻不在上演团队分家的一幕。因此，公司分立可以作为解决有限公司股东间重大分歧机制的选项之一。

三是基于反垄断的考虑。政府会对特定的企业强制进行拆分，要求分立。我国《反垄断法》规定的经营者集中申报能有效抑制新的垄断企业的产生，但对既存的垄断企业滥用市场支配地位的行为，似乎只能进行行政处罚，强制公司分立在法律制度供给上仍显不足。正因如此，有委员就建议在《反垄断法》中增加“对其企业规模、产品、相关市场领域等施加限制性措施”的条款。

公司分立的模式

公司分立分为存续式分立和新设分立。

存续式分立的模式是 A=a + b，分立之后原先的公司 A 公司仍存在（由于体量减小变成 a），同时派生出新的公司 b。考虑到公司字号、商誉以及既往客户关系的稳定，在司法实践中采取存续式分立的方式居多。比如，一家上市公司发布公告，称控股股东因战略发展需要，拟以存续分立的方式，分立为一家集团有限公司（存续公司）和一家科技有限公司。本次分立拟将上市公司 45.82%股权中的 29.00%分立进入科技有限公司，剩余 16.82%保留在分离后存续的集团有限公司。

新设分立的模式是 A=b + c，这时原先存在的 A 公司消灭，新设 b 和 c 两家公司。

内外关系

公司分立同样涉及对内对外关系的安排。

在对外关系上，除非债权人与分立后的公司达成债务清偿的安排，约定债务由分立后的某一公司承继，否则分立之后的公司都应当对外部债权人承担连带责任。与公司合并不同，公司分立并不必然导致对债权人清偿能力降低的后果，故而法律并未赋予债权人对公司分立进行干预的权利。

换言之，在公司分立过程中，债权人并不能要求公司提前清偿债务或者提供担保。当然，由于公司分立后发生法定的连带责任，导致债务承担主体发生变化。因此，法律仍要求进行分立的公司编制资产负债表及财产清单，同时应当自作出分立决议之日起 10 日内通知债权人，并于 30 日内在报纸上公告。

在内部关系上，由于公司分立是公司重大事项，应当经过代表股东表决权 2/3 以上多数通过，方为有效。

公司分立还涉及异议股东的退出权利。法律规定，对公司分立决议投反对票的股东，有权要求公司以公允的价值回购自己的股权。因此，在实际操作公司分立的过程中，必须充分保障异议股东退出公司的权利。

公司分立过程中需要编制资产负债表及财产清单，预先划出一部分资金以便保障异议股东的退出权利，同时也便于分立后公司注册资本的确定。如果股东人数较少，提出异议股东的人数容易确定，相对而言，这一工作并不复杂。但如果涉及众多股东，保障异议股东退出的权利就复杂得多。甚至对于上市公司而言，异议股东的数量只有在召开股东会时才能确定，保障他们退出的权利就相对比较困难。

操作方案

司法实践中的操作方案是安排第三方或者设立专门基金完成这一工作。举例而言，急达公司（化名）分立时，为保护对公司分立持有异议的股东的利益，急达公司赋予异议股东现金选择权，并安排第三方作为现金选择权的提供方。行使现金选择权的急达公司异议股东，可就其有效申报的每一股份，在急达公司现金选择权实施日，获得由异议股东现金选择权提供方支付的按照现金选择权定价基准日前20个交易日股票交易均价确定并公告的现金对价，即每股人民币3.73元。

无论是存续式分立，还是新设分立，如果仅从公司主体资格方面着手，而不涉及股东的进出，则分立后的公司完全可以采取与分立前公司相同的股权结构。换言之，原先股东以相同比例持有分立后数家公司的股权，这样操作会较为简单。以前面提到的分立为例，两名股东在分立前的公司与分立后的两家公司中的持股比例完全相同。

上市公司分立前股东、股权结构及与本公司的控制关系如图35-1所示。

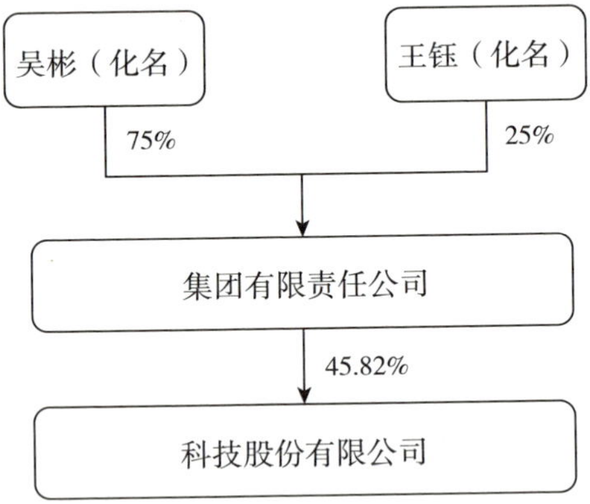

图35-1　上市公司分立前的股权关系

上市公司于本次分立后股东、股权结构及与本公司的控制关系如图35-2所示。

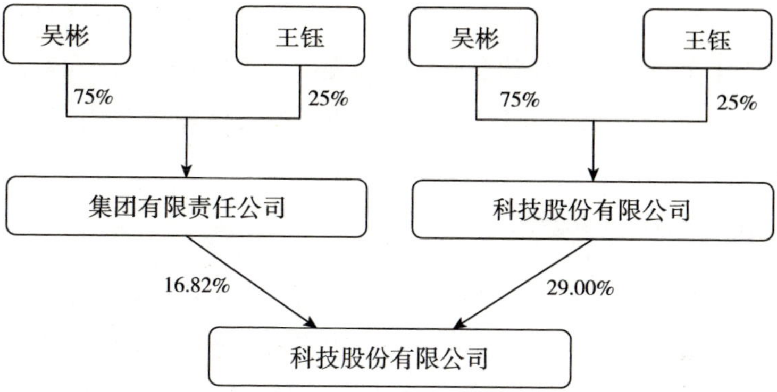

图 35-2　上市公司分立后的股权关系

由于股东吴彬、王钰在分立前后的公司中的股权比例、股权结构完全相同，因而操作起来也十分简便。但由于分立的结果使得作为上市公司科技股份有限公司持股 5%以上的股东发生变化，这一分立行为尚需得到有关监管部门的批准。

分割协议

与公司分立相似但又完全不同的问题在于，股东之间可能会通过直接签署“分割协议”“分家协议”分割公司的财产，进而约定公司的具体财产直接归属于某一方股东名下，从而把公司给“分”了。

这样约定的效力如何？股东能不能基于“分割协议”“分家协议”主张相关财产归属于自己名下？答案是否定的。

浙江嘉兴曾经发生过这样一起案件：某丝绸公司两名股东

签署《丝绸公司分割协议》《还款协议书》，约定一方向另一方转让丝绸公司48%的股权，作为支付对价，同时将公司房产分割为两处，东面的归一方股东，西面的归另一方股东。后因争议诉至法院，两级法院审理后均认为股东在协议中直接约定分割公司财产是无效的。

从法人独立人格以及由此引申出的资本维持原则，要求公司在存续过程中，应保持与资本额相当的财产以防止公司资产的实质性减少，从而保护公司及债权人的利益。未经公司减资、有效盈余分配等程序，公司资产不应减少。股东直接分割公司财产的行为，违反了资本维持原则，无视公司法人的独立地位，实质上是抽逃出资，为法律所禁止。因此，在双方之间并不能产生依照《分割协议》约定的内容将相关资产归入股东名下的效果。

需要强调的是，如果《分割协议》《分家协议》中能够合理推导出一方股东退出公司，另一方股东获得整个公司，则相关协议中蕴含了股权转让的法律关系。即一方退出公司，另一方股东收购其股东权益。此时，股东虽不能依照该协议直接将有关资产归入股东名下，但有权基于股权转让法律关系要求另一方股东给予替代性支付，向其支付“分得资产”的现金价值。这一行为不损害公司的独立法人人格，也不减损公司资产，仅在股东之间产生支付“退出对价”的安排，是可以认定为有效的。

第36讲

公司解散：如何“体面”地退出

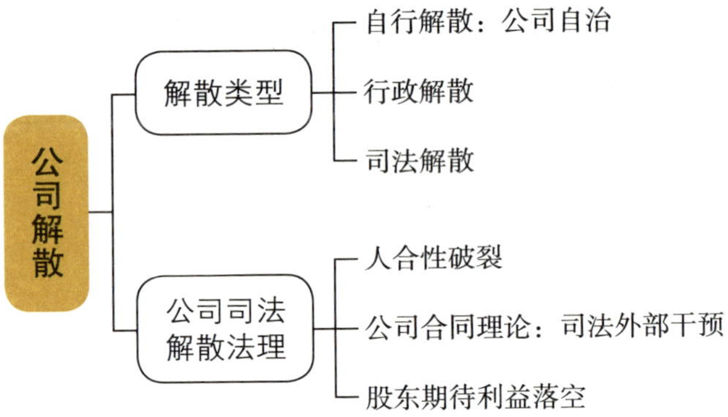
公司解散
解散类型
自行解散：公司自治
行政解散
司法解散
公司司法解散法理
人合性破裂
公司合同理论：司法外部干预
股东期待利益落空

公司解散是企业退出市场竞争的途径之一。

公司解散的类型

从法律规定的情况来看，公司解散分为自行解散、行政解散和司法解散三种类型。

自行解散，是指公司经营期限届满或者公司章程约定的解散事由出现，或者股东会作出决议将公司解散。如果公司自行决定解散，需要经过股东会或者股东会特别多数决议，即 2/3 以上表决权通过。如果公司章程对这个比例有更高要求的，应该遵照公司章程更高的比例要求。

行政解散主要是指吊销营业执照。比如，公司以虚假材料骗取登记或者公司成立后主要实施违法犯罪活动的，就会被吊销营业执照。行政解散是一种行政机关作出的监管措施，主要基于行政违法行为而启动，我们在此就不深入探讨了。

司法解散是指法院判决公司解散的情形。

司法解散的条件

按照法律规定，法院判决解散一家公司需要满足以下 4 个条件。

1. 公司经营管理发生严重困难；

2. 公司继续存续会使股东利益受到重大损失；

3. 通过其他途径不能解决；

4. 由持有公司表决权10%以上的股东向法院起诉。

这4个条件既是法院审查能否受理公司解散诉讼的条件，也是决定法院审理后能否判决解散一家公司的条件。只不过在立案登记制下，立案审查是形式审查，审理后作出裁判属于实质审查。只有同时满足这4个条件，法院才能判决解散一家公司。

公司经营管理发生严重困难

公司经营管理发生严重困难，主要应从公司的三会机制（股东会、董事会、监事会）是否能够正常运作的角度出发进行分析。

公司缺少资金、缺乏现金流、大量应收账款不能回收等都不是法律所说的经营管理严重困难。法律上所说的公司经营管理发生严重困难，是指公司股东会、董事会、监事会陷入了结构性僵局，无法正常开展工作。

比如，公司股东分成对立的两派，无法召开股东会或者虽然能够开会，但因针锋相对而无法作出股东会决议。

又如，公司董事会人数相当，而股东会无法作出替换、增选董事的决定，无法打破董事会人数相当的困局。

笔者曾经办理过这样一起案件，一家公司的监事会由3名监事组成，其中两名监事先后于2010年、2011年去世，这家公司在长达3年的时间里根本没有增补监事，相反还正常作出监事会决议。其决议的方式也非常奇怪：“反正监事是你家担任的”，丈夫去世了，由其妻子过来开会就代签其丈夫的名字，这样监事会决议“照样”作出。

公司继续存续会使股东利益受到重大损失

公司继续存续会使股东利益受到重大损失。一般来说，只要公司内部发生股东会、董事会、监事会机制的瘫痪或失灵，公司继续存续势必会使股东的利益受到重大损失。

对于一个公司而言，影响公司经营管理的因素很多，如市场、技术、产品、决策、人员管理等。但作为公司所有者的股东也是非常重要的因素，股东之间如过多注重个人利益而陷入内部争斗，由此引发的内耗对公司正常的经营管理显然会带来严重的影响。再好的市场、技术、产品都难以弥补因此而造成的损失，最终必然导致所有股东利益受损。

当公司三会机制陷入混乱，无法正常运营的时候，公司离“树倒猢狲散”也就不远了。比较普遍的情况是，公司股东会无法召开，谁掌控公司印章、谁是公司法定代表人谁就具有天然的优势了。

在巨大的利益驱动下，公章“抢夺”战也就不足为奇。甚至私刻公司印章，伪造公司印章等举动都是公司控制权争夺过程中司空见惯的现象。

在司法实践中，公司股东之间的冲突那叫一个“精彩”，比理论生动形象得多。

笔者曾作为见证者，亲历了这一过程。比如，在有的案件中，股东会采取在大门上加上一把锁，阻止公司营业和人员进出。再比如，股东断水拉电等，这都算是相对温和的。在另一起案件中，股东为了达到阻止公司发货的目的，直接开了一辆卡车撞坏公司大门，堵住进出通道，然后大家报警处理。

在笔者接触的案件中，利益冲突的股东各自聘请了一家保安公司直接进行“武力干预”，最后以警察出警平息了这场闹剧。究其原因，这家公司原先聘请了保安公司提供安保服务，另一方股东则持“临时股东会决议”称已经更换法定代表人，并宣布解聘目前的保安公司，重新聘请另一家保安公司，并带着人员浩浩荡荡地抵达现场要求接管。

当然，专业的保安公司还是有从业素养的，中间偶有推搡、谩骂不可避免，还没有升级为武装斗争的程度。警察到达现场后做维持秩序的事情：“大家不要动手，谁动手我们带回（警察）局里处理。”然而，警察对于谁是公司法定代表人是没有认定职权的。

还有一类公司解散案件是由于法定代表人、一方股东等直接失联，公司无法继续经营，最后只好起诉解散。

优化资源配置

通过其他途径不能解决。法律的价值首先是维持公司，维持一家企业有利于解决就业，维护社会稳定。从社会角度来说，维持企业也是优化资源配置。所以，对于股东之间发生的纠纷，完全可以通过股权回购、股权转让、减少注册资本、拆分公司等方式解决。只有当公司存在分歧巨大，这些手段均无法奏效或者股东根本拒绝、抵触用法律提供的这些手段解决分歧时，法院才需要考虑是否强行判决解散公司。毕竟解散公司是在公司已经发生严重困难且无法通过公司自治解决的情况下，司法作为外力强行介入干预。

商事案件讲求效率。在司法实践中，法院调解也好，股东协商也罢，理论上不应久拖不决，否则将徒然产生耗费，最终是由股东共同埋单。

公司解散诉讼的主体资格

股东起诉解散公司案件需要满足最低限度的持股比例要求，即原告必须单独或者合计持有公司 10%以上的表决权。

为了尽快化解公司僵局，解决公司内部存在的纠纷，法院对于股东的持股比例一般仅进行形式审查。假如你作为公司的股东，你在公司登记部门登记的股权比例超过 10%，法院一般都会认可你具有提起公司解散诉讼的主体资格。

除了上面说的情况之外，判断公司是不是应该解散，还需要考虑公司是不是已经完全背离了法人人格独立的特征和属性。

公司是营利法人，公司有自己独立的法人人格。通常来说，任何一家公司都或多或少地带有创始人或者实际控制人的人格特质，毕竟法人独立人格仅仅是法律上的拟制，公司具体的业务和活动还是需要由具体的人完成。

当公司彻底沦为股东一方的工具，成为控股股东欺压其他股东的工具时，法院也可能判决解散公司。当公司内部股东矛盾持续且无法调和时，虽然存在持有公司过半数的表决权的大股东，并且能够做出股东会决议；但是由于公司内部股东之间已经丧失人合属性，即便大股东可以将自己的意志上升为公司股东会意志，但由于另一方股东意志的缺位，此时“资本多数决”原则将沦为公司内部股东压迫的“遮羞布”，其他股东的权利并不能得到应有的尊重。相反，公司继续存续将为公司内部股东压迫行为大开方便之门，为控股股东进行关联交易和利益输送提供便利，最终必然损害公司独立人格、损害其他股东利益。

此种状况持续存在，必然背离了其他股东投资公司的初衷和本心，导致他们的投资目的落空。在公司人格完全被控制股东人格吸收，二者合二为一不可区分时，也就背离了公司的法人属性。当公司内部股东之间无法化解这种矛盾时，司法就有必要提供外部干预，以制止存在于公司内部的持续压迫行为。判决解散公司不失为一种次优选择。

如果将有限责任公司内部股东重大分歧化解机制比作股东之间的“离婚”，那么公司归属于哪一方可以类比为“离婚”各方对于孩子抚养权的争夺。

将离婚诉讼中按照照顾未成年子女利益确定抚养权的裁判原则代入公司解散案件的场景，也同样要求将公司分配给最希望经营的一方：由一方继续经营，相对方出局，使公司得以继续存续。当对立的双方股东的股权比例相当时，就可以采取竞价的方式决定应该由谁继续经营公司，竞价失败的一方获得补偿后退出公司。当然，如果能够在公司章程中预设化解公司僵局的机制，那是再好不过了。

在司法实践中，我国有关解散公司的案件面临诸多困境。比如，对一些明显没有员工、没有固定经营场所的“僵尸企业”都不能做到及时判决解散，实现有序退出市场。此外，实践中往往还要求公司僵局的存续时间在“两年”以上，才能解散公司。然而，很多案件中股东矛盾冲突相当严重，正是因为矛盾还没有满两年，法院判决驳回股东要求解散公司的诉讼请求。

笔者认为，如果股东矛盾对立严重，法院就应该果断判决解散，这也不失为一种有效的止损措施。相反，如果直接驳回股东解散公司的诉讼请求，实际上并未解决股东之间的矛盾，他们还会长年累月地进行其他类型的衍生诉讼，如衍生出损害公司利益责任纠纷案、公司关联交易损害责任纠纷案、股东知情权纠纷、公司决议效力确认纠纷案等。

公司清算

公司解散的法律后果是公司清算。通过清算程序偿还对外债务后，股东取得公司剩余财产。公司解散后，股东之间有可能自行组成清算组进行清算，也有可能无法自行开展清算活动而需要再次通过法院进行强制清算。

在司法实践中，由于股东之间的激烈对立且缺乏基本的信任，法院判决解散公司后，往往需要启动强制清算程序。

为了保住公司财产，方便日后开展清算活动。股东在起诉公司解散时可以申请法院对公司财产进行保全，即由法院采取查封、扣押、冻结等措施，保住公司的财产，以便在判决公司解散后进行清算。在司法实务中，这条规定的执行存在一定的难度，但并非不可激活，笔者就曾经在公司解散案件中激活这一机制，由法院依法采取财产保全措施。

清算法人

需要说明的是，公司解散案件与夫妻离婚一样，都属于变更之诉。这种案件的特征是可以基于新的事实重新向法院起诉，不受“一事不再理”原则的束缚。在法院判决公司解散前，公司作为营利法人，可以开展任何合法的经营活动。在法院判决公司解散后，公司就丧失了经营的资格，只能开展与清算相关的活动，法律上我们称为清算法人。

根据法律的规定，如果公司出现解散事由后仍从事经营活动的，市场监督管理部门应当给予处罚，因为此时它已经丧失经营的资格。公司被判决解散后，它的法律主体资格并没有终止，它的法人独立属性也没有发生改变。所以，在公司解散后至公司登记部门注销前，所有与公司有关的活动仍需以公司的名义进行，公司仍可以作为诉讼案件的原告或者被告参加诉讼活动。只不过，此时应当由依法自行成立或者法院强制指定的清算组代表公司。原法定代表人、董事、监事等不得再行使职权，并且必须配合清算组的工作。

证据收集

最后，我们来分析一下公司解散案件所要提供以及准备的证据问题。

从法律规定判决公司解散的 4 个条件来看，只有原告股东表决权（持股）10%以上是相对明确的。其余诸如“公司经营管理发生严重困难”“继续存续会使股东利益产生重大损失”“通过其他途径不能解决”等都属于“不确定法律概念”，在举证上存在严重的困难。换言之，单纯靠一份证据直接证明其中任何一个情形都是十分困难的，必须要综合全部证据进行认定。

因此，关于公司人员遣散、办公场所缺失、股东无法联系、机器设备变卖或去向不明、控制股东实施关联交易、股东冲突报警记录等，一切能够辅助说明公司内部发生纠纷的证据材料都要尽可能地提交给法院。

这是因为，法律规定了“通过其他途径不能解决”这一公司解散的先决条件，因此股东在提起公司解散案件前，需要召开一次临时股东会，无论这次会议能不能作出决议抑或能不能开成，例行程序是不可缺少的一步。至少，今后股东可以在起诉状的“事实与理由”部分叙明：“……在提起本案诉讼前，原告方曾试图召开临时股东会解决股东之间的分歧，但终因其他股东不愿配合（或者不参与）等原因未能实际召开（或未能作出决议）。原告方试图通过公司内部解决股东分歧的努力归于无效，不得已具状贵院，请依法判如所请。”

结语：优化营商环境

市场经济本身就是优胜劣汰的，畅通退出机制也是健全市场经济和优化营商环境的重要环节。商事法律的效率原则在公司解散案件的处理中同样应当得到遵循。当公司陷入僵局无法自行化解时，司法应当树立这样的理念：及时判决解散公司并开展公司后续的清算工作也是在优化营商环境。因为这有利于股东及时止损，从而也避免了公司资产在烦冗拖沓的程序中被损耗殆尽。

第 37 讲

公司清算：如何做好善后工作

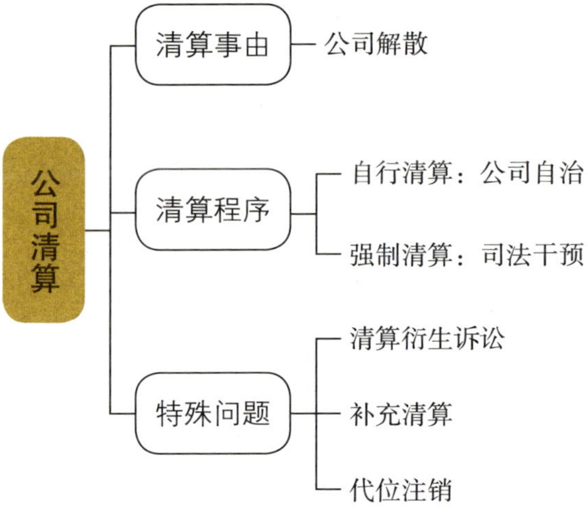
公司清算
清算事由
公司解散
清算程序
自行清算：公司自治
强制清算：司法干预
特殊问题
清算衍生诉讼
补充清算
代位注销

公司发生解散事由后，就必须进入清算环节。

经过清算程序，妥善处理公司解散后的剩余财产分配事宜，然后办理公司注销手续，公司法人主体资格才正式消灭。

自行清算与强制清算

简单来说，公司出现解散事由后，应当在 15 日内组成清算组进行清算。公司股东、董事等如果能够自行组成清算组开展清算活动的，可以自行清算；如果无法协商自行组成清算组，或者虽然能够自行组成清算组但清算过程中又产生不可调和的矛盾的，甚至故意拖延清算程序的，那就要经过强制清算的程序。这是自行清算与强制清算的区别。换言之，自行清算是股东关起门来自己搞，强制清算那就必须借助法院的力量强行介入。

无论是自行清算还是强制清算，都是在公司“资可抵债”的情况下进行的，或者虽然公司“资不抵债”但能够与债权人协商达成一致，对债权人的权利进行有效安排并得到认可，也可以顺利走完清算程序，然后将公司注销。如果资不抵债，又无法与债权人协商达成一致的，那就必须要转为破产程序，通过破产清算进行处理。

签署承诺书

清算程序是将公司未了事务处理完结的程序。

在商事登记制度改革、优化营商环境的大背景下，对于资可抵债情况下的公司清算，也进行了很多简便化的处理。比如，公司全体股东可以向公司登记部门出具一份资产清算处置的方案以及一份声明，表示公司对外债务已经处理完毕，就可以进行简易注销。对于未开业、无债权债务的公司、合伙企业、个体工商户等可以进行简易注销。

在进行简易注销时，全体投资人需要签署一份如下样式的承诺书。

全体投资人承诺书

现向登记机关申请__________（企业名称）的简易注销登记，并郑重承诺：

本企业申请注销登记前未发生债权债务/已将债权债务清算完结，不存在未结清清算费用、职工工资、社会保险费用、法定补偿金和未交清的应缴纳税款及其他未了结事务，清算工作已全面完结。

本企业承诺申请注销登记时不存在以下情形：涉及国家规定实施准入特别管理措施的外商投资企业；被列入企业经营异常名录或严重违法失信企业名单的；存在股权（投资权益）被冻结、出质或动产抵押等情形；有正在被立案调查或采取行政强制、司法协助、被予以行政处罚等情形的；企业所属的非法人分支机构未办理注销登记的；曾被终止简易注销程序的；法律、行政法规或者国务院决定规定在注销登记前需经批准的；不适用企业简易注销登记的其他情形。

本企业全体投资人对以上承诺的真实性负责，如果违法失信，则由全体投资人承担相应的法律后果和责任，并自愿接受相关行政执法部门的约束和惩戒。

全体投资人签字（盖章）：

年　月　日

公司清算程序

如果公司存在涉及国家规定实施准入特别管理措施的外商投资企业；被列入企业经营异常名录或严重违法失信企业名单的；存在股权（投资权益）被冻结、出质或动产抵押等情形；有正在被立案调查或采取行政强制、司法协助、被予以行政处罚等情形的；企业所属的非法人分支机构未办理注销登记的；曾被终止简易注销程序的；法律、行政法规或者国务院决定规定在注销登记前需经批准的；不适用企业简易注销登记的其他情形的，就只能按照正常的公司清算程序进行了。

正常的公司清算程序需要组成清算组。对于有限公司来说，清算组由全体股东组成；对于股份公司来说，清算组由全体董事组成。本次《公司法》修订[①]进一步压实董事责任，规定董事为清算组成员，负责具体清算事务。

清算组行使以下职权：（1）处理公司资产，分别编制资产负债表和财产清单；（2）通知、公告债权人；（3）处理与公司有关的未了结的事务；（4）清缴所欠税款及清算过程中产生的税款；（5）清理债权债务；（6）处理公司清偿后的剩余财产；（7）代表公司参与民事诉讼活动。

如果公司在出现解散事由后 15 日内未能成立清算组，公司债权人、股东可以向法院申请进行强制清算。

法院在受理申请强制清算案件后，应当依法指定中介机构（如会计师事务所、律师事务所）或者公司股东、高级管理人员以及在符合条件的专业人士中指定清算组成员。在公司不能清偿到期债务，同时符合申请强制清算以及申请破产条件的，债权人享有程序选择权，既可以申请强制清算，也可以申请破产。

在这种情况下，笔者建议公司直接申请破产。因为强制清算程序一旦启动，如果发现资不抵债，清算组有义务向法院申请破产。法院在实务处理中，会先裁定终结强制清算程序，然后另行立破产案件，启动一个新的程序，带来程序周期的延误。

无论是自行清算，还是法院组织的强制清算，清算组成立

---

① 根据第十三届全国人大常委会第三十二次会议审议的《公司法（修订草案）》。

后都要接管公司，并要求公司原股东、高级管理人员等移交公司财产、账册、印章、文件资料等。清算组组建后，一切公司事务均需要在清算组的主导下开展，由清算组决策公司事务。

在清理公司资产、通知债权人、处置变现公司资产后，如仍有剩余则应当按照股东持股比例向股东进行分配。在清算方案得到股东会（自行清算时）或法院（强制清算时）认可后，方可予以执行。

执行完毕后，清算组负责向公司登记管理部门申请办理公司注销手续。

强制清算程序的启动，往往是由于股东矛盾不可调和或者自行清算程序过于延宕而引发。因此，强制清算程序中股东之间，以及股东与法院指定的清算组之间往往对抗性、不合作性都十分强烈。

相关法律规定，一旦清算组不能表决作出决议，就需要将争议提交法院裁决。因此法院指定清算组的时候，往往会让中介机构的人数超过股东人数，以保证清算组在表决时不至于经常出现僵局。

具体来说，如果股东两人参与清算组，则法院会指定中介机构 3 人从而组成 5 人清算组。如果股东或者股东代理人 4 人参与清算，则法院会指定中介机构 5 人从而组成 9 人清算组，这样就不至于产生清算组的表决僵局。

法律同时规定，严重损害公司利益的人以及实施损害公司利益的清算组成员不得被选定为清算组成员；已经选定为清算组成员的，利害关系人可以申请法院更换清算组成员。

中介机构作为清算组损害股东、债权人利益的，利害关系人可以申请法院予以更换。因此，在司法实践中还经常存在申请法院更换清算组成员甚至申请法院重新指定清算组的情形。法院在第一次摇号选择中介机构时一般会直接选出两家中介机构，一家为首选，一家为备选。

股东严重对立情况下清算组的工作也是比较难以开展的。由于股东的严重对立，清算组很难兼顾各方利益，无论怎么做都难以取得全体股东的满意。在资产评估与处置环节，应及时与法院沟通，取得法院的同意和认可显得十分必要和关键。公司的未了诉讼、清算衍生诉讼都需要由清算组代表公司进行。由律师事务所担任清算组的负责人，对公司资产的审计及评估就需要委托给专业的会计师事务所、评估师事务所进行。同样，由会计师事务所担任清算组的负责人，清算所涉及的诉讼问题又往往需要委托给专业的律师事务所进行处理。

清算过程中，清算组相当于公司正常经营时的董事会，负责公司事务的处理。清算组成员相当于公司正常经营时的董事，清算组成员的义务也与公司董事的义务相同。如果清算组损害公司、股东、债权人利益，相关利害关系人也可以对他们提起损害赔偿的诉讼。

两类特殊问题

清算程序当中可能还存在两类特殊的问题。

一是补充清算的问题。比如，公司现有财产只有一部分可以变现，或者是说只能查明公司的部分财产，这种情况下可以先就查明的公司财产进行清算处置。在清算程序结束以后，如果又重新发现之前没有发现的属于公司的财产，就需要对新发现的财产进行补充清算。补充清算可以由之前的清算组继续进行，参照之前的清算方案，在权利人之间进行分配。又如，扣除本次补充清算中变价处置的清算费用，按照之前股东获得分配财产的比例进行分配。

二是追回股东擅自取回的财产分配给债权人的问题。由于股东取回公司财产的权利劣后于债权人的债权。清算程序终结后，又发现遗漏公司债权人的，新发现的债权人可以请求股东在取回财产的范围内向自己进行清偿。

代位注销

司法实践中还有一种特殊的企业注销情形即代位注销，由于《公司法》对此未作规定，故经常引发争议。

一些地方，如《深圳经济特区商事登记若干规定》即对此作出创设性的规定。2021 年 3 月 5 日，深圳市市场监督管理局举行《深圳经济特区商事登记若干规定》修订实施新闻发布会。此次发布会指出，为了进一步完善市场主体的退出机制，打通企业注销“瓶颈”，本次修订参照国家市场监督管理总局有关企业注销专项指引，创设性地允许代位注销，规定因商事主体已经注销导致其分支机构或者其出资的企业无法办理相关登记的，可以由该已经注销商事主体的继受主体或者投资主体代为办理；因非商事主体已经撤销或者注销导致其管理或者出资的企业无法办理相关登记的，可以由该已撤销或者注销非商事主体的继受主体或者上级主管单位代为办理。

在清算过程中，一旦出现公司资不抵债且无法与债权人达成一致处理方案的，清算组有义务向法院申请公司破产，然后按照破产程序处理公司的债权债务。

第 38 讲

公司破产：并不是一破了事

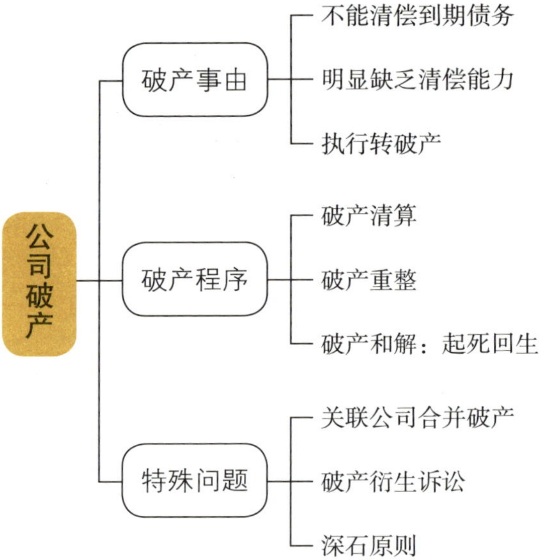

公司破产
破产事由
不能清偿到期债务
明显缺乏清偿能力
执行转破产
破产程序
破产清算
破产重整
破产和解：起死回生
特殊问题
关联公司合并破产
破产衍生诉讼
深石原则

破产制度

如今，对于“破产”一词，我们并不陌生。尽管自2006年开始，我国有了第一部《企业破产法》，但破产真正进入人们的视野，则是近几年才开始的事情。

早先虽有《企业破产法（试行）》（已废止），再早一点的《民事诉讼法》中也专门有“企业法人破产还债程序”的规定，但那时的破产往往都是政策性破产。

笔者曾与一位商事审判的资深法官谈论过这个问题，他曾坦言：一个地区破产案件的多少，直接与这个地方的营商环境相挂钩。如果破产案件审理得太多，会向外界释放这样一个信息，那就是这里的营商环境不好，进而直接影响政府招商引资，阻碍当地的经济发展。

近几年来情况为之一变。国务院出台了《优化营商环境条例》，清理“僵尸企业”。人们的观念也发生了很大的变化，认识到清理“僵尸企业”，是优化营商环境必不可少的一环。及时让经营不善的企业退出市场，本身就是最好的营商环境，二者并不矛盾。于是法院开始逐步放宽破产案件受理条件，甚至成立专门的破产法庭。很多律师团队也发掘了这块“富矿”，一群“破人”（破产管理人）开始做“破事”（破产事务），做得津津乐道、不亦乐乎。

债务集中清偿

什么样的企业可以被破产？这里涉及破产案件的受理标准的问题。

法律规定的条件是相对宽松的——不能清偿到期债务，并且资产不足以清偿全部债务或者明显缺乏清偿能力。很显然，这样的条件是相对宽松的。

在法院受理破产案件时，只要提出申请的企业债权人能够证明到期债权没有得到清偿就可以了。不仅如此，在执行程序中，通过“执行转破产”（以下简称“执转破”）也是破产案件的重要来源。

简言之，一家企业欠债不还，法院判决生效之后这家企业仍未能清偿债务；如果假设你是这家企业的债权人，你就可以向法院申请强制执行。

如果在执行程序中，法院仍无法查扣到这家企业的财产，仍未能清偿它对你的债权；这家法院的执行庭法官会主动向你释明，告知你可以对这家被执行企业提出破产申请。这里的申请可以是你提交一份申请书，甚至是执行庭法官给你做一个笔录，证实你同意申请对方破产，此后法院裁定将这家企业移送到有管辖权的法院进行破产处理。

这里回应本书开头提到的有限责任问题。享受有限责任保护的是股东，他们仅以认缴的出资或者认购的股份为限对公司的债务承担责任。但公司本身是以其名下的全部资产对外承担责任的，也就是说股东承担有限责任，公司承担无限责任。

破产程序就是对公司债权债务关系的集中清理，以公司现有的或者应当追回归公司所有的全部财产清偿公司的全部债务。法院受理公司的破产申请之后，应当同时指定破产管理人接管公司。公司原有的人员、账册、印章、营业执照等全部文件、资料、资产都应当移交给破产管理人接管。公司法定代表人、高级管理人员不得再行使职权，公司的一切权利均由破产管理人行使。

法律同时规定，一旦针对公司的破产申请被法院裁定受理，与这家公司有关的所有诉讼及执行程序都必须中止，全部纳入破产程序进行处理。无论这家公司在诉讼案件中的身份是原告还是被告，抑或是执行程序中的申请人，其诉讼权利都由破产管理人行使。

以公司为被申请人的执行案件中止执行，包括申请执行人在内的所有这家公司的债权人都只能向破产管理人申报债权。由破产管理人对破产企业的债权债务情况统一审核，最终制定出清偿方案，公平清偿全部债权人。如果不在破产管理人的监督之下，履行其他法院的生效判决，则会导致得到履行的债权人清偿比例为100%，而破产程序中的债权人往往得不到足额的清偿，这样就导致债权人没有得到平等保护。

因此，破产程序中很重要的一点就是禁止个别清偿。破产企业的全部债权人，无论是否经过司法判决确认都必须在破产程序中进行公平清偿。对于破产管理人接管公司之前已经抢先清偿的债务，破产管理人有权宣告清偿无效，并追回抢先清偿的财产，归并到破产企业的财产中向全体债权人公平清偿。

如果你向破产管理人申报你是这家破产企业的债权人，破产管理人必须对你的债权的真实情况进行审查。债务人如果对破产管理人的审查结果持有异议的，可以向受理破产案件的法院提起确权之诉，最终确认自己享有的债权。

一旦法院裁定企业破产的，破产企业的股东必须无条件将认缴的出资全部足额实缴到位，不受此前公司章程或者股东协议中约定的出资期限的限制，这就是出资责任的加速到期。企业的财产如果被转移、侵占，以及别人欠破产企业的债务，破产管理人也都有义务去追回。

破产程序中绝大部分工作都是法院监督之下由破产管理人主导和推进的。各地法院都建立了破产管理人名册，法院受理破产案件后，摇号选定破产管理人。大致来说，破产管理人是由律师事务所、会计师事务所、破产清算事务所等社会中介机构组成。

律师事务所担任破产管理人的好处是对于破产企业涉诉的案件有更优势的处理经验，但不足之处是律师往往不懂财务会计知识，需要聘请会计师事务所审计破产企业的资产状况及财务状况。

相反，会计师事务所担任破产管理人的好处是对于破产企业的资产及财务状况容易梳理，但在处理破产企业所涉诉讼以及与法院沟通破产程序的推进上存在专业缺陷，也需要聘请专业的律师予以协助。破产管理人在整个破产程序中，需要与债权人、股东、法院等保持持续沟通，同时还需要处理破产企业的涉诉事宜，审计破产企业的资产状况，变价处置破产企业的财产，最后编制破产财产分配方案，报债权人会议审议和法院裁定执行。

破产和解与重整

破产程序并不是一“破”了事。破产后将企业注销是狭义的破产。在破产程序中还存在破产和解以及破产重整两种特殊的情形。破产和解就是在破产程序中破产企业与债权人达成和解方案，执行完和解方案之后未得到清偿的债权就不再清偿，破产企业得以回归为正常企业。

破产重整是这样一种制度——针对具备破产原因但是又有一定价值的企业，在法院主持和利害关系人的参与下，制订一个重整方案。这个方案包括采取债务的豁免以及债转股、招募重整投资人等措施，给予一定的期间帮助企业摆脱目前的困境。如果在给定的期间内企业经营向好，则重整方案执行完毕之后其余未清偿的债务予以豁免，企业恢复为正常的公司。如果在重整期间内企业经过挽救仍不见好转，则转入破产清算程序清理企业债权债务后将破产企业注销。

破产重整这一制度主要针对有挽救希望的企业，因此在世界上被多数国家普遍采用，我国《企业破产法》也采纳了这一制度。

破产管理人

在企业破产程序中，破产管理人的角色相当于正常经营时候的企业的董事会。因此，破产管理人在破产程序中属于企业的高级管理人员，对外代表公司行使公司董事会以及管理者的职权。

破产管理人不仅要维护公司的利益，也要维护公司债权人的利益，还要维护公司股东的利益，是各方面利益的代表者和维护者。这就要求破产管理人在处理破产事务时兼顾不同利益主体的具体的诉求，平衡各方利益，不得滥用职权，损害任何一方的权益，否则将违背其法定职责。

如果破产管理人未能尽到勤勉、谨慎、忠实的义务，对破产企业、股东或者债权人的利益造成损害的，相关主体也可以追究破产管理人的法律责任。

据媒体报道，广州一家公司进入破产清算程序后，法院指定了一家律师事务所作为破产管理人。但这家律师事务所负责该案的律师“不出庭、不答辩、不上诉”，导致案件最终败诉。后来，涉案公司法定代表人罗某向法院起诉破产管理人，认为这家律师事务所未尽责履行职务导致案件败诉，应赔偿因案件败诉带来的超过 12.6 亿元损失，这起案件在律师行业内引发巨大反响。

清偿顺序

如果破产企业最终无法挽救，只能以企业总资产偿还对外总债务的情况下，不同债权人能够获得的清偿顺序也是有差别的。

首先，破产财产应当清偿破产费用和共益债务。比如，破产程序中管理人处置、变现破产财产而支出的评估费、拍卖费用以及为了追回破产企业债权进行诉讼所支付的律师费等，这些费用都是为了“增加破产财产或者推进破产程序”而必须支出的费用，依法应得到优先、及时清偿。

其次，破产财产应清偿破产企业所欠付的职工工资、补偿金等职工债权。

再次，破产财产清偿应当支付的社会保险费用和所欠税款。

最后，清偿的才是普通债权人的债权。

职工债权、社保债权以及税收债权都属于优先债权，在前一顺位的债权未能得到清偿的情况下，不得清偿后一位顺位的债权。

同一顺位的债权不足以全部清偿的，按照债权的比例进行清偿。

以税收债权为例，能够优先受偿的是指税款本身，而不包括未及时交税而产生的税务罚款或滞纳金，该税务罚款及滞纳金应放在普通债权的顺位进行清偿。

“深石原则”与“衡平居次”

在破产财产分配中还有一项破产法的特殊规则，称为“深石原则”。其内涵是，在一家企业破产时，如果破产企业同时欠外部债权人的债权以及对股东的债权，那么应当优先偿还外部债权人的债权。破产企业的股东债权应当在最末位进行清偿。

换言之，破产企业的股东债务自动居于次位，因此也被称为“居次理论”。破产企业结欠股东债务是经常发生的，很多外资企业在章程中往往规定注册资本额和投资额。比如，一家企业股东的投资额为1亿元，但公司的注册资本额为3000万元，超过3000万元注册资本额的7000万元作为股东对被投资企业的借款。

在内资企业中也经常出现这种情况，当企业经营不善时，股东会继续追加投入，向公司借款，从而对公司享有债权。

在此前的司法实践中不考虑任何特殊情况，股东的借款自动居于次位，称为“自动居次”。后来发现“自动居次”没有考虑到债权的平等保护，也没有考察对公司享有债权的股东是不是存在滥用对公司的控制权等情形，在司法实践中逐渐演变为“衡平居次”。

也就是说，如果对公司享有债权的股东没有滥用对公司的控制权，没有实施损害公司及债权人利益的行为，那就应当获得与普通债权人同等的地位，与普通债权人在相同顺位得到清偿；反之，如果股东滥用对公司的控制权，实施损害公司及债权人利益的行为，那就应当居于次位，劣后于普通债权人得到清偿。

目前，“衡平居次”的清偿原则亦为我国《企业破产法》及司法实践认可。

否认关联公司法人人格

企业破产程序中还存在否认关联公司法人人格的情形，将各关联公司归并到一起进行合并破产。2021 年 3 月 2 日，海南省高级人民法院发布一则公告称：因 A 集团等 7 家公司破产管理人向该院提交申请，称经破产管理人调查，A 集团等 7 家公司以及 B 公司等 318 家公司之间存在高度关联性，为公平保障债权人权益，申请将 C 公司等 6 家公司以及 B 公司等 318 家公司纳入 A 集团重整一案并适用实质合并方式进行审理。为充分听取各方意见，依法保障利害关系人的合法权益，该院将于 2021 年 3 月 9 日就 A 集团等 7 家公司破产管理人的上述申请组织召开听证会。325 家公司的合并破产，举世震惊！

关联企业的合并破产，实质上是在破产程序中否认关联公司的独立法律人格，将一众公司的财产视为一个公司的财产，用以公平清偿全部债权人的债权，实现对关联企业所有债权人实质上的公平对待。

《全国法院破产审判工作会议纪要》指出：人民法院在审理企业破产案件时，应当尊重企业法人人格的独立性，以对关联企业成员的破产原因进行单独判断并适用单个破产程序为基本原则。当关联企业成员之间存在法人人格高度混同、区分各关联企业成员财产的成本过高、严重损害债权人公平清偿利益时，可例外适用关联企业实质合并破产方式进行审理，对关联企业进行合并破产。

企业破产财产分配方案经法院审核认可后，由破产管理人执行。破产财产分配方案执行完毕后，破产管理人应当及时向人民法院提交破产财产分配报告，并提请人民法院裁定终结破产程序。法院裁定终结破产程序的，破产管理人向公司登记管理部门申请办理破产企业的注销登记，至此企业的“后事”被处理完毕，法人资格消灭。

第 39 讲

资本市场：保障投资人的法律规则体系

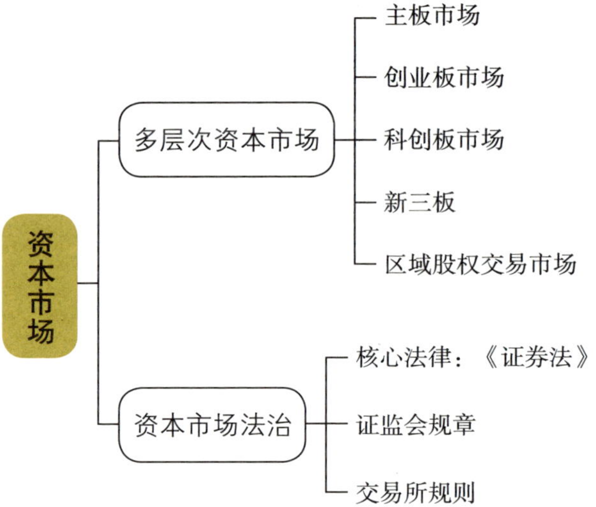
资本市场
多层次资本市场
主板市场
创业板市场
科创板市场
新三板
区域股权交易市场
资本市场法治
核心法律：《证券法》
证监会规章
交易所规则

资本市场在一个国家的经济秩序中居于重要的地位。市场上不同的融资需要以及投资者的具体差异，决定了一个国家的资本市场必然体现出明显的层级差异，这就是所谓的多层次资本市场体系。

我国资本市场起步于 20 世纪 90 年代，至今已经逐步发展成主板、创业板、全国中小企业股份转让系统、区域性股权交易市场、证券公司主导的柜台市场等相对完善的资本市场体系。

1. 主板市场（一板市场）

主板市场也称为一板市场，指传统意义上的证券市场（通常指股票市场），是一个国家或地区证券发行、上市及交易的主要场所。主板市场对发行人的营业期限、股本大小、盈利水平、最低市值等方面的标准较高，上市企业多为大型成熟企业，具有较大的资本规模以及稳定的盈利能力。

我国主板市场的公司在上海证券交易所（以下简称上交所）和深圳证券交易所（以下简称深交所）两个市场上市。主板市场是资本市场中最重要的组成部分，很大程度上能够反映经济的发展状况，有“国民经济晴雨表”之称。

2004 年 5 月，经国务院批准，中国证监会批复同意深交所在主板市场内设立中小企业板块，也就是俗称的“中小板”。

2021 年 2 月 5 日，经中国证监会批准，深交所启动合并主板与中小板的相关准备工作，4 月 6 日，深交所主板与中小板合并正式实施。

截至 2021 年 12 月 10 日，在上交所主板上市的公司数量为 1655 家，总市值为 464，236.81 亿元；在深交所主板上市的公司数量为 1847 家，总市值为 254，378.4 亿元。

2. 创业板市场（二板市场）

创业板市场，也称二板市场，是地位次于主板市场的二级证券市场，以美国纳斯达克市场为代表，在中国特指深圳创业板。创业板市场在上市门槛、监管制度、信息披露、交易者条件、投资风险等方面和主板市场有较大区别。其目的主要是扶持中小企业，尤其是高成长性企业，为风险投资和创投企业建立正常的退出机制，为自主创新国家战略提供融资平台。

2012 年 4 月 20 日，深交所正式发布《深圳证券交易所创业板股票上市规则》，规范创业板市场的监管运作。

截至 2021 年 12 月 10 日，在深交所创业板上市公司数量为 1076 家，总市值为 141，427.81 亿元。

3. 全国中小企业股份转让系统（新三板市场）

全国中小企业股份转让系统，是经国务院批准设立的全国性证券交易场所，于 2013 年 1 月 16 日正式挂牌运营；其定位是“以机构投资者和高净值人士为参与主体，为中小微企业提供融资、交易、并购、发债等功能的股票交易场所”，因此，其市场生态、研究方法、博弈策略、生存逻辑等，都和以中小散户为参与主体的沪深股票市场有着显著的区别。

截至 2021 年 12 月 10 日，新三板市场共有挂牌公司 6964 家，创新层 1225 家，总股本 1277.21 亿股；基础层 5379 家，总股本 3317.20 亿股。

4. 区域性股权交易市场（四板市场）

区域性股权交易市场，也称四板市场，是为特定区域内的企业提供股权、债券的转让和融资服务的私募市场，是我国多层次资本市场的重要组成部分。区域性股权交易市场对于促进企业特别是中小微企业的股权交易和融资，鼓励科技创新和激活民间资本，加强对实体经济薄弱环节的支持，具有积极作用。

目前，我国建成并初具规模的区域股权市场有：青海股权交易中心、天津股权交易所、齐鲁股权托管交易中心、上海股权托管交易中心、武汉股权托管交易中心、重庆股份转让系统、前海股权交易中心、广州股权交易中心、浙江股权交易中心、江苏股权交易中心、大连股权托管交易中心、海峡股权托管交易中心等十几家股权交易市场。

5. 科创板

2018 年 11 月，上交所设立科创板并试点注册制。2019 年 1 月，中央全面深化改革委员会第六次会议通过《在上海证券交易所设立科创板并试点注册制总体实施方案》（以下简称《方案》）。

《方案》指出，在上交所设立科创板并试点注册制是实施创新驱动发展战略、深化资本市场改革的重要举措。要增强资本市场对科技创新企业的包容性，着力支持关键核心技术创新，提高服务实体经济能力。要稳步试点注册制，统筹推进发行、上市、信息披露、交易、退市等基础制度改革，建立健全以信息披露为中心的股票发行上市制度。

允许尚未盈利或者存在累计未弥补亏损，以及允许差异化股权结构上市，是科创板的鲜明特色。科创板根据板块定位和科创企业特点，设置多元包容的上市条件，允许符合科创板定位、尚未盈利或存在累计未弥补亏损的企业在科创板上市，允许符合相关要求的特殊股权结构企业和红筹企业在科创板上市。

在我国多层次资本市场中，打开转板通道，实现从“新三板向创业板、科创板的转板、创业板向主板的转板”是资本市场建设的重要环节。以新三板向科创板转板为例，2021 年 2 月 26 日上交所专门发布《全国中小企业股份转让系统挂牌公司向上海证券交易所科创板转板上市办法（试行）》。

6. 北京证券交易所

北京证券交易所（以下简称北交所）于 2021 年 9 月 3 日注册成立，是经国务院批准设立的中国第一家公司制证券交易所，受中国证监会监督管理。经营范围是依法为证券集中交易提供场所和设施、组织和监督证券交易以及证券市场管理服务等业务。北交所的设立目的是继续支持中小企业创新发展，深化新三板改革，打造服务创新型中小企业的主阵地。北交所平移新三板精选层制度，新股上市首日不设涨跌幅限制，自次日起涨跌幅限制为 30%，增加市场弹性，坚持合适的投资者适当性管理制度，促进买卖力量均衡，防范市场投机炒作。同时北交所强化公司自治和市场约束，在股份减持方面设置差异化的安排，维持有进有出的市场生态，构建多元化的退市指标体系，北交所符合条件的可以退到创新层和基础层。

北交所设立后将处理好“两个关系”。一是北交所与沪深交易所、区域性股权市场坚持错位发展与互联互通，发挥好转板上市功能。二是北交所与新三板现有创新层、基础层坚持统筹协调与制度联动，维护市场结构平衡。

在法治建设方面，我国资本市场法律体系中亦相应形成了以《公司法》《证券法》为基本法律、证监会规章如《首次发行股票并上市管理办法》《上市公司信息披露管理办法》《上市公司收购管理办法》等，以及交易所（如上交所、深交所、北交所、股转中心等）业务规则如《上海证券交易所业务规则》《全国中小股份转让系统业务规则》等多层次的法律规则体系。

除区域性股权交易市场外，在资本市场上市的公司都必须完成股份制改造，成为公众公司。因此，对于进军资本市场的公众公司而言，如何做到信息充分披露，如何在公司收购及重大资产重组中保障中小股东的权利，严防内幕交易、操纵市场、违规减持行为的发生，都是根治资本市场顽疾，提升公众公司治理水平的重要考量依据。

新《证券法》的亮点

2019 年 12 月 28 日，全国人民代表大会常务委员会对《证券法》进行第二次全面修订，修订后的《证券法》（以下简称新《证券法》）于 2020 年 3 月 1 日实施。

新《证券法》修订的亮点颇多，主要集中在以下方面：一是全面推广注册制；二是显著提高违法成本；三是完善投资者保护。

在科创板试行股票发行注册制的基础上，新《证券法》全面采取股票发行注册制。法律规定，公开发行证券，必须符合法律、行政法规规定的条件，并依法报经国务院证券监督管理机构或者国务院授权的部门注册。未经依法注册，任何单位和个人不得公开发行证券。

持续、充分的信息披露是公众公司的要求，也是资本市场的基石。一家上市公司的信息披露，通常会在开头有这样一段表述："本公司董事会及董事会全体成员保证公告内容不存在任何虚假记载、误导性陈述或者重大遗漏，并对其内容的真实性、准确性和完整性承担个别及连带责任。"

这段声明字字珠玑，分量很重，既是上市公司及董事会的庄严承诺，也是法律对于信息披露的原则要求。

信息披露的基本原则是及时、准确、真实、完整，不得存在任何虚假记载、误导性陈述或者重大遗漏；同时法律还要求披露内容要用浅显明了的语言让大家能看得明白，而不是使用晦涩难懂的词语，让受众不明所以。

为了保证资本市场信息披露的及时、全面与准确，新《证券法》将原先信息披露内容专设一章，在第五章用 10 个条文专门规定信息披露问题。同时，法律扩大信息披露义务人的范围，将"上市公司及其董事、监事、高级管理人员、股东、实际控制人，收购人，重大资产重组、再融资、重大交易有关各方等自然人、单位及其相关人员，破产管理人及其成员，以及法律、行政法规和中国证监会规定的其他承担信息披露义务的主体"全部纳入法定的信息披露人的范围。

为了配合新《证券法》的实施，证监会于 2021 年 3 月 18 日发布第 182 号令，通过修订后的《上市公司信息披露管理办法》，并自 5 月 1 日起施行。

《公司法》规定，如果董事对董事会决议事项投反对票的，则不需要对董事会决议承担法律责任。

新《证券法》对此作出进一步的限缩，董事必须在尽到受托义务的基础上投反对票才构成有效的责任免除，并且上市公司有义务将董事的异议即反对意见同步披露。如果上市公司拒绝同步披露董事的异议或反对意见，则提出异议的董事有自行单独进行披露的义务。为了防止董事对公司信息缺乏了解，在表决时前后矛盾，《上市公司信息披露管理办法》第 58 条规定：“上市公司董事、监事在董事会或者监事会审议、审核定期报告时投赞成票，又在定期报告披露时表示无法保证定期报告内容的真实性、准确性、完整性或者有异议的，中国证监会可以对相关人员给予警告并处国务院规定限额以下罚款；情节严重的，可以对有关责任人员采取证券市场禁入的措施。”

新《证券法》修订的亮点之二是显著提高违法成本。如对于欺诈发行行为，从原来最高可处募集资金 5% 的罚款，提高至募集资金的一倍；对于上市公司信息披露违法行为，从原来最高可处以 60 万元罚款，提高至 1000 万元。

同时，新《证券法》对证券违法民事赔偿也进行了完善。如规定了发行人等不履行公开承诺的民事赔偿，明确了发行人的控股股东、实际控制人在欺诈发行、信息披露违法中的过错推定、连带赔偿等。

在完善投资者保护方面，新《证券法》第六章专门规定“投资者保护”的相关内容，确立了公开征集表决权制度、中国版证券集团诉讼——投资者可以推举代表人进行诉讼。新《证券法》第 95 条第 3 款规定：“投资者保护机构受五十名以上投资者委托，可以作为代表人参加诉讼，并为经证券登记结算机构确认的权利人依照前款规定向人民法院登记，但投资者明确表示不愿意参加该诉讼的除外。”

为适应金融、证券案件审理的需要，我国先后设立了上海金融法院、北京金融法院。两家金融法院均已受理依照新《证券法》提起的证券纠纷普通代表人诉讼案件。2021 年 5 月 11 日，上海金融法院公开宣判原告魏某等 315 名投资者与被告 B 公司证券虚假陈述责任纠纷一案。该案系最高人民法院《关于证券纠纷代表人诉讼若干问题的规定》出台后普通代表人诉讼的首次实践。根据一审判决，被告应向原告支付投资损失赔偿款共计 1.23 亿余元，人均获赔 39 万余元。

随着新《证券法》的实施、专门法院审判力量的增强及资本市场法律体系的不断完善，我国资本市场法治水平及投资者保护力度都将迈上新的台阶。

第 40 讲

公司犯罪：法网恢恢，疏而不漏

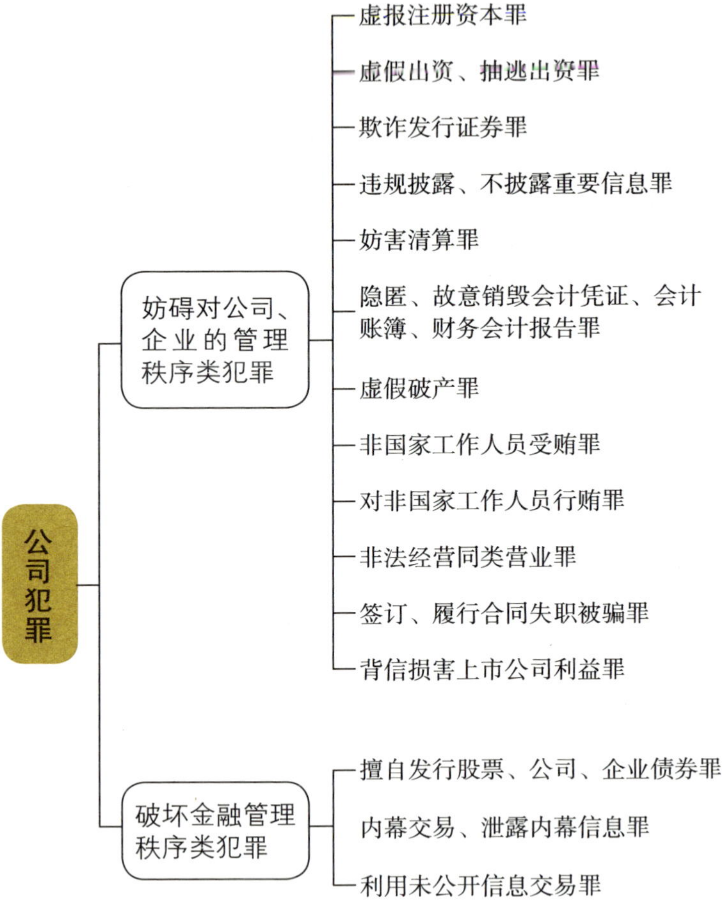
公司犯罪
妨碍对公司、企业的管理秩序类犯罪
虚报注册资本罪
虚假出资、抽逃出资罪
欺诈发行证券罪
违规披露、不披露重要信息罪
妨害清算罪
隐匿、故意销毁会计凭证、会计账簿、财务会计报告罪
虚假破产罪
非国家工作人员受贿罪
对非国家工作人员行贿罪
非法经营同类营业罪
签订、履行合同失职被骗罪
背信损害上市公司利益罪
破坏金融管理秩序类犯罪
擅自发行股票、公司、企业债券罪
内幕交易、泄露内幕信息罪
利用未公开信息交易罪

在国家法律规则体系中，最严厉的制裁措施都规定在《刑法》中。《刑法》遵循罪刑法定原则，法律明文规定为犯罪行为的，依照法律定罪处刑；法律没有明文规定为犯罪行为的，不得定罪处刑。公司领域的违法行为除了承担民事责任外，还可能引发行政法上的责任，受到公司登记管理部门、市场监督管理部门、税务部门等行政处罚。其中，严重的还会触及刑律，被认定为犯罪。

公司领域涉及的犯罪集中规定在我国《刑法》分则第三章第三节、第四节。其中第三节集中规定了“妨碍对公司、企业的管理秩序罪”，第四节规定了“破坏金融管理秩序罪”。下面对相关罪名作简要分析。

1. 虚报注册资本罪

虚报注册资本罪，是指申请公司登记使用虚假证明文件或者采取其他欺诈手段虚报注册资本，欺骗公司登记主管部门，取得公司登记，虚报注册资本数额巨大、后果严重或者有其他严重情节的行为。由于《公司法》对注册公司原则上采取认缴登记制，因此虚报注册资本罪被限定在法定的施行注册资本实缴登记制的 27 类公司。这 27 类特殊的公司主要是特别法明确规定注册资本实缴登记的公司，如银行、保险公司、证券公司、小额贷款公司、劳务派遣公司等。对于普通公司，由于实行注册资本认缴登记制，不存在“虚报”注册资本的问题。换言之，对于普通公司而言，已经对虚报注册资本行为进行了除罪化，不再认为是犯罪。但过高的注册资本，也意味着投资人承担更大的责任，创业者需要慎重。

2. 虚假出资、抽逃出资罪

虚假出资、抽逃出资罪，是指公司发起人、股东违反《公司法》的规定未交付货币、实物或者未转移财产权，虚假出资，或者在公司成立后又抽逃其出资，数额巨大、后果严重或者有其他严重情节的行为。同前述虚报注册资本罪一样，在认缴登记制下，本罪也仅限定在实行注册资本实缴登记制的27类公司。对于普通公司，虚假出资、抽逃出资行为已经除罪化，不再追究刑事责任。

3. 欺诈发行证券罪

欺诈发行证券罪，是指在招股说明书、认股书、公司、企业债券募集办法等发行文件中隐瞒重要事实或者编造重大虚假内容，发行股票或者公司、企业债券、存托凭证或者国务院依法认定的其他证券，数额巨大、后果严重或者有其他严重情节的行为。控股股东、实际控制人组织、指使实施相关行为的，亦予以处罚。

4. 违规披露、不披露重要信息罪

违规披露、不披露重要信息罪，是指依法负有信息披露义务的公司、企业向股东和社会公众提供虚假的或者隐瞒重要事实的财务会计报告，或者对依法应当披露的其他重要信息不按照规定披露，严重损害股东或者其他人利益，或者有其他严重情节的行为。公司、企业的控股股东、实际控制人实施或者组织、指使实施相关行为的，亦予以处罚。

本罪处罚的对象主要是上市公司及控股股东、实际控制人。在 2019 年修订的《证券法》中对于信息披露违规也将罚款的标准从原先的 60 万元提升至 1000 万元。

5. 妨害清算罪

妨害清算罪，是指公司、企业进行清算时，隐匿财产，对资产负债表或者财产清单作虚伪记载或者在未清偿债务前分配公司、企业财产，严重损害债权人或者其他人利益的行为。

公司清算后即予以注销，彻底丧失法律人格。因此在实务中，通过虚假清算骗取公司注销，进而损害公司股东、债权人利益的行为十分常见。如果这种损害达到了“严重”的程度，便会触犯刑律，构成犯罪。

6. 隐匿、故意销毁会计凭证、会计账簿、财务会计报告罪

隐匿、故意销毁会计凭证、会计账簿、财务会计报告罪，是指隐匿或者故意销毁依法应当保存的会计凭证、会计账簿、财务会计报告，情节严重的行为。

会计凭证、会计账簿、财务会计报告等内容反映公司的实际经营状况，也是股东知情权的核心范畴。如果予以隐匿、销

毁，不仅损害股东知情权，也使公司的清算工作变得不可能。根据法律的规定，在民事责任上，如果无法清算，负有清算义务的主体需要对投资人、债权人承担赔偿责任。如果隐匿甚至故意销毁相关会计凭证、会计账簿、财务会计报告情节严重的，将会被认为是犯罪，并追究行为人的刑事责任。

7. 虚假破产罪

虚假破产罪，是指公司、企业通过隐匿财产、承担虚构的债务或者以其他方法转移、处分财产，实施虚假破产，严重损害债权人或者其他人利益的行为。

破产程序是对企业债权债务的集中清理程序。在企业破产程序中，如果恶意串通承担虚构的债务，除了构成虚假破产罪之外，还可能同时符合虚假诉讼罪的构成要件，此时应从一重罪处断。

8. 非国家工作人员受贿罪

非国家工作人员受贿罪，是指公司、企业或者其他单位的工作人员，利用职务上的便利，索取他人财物或者非法收受他人财物，为他人谋取利益，数额较大的行为，以及公司、企业或者其他单位的工作人员在经济往来中，利用职务上的便利，违反国家规定，收受各种名义的回扣、手续费，归个人所有的行为。

在公司企业的管理上，《刑法》是区分所有制形态的。对于国有企业中“以国家工作人员论”的人员，如果涉及受贿、收受回扣的，按照《刑法》中的受贿罪追究责任。

9. 对非国家工作人员行贿罪

对非国家工作人员行贿罪，是指为谋取不正当利益，给予公司、企业或者其他单位的工作人员以财物，数额较大的行为。

商业贿赂也是妨碍正常经营管理秩序的严重舞弊行为，与市场经济公平竞争及优化营商环境格格不入。对于严重的商业行贿行为，《刑法》也进行入罪处理，予以定罪处刑。

10. 非法经营同类营业罪

非法经营同类营业罪，是指国有公司、企业的董事、经理利用职务便利，自己经营或者为他人经营与其所任职公司、企业同类的营业，获取非法利益，数额巨大的行为。

本罪规范的行为是竞业禁止行为。这是《公司法》对于董事、经理、高级管理人员职务行为的要求，也是受信义务中忠实义务的内容。董事等违反竞业禁止义务的，公司有权行使归入权，将相关收益、所得收归公司所有。公司行使归入权仍不能弥补所受损失的，有权进一步主张损害赔偿。值得注意的是，竞业禁止入刑仅针对国有公司、企业，对于普通公司则只能追究民事赔偿责任。

11. 签订、履行合同失职被骗罪

签订、履行合同失职被骗罪，是指国有公司、企业、事业单位直接负责的主管人员，在签订、履行合同过程中，因严重不负责任被诈骗，致使国家利益遭受重大损失的行为。

本罪同样约束国有公司、企业、事业单位的高级管理人员。“严重不负责任”实际上违反了《公司法》有关高级管理人员勤勉义务的规定。对于非国有的普通公司、企业，则只能追究损害赔偿的民事责任。

12. 背信损害上市公司利益罪

背信损害上市公司利益罪，是指上市公司的董事、监事、高级管理人员违背对公司的忠实义务，利用职务便利，操纵上市公司从事下列行为之一，致使上市公司利益遭受重大损失的行为。

《刑法》中规定的背信损害上市公司利益的行为包括以下几种。

（1）无偿向其他单位或者个人提供资金、商品、服务或者其他资产的；

（2）以明显不公平的条件，提供或者接受资金、商品、服务或者其他资产的；

（3）向明显不具有清偿能力的单位或者个人提供资金、商品、服务或者其他资产的；

（4）为明显不具有清偿能力的单位或者个人提供担保，或者无正当理由为其他单位或者个人提供担保的；

（5）无正当理由放弃债权、承担债务的；

（6）采用其他方式损害上市公司利益的。

上市公司的控股股东或者实际控制人，指使上市公司董事、监事、高级管理人员实施背信损害上市公司利益的行为的，亦予以处罚。

近年来，在经济新常态下，资本市场迎来一波熊市。借壳上市以及未能集中力量从事主营业务进而诱发的上市公司违规担保等行为经常发生。行为人因此被追究背信损害上市公司利益罪的案件亦不鲜见。但由于追究本罪涉及上市公司经营及经济稳定，因此在具体采取刑事措施时公安机关相对谨慎，一般由地级市公安机关的经侦部门具体承办。

13. 擅自发行股票、公司、企业债券罪

擅自发行股票、公司、企业债券罪，是指未经国家有关主管部门批准，擅自发行股票或者公司、企业债券，数额巨大、后果严重或者有其他严重情节的行为。

根据《证券法》及相关监管规定，向不特定对象发行证券或者向特定对象发行证券累计超过 200 人的，都属于公开发行证券。公开发行证券需要取得证券监督管理部门的批准，否则将构成本罪。因此有些企业擅自兜售“原始股”，最终触犯本罪，被追究刑事责任。

14. 内幕交易、泄露内幕信息罪

内幕交易、泄露内幕信息罪，是指证券、期货交易内幕信息的知情人员或者非法获取证券、期货交易内幕信息的人员，在涉及证券的发行，证券、期货交易或者其他对证券、期货交易价格有重大影响的信息尚未公开前，买入或者卖出该证券，或者从事与该内幕信息有关的期货交易，或者泄露该信息，或者明示、暗示他人从事上述交易活动，情节严重的行为。

内部交易是“内部人”（内幕信息知情人员）利用掌握的内幕信息进行证券交易。内幕交易对于不掌握内幕信息的市场参与方来说，并不公平，因此法律予以规制。新《证券法》在行政处罚上亦大幅度提高处罚标准。除没收违法所得外，还将处罚倍数从原先的 5 倍提升至 10 倍。没有违法所得或者违法所得不足 50 万元的，处 50 万元以上 500 万元以下的罚款。

15. 利用未公开信息交易罪

利用未公开信息交易罪，是指证券交易所、期货交易所、证券公司、期货经纪公司、基金管理公司、商业银行、保险公司等金融机构的从业人员以及有关监管部门或者行业协会的工作人员，利用因职务便利获取的内幕信息以外的其他未公开的信息，违反规定，从事与该信息相关的证券、期货交易活动，或者明示、暗示他人从事相关交易活动，情节严重的行为。

在资本市场上，利用内幕信息从事内幕交易侵害的是“股民”的利益。金融机构从业人员等利用未公开信息进行交易，以基金“老鼠仓”最为典型，侵害的是“基民”的利益。新《证券法》也相应大幅度提高对这一行为的处罚力度，处罚标准与内幕交易行为相同。无论是内幕交易还是利用未公开信息交易，其本质都是对受托义务的违反，从广义上来说都属于违反受信义务的范畴。

《公司法》是一部商主体法，解决商事主体中最核心的形态——公司的设立、自治等问题。与此同时，在立法供给上还需要商事行为法，如《民法典》合同编、《票据法》《海商法》《保险法》等解决商事行为和商事交易的问题。对于商事违法行为，除了追究民事赔偿和行政责任外，还需要《刑法》进行托底，对于情节严重的行为，依法追究刑事责任。由此构建一套完善的法律责任体系，将责任之网织紧织密，从而形成“法网恢恢”之势。